Monika Pinski
Silke Malbrich
Jan Seybold

Staats- und Europarecht

- Lernbuch -

G^a^P-Verlag

Bibliografische Information Der Deutschen Bibliothek
Die Deutsche Bibliothek verzeichnet diese Publikation in der Deutschen Nationalbibliografie; detaillierte bibliografische Daten sind im Internet über
http://dnb.ddb.de abrufbar.

1. Auflage 2010

Druck und Verarbeitung: AktivDruck & Verlag GmbH, Göttingen

ISBN 978-3-9811331-4-1

Staats- und Europarecht: Lernbuch
von Monika Pinski, Silke Malbrich und Jan Seybold
Studienreihe Wissen & Können, Band 6
Herausgeber: Prof. Dr. Gerhard Ropeter

Bestellungen und Informationen:
G^a^P-Vertrieb Birkholz
Hühnerberg 18
29229 Celle

Telefon: 05086 - 95 56 36
Telefax: 05086 - 95 56 38

E-Mail: birkholz@gap-verlag.de
Internet: www.gap-verlag.de

Vorwort zur 1. Auflage

Das vorliegende Lernbuch widmet sich dem Staatsrecht, einem Rechtsgebiet, dem in der Praxis, aber auch in der Ausbildung, gelegentlich eine zu geringe Aufmerksamkeit gewidmet wird. Dies liegt möglicherweise daran, dass staatsrechtliche Fragestellungen selten isoliert vorzufinden sind. Allerdings ist es wichtig zu erkennen, dass sowohl bei der Bearbeitung von Fällen in der Praxis aber auch in der Ausbildung staatsrechtliche Aspekte immer wieder mit anderen Rechtsgebieten gekoppelt auftreten. Das Staatsrecht wirkt eben in sämtliche Rechtsgebiete hinein. Dies gilt insbesondere für den Bereich des Europarechts, welches seine enorme Auswirkung vor allem auf das nationale Verwaltungsrecht aber auch alle anderen Rechtsgebiete, auch das Privatrecht, bereits entfaltet hat und noch weiter entfalten wird.

Das Lernbuch stellt die allgemeinen Grundlagen des Staats- und Europarechts dar, ohne dabei streng „wissenschaftlich" sein zu wollen – daher gibt es auch keinen Fußnotenapparat. Ebenso weist es keine hierarchische Gliederung auf, sondern eine themengebundene Folge von Informationen, Übungen und Lernkontrollen. Bei der Auswahl der Lerninhalte war einerseits ihre thematische Bedeutung für (Klausur-)Prüfungen, andererseits ihre Relevanz als staatspolitisches Grundlagenwissen für die Tätigkeit im öffentlichen Dienst und für das Handeln als Bürger in einem freien Europa wegweisend.

Die einzelnen Kapitel folgen der herkömmlichen Systematik dieser Lernbuchreihe. So gibt es **Basistexte** zur Information, **Fälle** mit Aufgaben zur Bearbeitung von Kernproblemen der Rechtsgebiete. **Übersichten** und **Definitionen** stellen Informationen anschaulich auf einen Blick dar. **Übungen** und **Wissenstests** geben Gelegenheit, erworbenes Wissen anzuwenden und zu überprüfen.

Ziel des Buches ist es, die Leser zu befähigen, sich die allgemeinen Grundlagen des Staats- und Europarechts möglichst selbsttätig zu erschließen, Normen zu analysieren und auf Sachverhalte anzuwenden. Damit ist die weitergehende Intention verknüpft, selbstgesteuertes Lernen zu fördern. Für Dozenten ist es ein elegantes didaktisches Instrument zur lernwirksamen Gestaltung ihrer Lehrveranstaltungen. Durch zahlreiche Basistexte, Fälle und Übungen haben sie die Möglichkeit, teilnehmerorientierte Lehr-Lern-Arrangements zu gestalten.

Das Buch richtet sich in erster Linie an Lernende in Verwaltungsschulen, Studieninstituten (Verwaltungsfachangestellte, Angestellte I und II, Assistentenanwärter), Berufsakademien, Berufsschulen und ähnlichen Einrichtungen. Durch zahlreiche weiterführende Informationen eignet es sich auch zur Verwendung an (Verwaltungs-)Fachhochschulen.

Zur besseren Lesbarkeit des Textes wurde durchgehend die männliche Form gebraucht. Sie schließt selbstverständlich die weibliche Form mit ein.

Wir wünschen allen Lesern viel Spaß und Erfolg beim Lernen mit diesem Buch.

Herausgeber und Redaktion — Hannover, im Februar 2010

Inhaltsübersicht

Vorwort III
Inhaltsübersicht V
Verzeichnis der Fälle IX
Verzeichnis der Übersichten X
Verzeichnis der Prüfungsschritte XI
Verzeichnis der Praxismuster XI
Abkürzungsverzeichnis XII
Literaturhinweise XV

01 Staat und Verfassung 1
- Staatsrecht und Verfassungsrecht 1
- Die verfassungsrechtliche Entwicklung 3
- Der Begriff eines Staates: Drei-Elemente-Lehre 5
- Entstehung und Untergang von Staaten (Staatenveränderung) 10
- Staatsformen 12
- Staatsangehörigkeit 17
- Sicherung der Verfassung 21

02 Grundentscheidungen des Grundgesetzes 23
- Grundentscheidungen des Grundgesetzes 23
- Republik 23
- Demokratie 24
- Bundesstaat 32
- Rechtsstaat 33
- Bindung der Verwaltung an Gesetz und Recht 34
- Grundsatz der Verhältnismäßigkeit 35
- Bestimmtheitsgebot 36
- Rückwirkungsverbot 39
- Sozialstaat 42
- Landesverfassungen 45

Inhaltsübersicht

03 Grundrechte ... 46
- Wesen und Bedeutung der Grundrechte ... 46
- Geltungsbereich der Grundrechte ... 48
- Art. 1 Abs. 1 S. 1 GG – Die Würde des Menschen ... 52
- Art. 2 Abs. 1 GG – Freie Entfaltung der Persönlichkeit ... 53
- Art. 2 Abs. 2 GG – Recht auf Leben, körperliche Unversehrtheit und Freiheit der Person ... 55
- Art. 5 Abs. 1 GG – Meinungsäußerungsfreiheit ... 57
- Art. 5 Abs. 1 GG – Informationsfreiheit ... 60
- Art. 5 Abs. 1 GG – Pressefreiheit ... 61
- Art. 5 Abs. 2 GG – Grenzen der Grundrechte aus Art. 5 Abs. 1 GG: ... 62
- Art. 5 Abs. 3 GG – Freiheit der Kunst ... 63
- Art. 8 Abs. 1 GG – Versammlungsfreiheit ... 65
- Grenzen der Versammlungsfreiheit ... 66
- Art. 12 Abs. 1 GG – Berufsfreiheit ... 68
- Art. 14 Abs. 1 S. 1 GG – Eigentumsgarantie ... 74
- Grenzen des Eigentumsrechts ... 74
- Art. 3 Abs. 1 GG – Allgemeiner Gleichheitssatz ... 76
- Spezielle Gleichheitssätze ... 80

04 Oberste Bundesorgane ... 85
- Der Bundestag ... 85
- Zusammensetzung und Arbeitsweise des Bundestages ... 86
- Rechtstellung der Abgeordneten ... 94
- Rechte und Pflichten der Abgeordneten ... 98
- Wahlrechtsgrundsätze ... 101
- Wahlsysteme ... 103
- Auszählverfahren Sainte-Laguë/Schepers ... 104
- Sitzverteilung im Deutschen Bundestag ... 108
- Der Bundesrat ... 116
- Zusammensetzung des Bundesrates ... 116
- Aufgaben des Bundesrates ... 118

• Rechtstellung der Bundesratsmitglieder 120
• Der Bundespräsident 122
• Aufgaben des Bundespräsidenten 124
• Aufgabe im Gesetzgebungsverfahren 126
• Die Bundesversammlung 130
• Die Bundesregierung 131
• Bildung der Bundesregierung 131
• Unvereinbarkeiten (Inkompatibilitäten) 138
• Aufgaben der Bundesregierung 139
• Das konstruktive Misstrauensvotum 139
• Die Vertrauensfrage 140
• Das Bundesverfassungsgericht 144
• Aufgaben des Bundesverfassungsgerichts 144
• Der Gemeinsame Ausschuss 146

05 Gesetzgebung 148
• Einleitung 148
• Gesetzgebungskompetenzen 150
• Geltungsbereich der ausschließlichen und konkurrierenden Gesetzgebung. 152
• Gesetzgebungsverfahren 153
• Einleitungsverfahren – Art. 76 GG 155
• Hauptverfahren – Art. 77, 78 GG 157
• Abschlussverfahren – Art. 82 GG 162

06 Verwaltung, Rechtsprechung, Finanzordnung 163
• Bedeutung und Arten der Verwaltung 163
• Bundeseigene Verwaltung 164
• Länderverwaltung im Bundesauftrag 166
• Vollzug von Bundes- und Landesgesetzen 167
• Oberste Gerichtshöfe 168
• Gerichtsbarkeiten der Länder 170
• Finanzordnung 172

Inhaltsübersicht

07 Europäische Union ... 175
- Von der EWG über die EG zur EU: Entstehung der Europäischen Union ... 175
- Rechtsquellen der Europäischen Union ... 182
- Verordnung ... 183
- Richtlinie ... 184
- Richtlinienkonforme Auslegung ... 187
- Nichtumsetzung von Richtlinien ... 187
- Sonstige Rechtsquellen ... 189
- Grundfreiheiten der Europäischen Union ... 191
- Warenverkehrsfreiheit ... 192
- Organe der Europäischen Union ... 194
- Europäisches Parlament ... 195
- Der Rat der Europäischen Union ... 196
- Europäische Kommission ... 198
- Europäischer Gerichtshof ... 199
- Rechtsetzung ... 200
- Ausschließliche Zuständigkeit der EG ... 202
- Geteilte Zuständigkeit ... 203
- Koordinationszuständigkeit der EU ... 205
- Ergänzende Maßnahmen der EU ... 205
- Organkompetenz ... 205
- Bisheriges Verfahren der Rechtsetzung ... 207
- Neu geregeltes Verfahren der Rechtsetzung ... 208
- Ordentliches Gesetzgebungsverfahren ... 209
- Form der Rechtsakte ... 211
- Verhältnis des EG-Rechts zum nationalen Recht ... 211
- Einflüsse des EU-Rechts auf das nationale Recht ... 218
- Auswirkungen des EG-Rechts auf die Verwaltungspraxis ... 219

08 Staatsrechtliche Aufgabenstellungen ... 221

Glossar ... 225

Stichwortverzeichnis ... 237

Verzeichnis der Fälle

Nr.	Titel	Kapitel
1	Der verlorene Sohn kehrt zurück	1
2	Very British	2
3	Aus drei mach eins	2
4	Her mit den neuen Bürgern ...	2
5	Hauptsache sauber und rein	2
6	Marode Hütte	2
7	Teurer Müll	2
8	Ärger unterm Regenbogen	2
9	Kampf dem Immobilienhai	3
10	Schatten der Vergangenheit	3
11	Flotter Admiral	3
12	Nackte Tatsachen	3
13	Wehret den Anfängen	3
14	Hier sitz ich, hier bleib ich	3
15	Agent 00nix	3
16	Moser macht sich breit	3
17	Gähnende Leere im Bundestag	4
18	Streitereien ...	4
19	Keine Einigkeit in Niedersachsen	4
20	Neue Männer braucht das Land	4
21	Tooooor	4
22	Zahlenspiel	4
23	Vielbeschäftigte Ministerin	4
24	Überläufer	4
25	Immer diese Fristen	5
26	Ausgerechnet Bananen	7
27	Einer muss doch wohl haften!	7
28	Verraten und verkauft	7
29	Likör aus dem Süden	7
30	Bier her!	7
31	Angst um den Äppelwoi	7
32	Schreiben tut weh	7
33	Volle Kanne	7

Verzeichnis der Übersichten

Nr.	Titel	Kapitel
1	Einordnung des Staatsrechts	1
2	Entstehung und Entwicklung der Verfassung der BRD	1
3	Staatsformen	2
4	Regierungsformen	2
5	Demokratie	2
6	Gewaltenteilung auf Bundesebene	2
7	Grundrechtseinschränkungen	3
8	Grundrechte nach Art. 2 GG	3
9	Die Grundrechte aus Art. 5 GG	3
10	Die Drei-Stufen-Lehre des BVerfG zu Art. 12 Abs. 1 GG	3
11	Oberste Bundesorgane	4
12	Verkürzung der Legislaturperiode durch Auflösung des Bundestages	4
13	Mehrheiten nach dem Grundgesetz	4
14	Formen von Abstimmungen und Wahlen	4
15	Organisation des Bundestages	4
16	Aufgaben des Bundestages	4
17	Beispiel für eine Berechnung nach Sainte-Laguë/Schepers	4
18	Wahlkreiseinteilung mit Wahlkreisnummern im Bundesland Nds.	4
19	Vorabsitzregelung	4
20	Stimmenverteilung im Bundesrat	4
21	Aufgaben des Bundesrates	4
22	Ausfertigungsverweigerungen durch Bundespräsidenten	4
23	Kanzlerwahlen in Deutschland seit 1949	4
24	Endigungsgründe des Amtes des Bundeskanzlers	4
25	Vertrauensfragen im Deutschen Bundestag	4
26	Organisation des Bundesverfassungsgerichts	4
27	Aufgaben des Bundesverfassungsgerichts	4
28	Aufgaben des Gemeinsamen Ausschusses	4
29	Zuständigkeit des Bundes	5
30	Zuständigkeit der Länder	5
31	Gesetzgebungskompetenzen	5
32	Einleitungsverfahren	5
33	Der Gang des Hauptverfahrens	5
34	Vollzug des Bundesrechts	6
35	Behördenaufbau der bundeseigenen Verwaltung	6
36	Behördenaufbau der Landesverwaltung des Landes Nds.	6
37	Oberste Gerichtshöfe des Bundes	6
38	Aufbau der Gerichtsbarkeit in Deutschland	6
39	Gerichtsbarkeiten der Länder	6

Verzeichnis der Übersichten

Nr.	Titel	Kapitel
40	Einnahmen und Ausgaben des Bundeshaushaltes 2009	6
41	Wesentliche Steuereinnahmen des Bundes im Jahr 2008	6
42	Staaten der Europäischen Union	7
43	Organe der Europäischen Union	7
44	Rechtsetzungszuständigkeiten in der Europäischen Union	7
45	Verfahren bei der Rechtsetzung vor dem Vertrag von Lissabon	7
46	Neu geregelte Verfahren der Rechtsetzung	7
	....	

Verzeichnis der Prüfungsschritte

Nr.	Titel	Kapitel
1	Prüfung eines Freiheitsrechtes	3
2	Prüfung eines Gleichheitsrechtes	3
	....	

Verzeichnis der Praxismuster

Nr.	Titel	Kapitel
1	Stimmzettel für die Wahl zum Deutschen Bundestag im Wahlkreis 25 Aurich-Emden	4

Abkürzungsverzeichnis

Abs. .... Absatz
a. F. .... alte Fassung
AG .... Aktiengesellschaft
AG .... Amtsgericht
AsylVfG .... Asylverfahrensgesetz
ArbG .... Arbeitsgericht
Art. .... Artikel
Aufl. .... Auflage
Az. .... Aktenzeichen
BAG .... Bundesarbeitsgericht
BauGB .... Baugesetzbuch
BFernStrG .... Bundesfernstraßengesetz
BFH .... Bundesfinanzhof
BGB .... Bürgerliches Gesetzbuch
BGBl. I .... Bundesgesetzblatt Band I
BGH .... Bundesgerichtshof
BM .... Bürgermeister/in
BMinG .... Gesetz über die Rechtsverhältnisse der Mitglieder der Bundesregierung
BPräWahlG .... Gesetz über die Wahl des Bundespräsidenten durch die Bundesversammlung
BR .... Bundesrat
BSG .... Bundessozialgericht
BT .... Bundestag
BVerfG .... Bundesverfassungsgericht
BVerfGE .... Entscheidungen des BVerfG
BVerfGG .... Bundesverfassungsgerichtsgesetz
BVerwG .... Bundesverwaltungsgericht
BWG .... Bundeswahlgesetz
Buchst. .... Buchstabe
CD .... Compact-Disc
CDU .... Christlich Demokratische Union
bzw. .... beziehungsweise
DDR .... Deutsche Demokratische Republik
d. h. .... das heißt
d. J. .... des Jahres
EAG .... Europäische Atomgemeinschaft
EEA .... Einheitliche Europäische Akte
etc. .... et cetera
e. V. .... eingetragener Verein
evtl. .... eventuell
EG .... Europäische Gemeinschaft

EGKS	Europäische Gemeinschaft für Kohle und Stahl
EGV	Vertrag der Europäischen Gemeinschaft
EMRK	Europäische Menschenrechtskommission
EPZ	Europäische Politische Zusammenarbeit
EU	Europäische Union
EuGH	Europäischer Gerichtshof
EUV	EU-Vertrag
EWG	Europäische Wirtschaftsgemeinschaft
f.	folgende
FDP	Freie Demokratische Partei
FES	Friedrich Ebert Stiftung
ff.	fortfolgende
FGG	Gesetz über die Angelegenheiten der freiwilligen Gerichtsbarkeit
FIFA	Fédération Internationale de Football Associations
FinG	Finanzgericht
GG	Grundgesetz
ggfs.	gegebenenfalls
gem.	gemäß
GOBR	Geschäftsordnung des Bundesrates
GOBReg	Geschäftsordnung der Bundesregierung
GOBT	Geschäftsordnung des Bundestages
GOVA	Geschäftsordnung des Vermittlungsausschusses
GUS	Gemeinschaft unabhängiger Staaten
Halbs.	Halbsatz
HAZ	Hannoversche Allgemeine Zeitung
h. M.	herrschende Meinung
i. d. R.	in der Regel
i. e. S.	im engeren Sinne
i. H. v.	in Höhe von
IM	Inoffizieller Mitarbeiter
IMK	Innenministerkonferenz
i. S. d.	im Sinne der/ des
i. V. m.	in Verbindung mit
KAS	Konrad Adenauer Stiftung
KfZ	Kraftfahrzeug
Kfz-Steuer	Kraftfahrzeugsteuer
KMK	Kultusministerkonferenz
LAG	Landesarbeitsgericht
lat.	lateinisch
LG	Landgericht
LSG	Landessozialgericht
m. a. W.	mit anderen Worten

Abkürzungsverzeichnis

Mio. .... Million(en)
NATO .... North Atlantic Treaty Organization
Nds. .... Niedersächsisch(es)
Nds. GVBl. .... Niedersächsisches Gesetz- und Verordnungsblatt
Nds. SOG .... Nds. Gesetz über die öffentliche Sicherheit und Ordnung
Nds. Verf. .... Niedersächsische Verfassung
Nr(n). .... Nummer(n)
NV .... Niedersächsische Verfassung
o. g. .... oben genannt (e), (er)
OLG .... Oberlandesgericht
OVG .... Oberverwaltungsgericht
PatG .... Patentgesetz
PC .... Personalcomputer
PKW .... Personenkraftwagen
ProdHaftG .... Produkthaftungsgesetz
S. .... Satz (bei Normzitaten) oder Seite
s. .... siehe
SG .... Gesetz über die Rechtsstellung der Soldaten/Sozialgericht
Slg. .... Sammlung
s. o. .... siehe oben
sog. .... sogenannte(r)
SPD .... Sozialdemokratische Partei Deutschlands
StGB .... Strafgesetzbuch
str. .... strittig
SV .... Sachverhalt
u. a. .... unter anderem
usw. .... und so weiter
u. U. .... unter Umständen
VersG .... Versammlungsgesetz
vgl. .... vergleiche
VG .... Verwaltungsgericht
VGH .... Verwaltungsgerichtshof
VO .... Verordnung
VwVfG .... Verwaltungsverfahrensgesetz
z. B. .... zum Beispiel
z. T. .... zum Teil
ZPO .... Zivilprozessordnung
z. Z. .... zur Zeit

Literaturhinweise

Dies Buch ist keine wissenschaftliche Abhandlung, sondern ist für anwendungsbezogenes Lernen entwickelt. Daher enthält es keinen Fußnotenapparat. Das Literaturverzeichnis beansprucht keine Vollständigkeit, sondern gibt Auskunft über die Bücher, die uns beeinflusst haben, und über Literatur, die zur Ergänzung und Vertiefung anregen kann.

Folgende Literatur wurde berücksichtigt:

Verfasser	**Titel**
Bauer, Martin	Staatsrecht in Fragen und Antworten: multiple-choice-Verfahren 2. Auflage Stuttgart u. a. 1994
Brunner, Gerhard/ Höfer, Frank	Staatsrecht 1. Auflage Weimar 2007
Degenhart, Christoph	Klausurenkurs im Staatsrecht 1. Auflage Heidelberg u.a. 2009
Epping, Volker	Grundgesetz: Kommentar 1. Auflage München 2009
Fleury, Roland	Verfassungsprozessrecht 8. Auflage Köln 2009
Frotscher, Werner	Verfassungsgeschichte 8. Auflage München 2009
Geiger, Rudolf	Grundgesetz und Völkerrecht mit Europarecht: die Bezüge des Staatsrechts zum Völkerrecht und Europarecht; ein Studienbuch 4.Auflage München 2009
Grommas, Dieter/ Schäfer, Wilfried/ Stellmacher, Gabriele	Staatsrecht und Allgemeines Verwaltungs- und Verfahrensrecht, Ordnungsrecht 7. Auflage Rinteln 2009
Herdegen, Matthias	Europarecht 11. Auflage München 2009
Hufen, Friedhelm	Staatsrecht II 2. Auflage München 2009
Hummer, Waldemar/ Vedder, Christoph	Europarecht in Fällen 4. Auflage Baden-Baden 2005
Ipsen, Jörn	Grundrechte (mit EMRK und GRC) 12. Auflage Neuwied 2009
Jarass, Hans	Grundgesetz für die Bundesrepublik Deutschland: Kommentar 10. Auflage München 2009

Literaturhinweise

Verfasser	Titel
Katz, Alfred	Staatsrecht – Grundkurs im öffentlichen Recht 17. Auflage Heidelberg 2007
Maurer, Hartmut	Grundlagen, Verfassungsorgane, Staatsfunktionen 5. Auflage München 2007
Maurer, Hartmut	Staatsrecht I, 5. Auflage München 2007
Stein, Ekkehart/ Frank, Götz	Staatsrecht 20. Auflage Tübingen 2007
Streinz, Rudolf	Europarecht (mit Lissabonner Reformvertrag) 8. Auflage Heidelberg 2008

01 Staat und Verfassung

Staatsrecht und Verfassungsrecht — BASISTEXT

Als Teilgebiet des öffentlichen Rechts befasst sich das **Staatsrecht** mit den Rechtssätzen, die konstitutiv für die allgemeine staatliche Grundordnung sind. Hierbei geht es um die für das Funktionieren des Staates maßgeblichen **Grundprinzipien**, die grundlegende **staatliche Organisation** sowie Bestimmungen über das **Grundverhältnis eines jeden Bürgers zum Staat.**

Einordnung des Staatsrechts — ÜBERSICHT 1

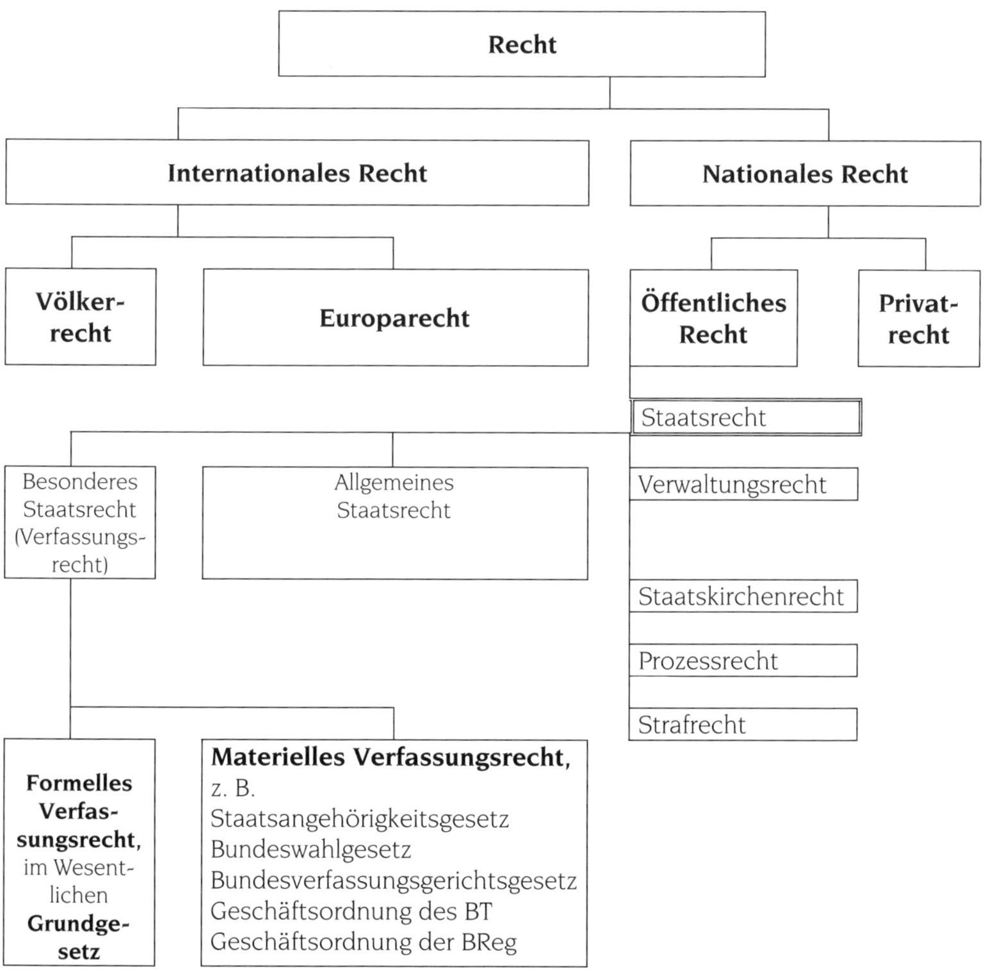

Das moderne Staatsrecht ist das Ergebnis des **Liberalismus**. Diesem liegt die Vorstellung zugrunde, dass der freiheitliche Staat anders als im **Totalitarismus** nur bestimmte Bereiche abdecken darf, wodurch letztlich die Freiheit des Individuums vor dem Staat geschützt wird: Während die Gesellschaft **freiheitsberechtigt** ist, ist der Staat **freiheitsverpflichtet**. Dem Staat steht keine Freiheit zu, die zu Lasten der Bürger geht, sondern nur gesetzlich begründete Kompetenz. Der Staat kann sich auf Grundrechte nicht berufen, der Bürger schon.

Das **allgemeine Staatsrecht**

befasst sich dabei mit den **Rechtsbeziehungen der Staaten**, d. h. mit dem Begriff, dem Entstehen und dem Untergang eines Staates, seinem Handeln und den grundsätzlichen Beziehungen zwischen dem Staat und den seiner Macht unterworfenen Personen.

Beispiele:

- Regelungen zur Anerkennung eines fremden Staates als Staat
- 3-Elemente-Lehre

Das **besondere Staatsrecht**

betrachtet demgegenüber die sich auf einen bestimmten Staat beziehenden Rechtsnormen und ist daher praktisch mit dem **Verfassungsrecht** identisch.

Beispiele:

- Grundrechte der deutschen Staatsbürger
- Wahlrecht der Bürger
- Regelungen zur deutschen Staatsangehörigkeit

Das besondere Staatsrecht der **Bundesrepublik Deutschland** ist weitgehend, aber nicht ausschließlich, im Grundgesetz (GG) geregelt. Die Vorschriften des GG bilden das sog. **formelle Verfassungsrecht,** d. h. die Regelungen, die in der Verfassungsurkunde enthalten sind. Unter dem **materiellen Verfassungsrecht** versteht man alle für die staatliche Ordnung grundlegenden Regelungen. Es umfasst sämtliche dem Staatsrecht zugehörigen Rechtssätze, gleich auf welche Weise und an welcher Stelle diese kodifiziert sind. Zum materiellen Verfassungsrecht zählen deshalb – neben den grundgesetzlichen Vorschriften – auch einfache Gesetze, soweit sie die grundlegende staatliche Ordnung betreffen (z. B. Staatsangehörigkeitsgesetz, Bundeswahlgesetz, Bundesverfassungsgerichtsgesetz) und Geschäftsordnungen der Verfassungsorgane (GOBT, GOBReg).

Die verfassungsrechtliche Entwicklung **BASISTEXT**

Im Folgenden soll ein kurzer historischer Überblick über die Entstehung und Entwicklung der Verfassung der Bundesrepublik Deutschland gegeben werden.

Nach der **Märzrevolution von 1848** trat in der **Frankfurter Paulskirche** eine verfassungsgebende Nationalversammlung zusammen. Dabei wurde ein **Grundrechtskatalog** und eine **Deutsche Reichsverfassung** verabschiedet. Sie sah einen Bundesstaat mit dem preußischen König als Erbkaiser und eine gewählte Volksvertretung vor. Da der preußische König und andere Einzelstaaten sie ablehnen, ist sie nie in Kraft getreten.

Nach dem **Deutsch-Französischen Krieg 1870/71** wurde das Deutsche Reich unter Ausschluss Österreichs gegründet und die **Reichsverfassung 1871** erlassen. Danach bestand das Deutsche Reich aus 25 Einzelstaaten. Staatsoberhaupt des Gesamtstaats war der deutsche Kaiser als konstitutioneller Monarch. Die Regierungsgeschäfte wurden vom Reichskanzler geführt, den der Kaiser ernannte. Der Reichskanzler war Vorsitzender des Bundesrates, der sich aus Vertretern der Einzelstaaten zusammensetzte.

Nach dem Ende des Kaiserreichs trat 1919 in Weimar eine Nationalversammlung zusammen und erließ eine neue Verfassung (**Weimarer Reichsverfassung**).

Deutschland wurde zum republikanischen Bundesstaat. Wichtigstes Organ der parlamentarischen Demokratie wurde der Reichstag als Legislativorgan, geringere Bedeutung hatte der Reichsrat als Vertretung der Länder. Im Anschluss an die Machtübernahme durch die Nationalsozialisten 1933 wurde die Weimarer Reichsverfassung zwar nicht offiziell, aber durch Übergang zur diktatorischen Staatsform außer Kraft gesetzt.
Nach der **Kapitulation Deutschlands im Mai 1945** wurde die Staatsgewalt durch die vier Siegermächte übernommen. Im Juli 1948 ermächtigten die drei westlichen Militärgouverneure die Ministerpräsidenten in den neu geschaffenen Ländern, statt einer Verfassung zunächst ein „vorläufiges Grundgesetz" zu erlassen. Anlässlich des **Herrenchiemseer Verfassungskonvents im August 1948** erstellten Sachverständige einen ersten Entwurf als Diskussionsgrundlage. 1948/49 tagte in Bonn der **Parlamentarische Rat** und erarbeitete die endgültige Fassung des Grundgesetzes, auf die die Alliierten jedoch durch wiederholte Intervention nicht unerheblichen Einfluss nahmen. Der Parlamentarische Rat nahm das Grundgesetz am 08.05.1949 an.

Anschließend erklärten die Alliierten unter Anbringung gewisser Vorbehalte ihre Zustimmung am 12.05.1949. Nach Billigung durch die Länderparlamente trat das Grundgesetz am 24.05.1949 in Kraft.

Mit der Bezeichnung „Grundgesetz" statt „Verfassung" und dem Erlassverfahren ohne Volksabstimmung sollte der provisorische Charakter des neuen westdeutschen Teilstaates zum Ausdruck gebracht werden. Dieser Gedanke ist jedoch aufgrund der mehr als 50-jährigen Geltungsdauer jedenfalls nach dem Beitritt der ehemaligen DDR nicht mehr aktuell. Das Grundgesetz hat damit uneingeschränkt Verfassungscharakter.

Die **friedliche Revolution 1989** in der damaligen DDR führte im Laufe des Jahres 1990 zunächst zur Schaffung einer Währungs-, Wirtschafts- und Sozialunion aufgrund des Staatsvertrages vom 18.05.1990. Nachdem die Alliierten ihre Bedenken und Vorbehalte aufgegeben hatten, wurde aufgrund des **Einigungsvertrages** vom 31.08.1990 durch den Beitritt der DDR zur Bundesrepublik nach Art. 23 GG a. F. die staatliche Einheit Deutschlands vollendet. Seit dem 03.10.1990 gilt das Grundgesetz damit für das gesamte Deutsche Volk.

Bereits im Jahre 1970 hatte der Bundestag eine Enquete-Kommission „Verfassungsreform" eingesetzt, die 1976 ihren Schlussbericht vorlegte. Darin wurde eine Totalrevision des Grundgesetzes abgelehnt, weil es sich im Wesentlichen bewährt habe. Im Zuge des Beitritts der DDR wurde jedoch zunehmend eine Reihe von Änderungen gefordert, die vor allem die **föderale Struktur** (Neuordnung und Stärkung der Bundesländer) und **plebiszitäre Elemente** (Volksabstimmungen) betreffen. Art. 5 des Einigungsvertrages enthält daher eine Reihe von Empfehlungen an den gesamtdeutschen Gesetzgeber zur Änderung und Ergänzung des GG.

ÜBERSICHT 2 Entstehung und Entwicklung der Verfassung der Bundesrepublik Deutschland

Vorläufer:	Verfassungsentwurf von 1848 Reichsverfassung 1871 Weimarer Reichsverfassung 1919
Vorarbeiten:	Herrenchiemseer Verfassungskonvent 1948 Parlamentarischer Rat 1948/49
Inkrafttreten:	24.05.1949, nach Annahme durch die Länderparlamente und Zustimmung der Alliierten
Wiedervereinigung:	Seit dem 03.10.1990 Geltung für das gesamte Deutsche Volk
Zukunft:	Art. 5 des Einigungsvertrages empfiehlt ausdrücklich Verfassungsänderungen (föderale Struktur, Plebiszit)

Die Verfassung bildet die Grundlage aller rechtlichen Bindungen der Staatsgewalt. Um dies nachvollziehen und tiefer verstehen zu können, müssen die Wechselwirkungen zwischen der Verfassung als der **gesollten Ordnung des Staates** auf der einen und der **Wirklichkeit des Staates** auf der anderen Seite betrachtet werden. Dies setzt zunächst eine Klärung des Staatsbegriffs voraus.

Der Begriff eines Staates: Drei-Elementen-Lehre **BASISTEXT**

Ein Staat im Rechtssinne ist eine mit ursprünglicher Herrschaftsmacht ausgestattete Gebietskörperschaft und besteht nach der **Drei-Elementen-Lehre** von **Jellinek** aus **Staatsgebiet, Staatsvolk** und **Staatsgewalt.**

Staatsgebiet

> ist ein räumlich abgegrenzter **Teil der Erdoberfläche,** der **beherrschbar** und zum **dauernden Aufenthalt von Menschen** geeignet ist.

Beispiele:

- Das Gebiet der Bundesrepublik Deutschland
- Das Gebiet des Bundeslandes Niedersachsen
- Das Gebiet von Hallig Hooge

Der Bereich des Staatsgebietes wird durch **Grenzen** festgelegt. Teilweise beruhen sie auf sog. „natürlichen Grenzen" (Meeresküsten, Flüsse, Gebirgskämme). Meist sind sie historisch entstanden und vielfach vertraglich festgelegt.
Einer gesonderten Behandlung bedarf die Abgrenzung des Staatsgebiets zum offenen Meer, zum Erdinneren und zum Luftraum.
Zum Staatsgebiet gehört zunächst das Festland bis zur jeweiligen **Küstenlinie** (niedrigster Wasserstand bei normaler Ebbe). Darüber hinaus können die Küstenstaaten ihr Hoheitsgebiet nach der 3. UN-Seerechtskonvention auf eine Distanz von **12 Seemeilen** von der Küste an gerechnet ausdehnen. Weiterhin ist eine **24-Seemeilen-Anschlusszone** vorgesehen, die zwar nicht zum Staatsgebiet zählt, in der aber gewisse Überwachungs- und Polizeibefugnisse des Anrainer-Staates bestehen. In der **200-Seemeilen-Wirtschaftzone** besteht ein ausschließliches Kontroll- und Verfügungsrecht des Anrainer-Staates über die lebenden und nicht lebenden Ressourcen des Meeres, die aber nicht zum Staatsgebiet gehört, so dass hier auch keine Staatsgewalt ausgeübt werden darf. Bis maximal **350 Seemeilen** vor der Küste dehnt sich der Festlandsockel aus, dessen Ausbeute ausschließlich dem Anrainerstaat zusteht. Jenseits des Festlands-sockels, also auf dem Meeresboden, besteht keine nationale Hoheits- und Verfügungs-gewalt.

Zum Staatsgebiet gehört auch der Bereich oberhalb des Festlandes, wobei nach allgemeinen Völkerrechtsgrundsätzen derzeit eine Grenze bei ca. **80-100 km oberhalb des jeweiligen Staatsgebiets** gezogen wird. Von dieser Höhe an ist ein auf Luftauftrieb angewiesener Luftverkehr physikalisch nicht mehr möglich, es schließt sich der staatsfreie Weltraum an.

Was den Grenzbereich staatlicher Souveränität **unterhalb des Festlandes** betrifft, ergibt sich die Begrenzung durch den **Erdmittelpunkt**.

Von Bedeutung für die Bestimmung des Staatsgebietes sind schließlich **Enklaven** und **Exklaven**.

Enklave

ist ein vom eigenen Staatsgebiet **vollständig eingeschlossener** kompletter fremder **Staat** bzw. Staatsteil.

Beispiele:

- San Marino und Vatikanstadt sind Enklaven Italiens
- West-Berlin war bis 1989 eine Enklave der DDR

Exklave

ist der Teil eines Staatsgebietes, der vom Hauptterritorium abgetrennt ist und auf dem Landweg nur über das Territorium eines oder mehrerer anderer Staaten zu erreichen ist.

Beispiel:

Bremerhaven ist eine Exklave des Bundeslandes Bremen.

Grundsätzlich ist jede Enklave auch eine Exklave, es sei denn, sie stellt auf der betrachteten Ebene eine abgeschlossene Einheit dar.
Exklaven sind oft Gegenstand sowohl innen- als auch außenpolitischer Spannungen, z. B. gibt es Transit- oder Separationsprobleme.

Staatsvolk

ist die im Staatsgebiet lebende **menschliche Gemeinschaft**, die durch **dieselbe Staatsangehörigkeit** verbunden und zur **Willensbildung** im Staate mit berufen ist.

Ausreichend ist nicht schon ein loser Zusammenschluss, erforderlich ist vielmehr eine im Wesentlichen ständige Form des Zusammenlebens im Sinne einer **Schicksalsgemeinschaft.** In der Regel handelt es sich bei einem Staatsvolk auch um eine Abstammungs- und Kulturgemeinschaft, was aber nicht erforderlich ist, wie zahlreiche Vielvölkerstaaten zeigen. „Staatsvolk" ist daher vor allem nur noch ein quantitativer Faktor.

Staatsgewalt

ist die ursprüngliche **höchste** und **ausschließliche** Herrschaftsgewalt, kraft derer der Staat die Macht hat, zu herrschen.

Staatsgewalt setzt **Herrschaftsmacht** voraus. Sie muss sich vor allem darauf erstrecken, eine rechtliche Ordnung (Verfassung) für das Zusammenleben zu geben. Deshalb muss die Macht zumindest mit dem Anspruch auftreten, dass ihre Anordnungen von Rechts wegen verbindlich und zu beachten sind. „Macht" bedeutet dabei die Möglichkeit, die auf dem eigenen Willen beruhenden Anordnungen durchzusetzen. Das braucht nicht durch Zwang zu erfolgen, sondern geschieht ganz überwiegend dadurch, dass Anordnungen erlassen und von den Betroffenen aufgrund der Einsicht in ihre Richtigkeit und Notwendigkeit freiwillig befolgt werden. Die Möglichkeit, **Zwang** anzuwenden, ist beim Staat aber unverzichtbar.

Wesentliche Eigenschaft der Staatsgewalt ist, dass sie **originär** (ursprünglich, unabgeleitet) ist und deshalb über **Selbstorganisationsfähigkeit** verfügt. Das ist nicht der Fall, wenn sie ihre Befugnisse von einer anderen Stelle im Staat (z. B. einer ständischen Gruppe) oder außerhalb des Staates (z. B. von einem anderen Staat, wie bei einer Kolonie oder einem Protektorat) ableitet.

Übung 1

Füllen Sie den folgenden Lückentext aus. Verwenden Sie dabei folgende Begriffe: Abgeordneten – Alle Staatsgewalt geht vom Volk aus – Art. 116 GG – Bundesländer – Drei-Elementen – Präambel – Staatsangehörigkeit – Staatsgebiet

Die Anwendung der ....-Lehre auf die Bundesrepublik Deutschland ergibt Folgendes:

Das .... wird in der Präambel durch Aufzählung der Bundesländer umschrieben. In mehreren anderen Vorschriften ist vom „Bundesgebiet" die Rede, z. B. in Art. 29, 115a GG.

Das **Staatsvolk** wird zunächst ebenfalls in der .... erwähnt („ ... hat sich das Deutsche Volk ... Die Deutschen in den Ländern ..."). Nach Art. 20 Abs. 2 GG geht alle Staatsgewalt „vom Volke aus". Auch die .... des Bundestages sind Vertreter des „ganzen Volkes"), Art. 38 Abs. 1 S. 2 GG.

Auf die Zugehörigkeit zum Deutschen Staatsvolk wird in zahlreichen Vorschriften Bezug genommen, in denen vom „Deutschen" die Rede ist, z. B. Art. 8, 9, 11, 12 GG, wobei der Begriff des Deutschen in .... näher erläutert wird. Von der deutschen .... ist in Art. 16 Abs. 1 GG die Rede.

Für die **Staatsgewalt** ist in Art. 20 GG bestimmt: „.......................... ...." Die besondere Form der verfassungsgebenden Gewalt ist in der Präambel und in Art. 146 GG angesprochen. Im Übrigen wird die Staatsgewalt vom GG in ihren drei Funktionen als gesetzgebende, vollziehende und Recht sprechende Gewalt grundsätzlich in Art. 20 Abs. 3 GG erwähnt und in Art. 70 ff., 83 ff., 92 ff. GG im einzelnen behandelt. Staatsqualität haben in der Bundesrepublik aber auch die .... Sie verfügen über Staatsgewalt, die sich nicht etwa vom Bund ableitet, sondern sich originär außerhalb des GG ergibt (vgl. die Kompetenzverteilung in Art. 30, 70, 83 GG). Ebenso haben die Länder ein Staatsgebiet und eine eigene Staatsangehörigkeit (die allerdings rechtlich nicht normiert ist).

Übung 2

Kreuzen Sie die richtige(n) Antwort(en) an und begründen Sie Ihre Lösung.
Von den vorgegebenen Antworten können keine, eine, mehrere oder alle richtig sein.

1. Die folgende Aussage ist zu ergänzen:
   Zu einem Staat gehören folgende Elemente:
   a) ____________________
   b) ____________________
   c) ____________________

   Begründer der Lehre von den drei notwendigen Elementen eines Staates ist ________________________ (1851-1911).

2. Staatsvolk ist
   a) die organisierte Gemeinschaft von Menschen, die den Staat bilden. ☐
   b) die durch gemeinsame Sprache und Volkszugehörigkeit gekennzeichnete Gemeinschaft. ☐
   c) die Gemeinschaft gleichen Volkstums. ☐

Lösung:

3. Zum Staatsgebiet gehört
   a) das Erdinnere. ☐
   b) der Luftraum darüber. ☐
   c) das offene Meer innerhalb der sog. Drei-Meilen-Zone. ☐
   d) ein Schiff. ☐
   e) ein Flugzeug. ☐

Lösung:

4. Die folgende Aussage ist zu ergänzen:

   Staatsgewalt ist die ursprüngliche ________________ und ________________ , ________________ , kraft derer ________________ die Macht hat, zu herrschen.

5. Die Staatsgewalt erstreckt sich
   a) räumlich über das ganze Staatsgebiet; sie erfasst grundsätzlich alle Personen, die sich dort aufhalten, also auch Ausländer. ☐
   b) auf alle Staatsangehörigen, auch wenn sie außerhalb des Staatsgebietes leben. ☐
   c) auf Botschaftsgebäude im Ausland. ☐

Lösung:

6. Der Finanzmakler Jörg Streicher erwarb von der Britischen Krone eine außerhalb der britischen Hoheitsgewässer in der Nordsee gelegene Betonplattform von 1000 m^2 Größe. Auf dieser Plattform war während des Zweiten Weltkrieges eine Luftabwehrbatterie der britischen Streitkräfte stationiert gewesen. Nachdem neunzig Spekulanten aus aller Herren Länder gegen Zahlung von jeweils 10.000,- Pfund Anteile an der Plattform erworben hatten, rief Streicher das freie Fürstentum Sealand aus. Die Anteilseigner wählten in ihrer ersten Generalversammlung einstimmig Streicher zum Großfürsten von Sealand. Streicher nannte sich fortan Jörg I. von Sealand. Er setzte einen Thronrat ein und beauftragte angesehene Designer Europas mit dem Entwurf neuer sealändischer Briefmarken und Münzen. Ferner gründete er eine Freie Universität Sealand. Das Fürstentum Sealand ist

a) ein Staat. ☐
b) kein Staat, weil es am Staatsgebiet fehlt. ☐
c) kein Staat, weil es am Staatsvolk fehlt. ☐
d) kein Staat, weil es an der Staatsgewalt fehlt. ☐

Anmerkung:
Dieser Fall hat sich tatsächlich zugetragen. Bevor die staatrechtlichen Fragen geklärt werden konnten, kam es zu einer „Revolution". Mit Hilfe von „Gastarbeitern" setzte ein auf der Plattform lebender „Minister" den Großfürsten ab, daraufhin kündigten die Anteilseigner.

Lösung:

BASISTEXT **Entstehung und Untergang von Staaten (Staatenveränderung)**

Staaten, die über die genannten drei Elemente verfügen, können **originär** oder **derivativ** entstehen bzw. untergehen.

Originäres Entstehen eines Staates

liegt vor, wenn in einem **bisher staatsfreien Gebiet** ein neuer Staat gegründet wird. Es entsteht dann ein Staat ohne Vorgänger.

Beispiel:

Entstehung einer neuen Vulkaninsel

Entsprechendes gilt für den **originären Staatsuntergang.**

Originärer Untergang eines Staates

liegt vor, wenn ein Staat wegfällt, ohne dass ein anderer Staat Nachfolger wird.

Beispiele:

Naturkatastrophe, physische Vernichtung/Verschleppung des ganzen Staatsvolkes, Absetzen der Träger der Staatsgewalt.

Häufiger als originär entstehen Staaten **derivativ**.

Derivatives Entstehen eines Staates

liegt vor, wenn der Staat sein Staatsgebiet und/oder sein Staatsvolk von einem anderen Staat erlangt.

Gleichfalls häufiger gehen Staaten derivativ unter.

Derivativer Untergang eines Staates

liegt vor, wenn der Staat sein gesamtes Gebiet oder Volk verliert und dieses an einen anderen Staat gelangt.

Beispiele:

- Durch Teilung eines Staates (Dismembration) entstehen zwei neue.
- Durch Zusammenschluss zweier Staaten entsteht ein neuer.

Übung 3

Unterhalten Sie sich zu Hause mit Ihren Eltern, Großeltern oder anderen Verwandten über deren Erinnerungen an die ehemaligen DDR. Berichten Sie in der nächsten Stunde über eine Ihnen besonders interessant erscheinende „Episode".

Basistext — Staatsformen

Das Grundgesetz trifft in Art. 20 Abs. 1 die kurze und bündige Feststellung, dass die Bundesrepublik Deutschland ein „Bundesstaat" ist.

Bundesstaat

> ist ein Gesamtstaat, bei dem die Ausübung der Staatsgewalt auf einen **Zentralstaat** und **mehrere Gliedstaaten aufgeteilt** ist.

Beispiele:

Schweiz, Österreich, USA, Kanada, Indien, Australien.

Gesamtstaat und Gliedstaaten sind einander in einem Bundesstaat so zugeordnet, dass den Gliedstaaten durch ein besonderes Organ (z. B. Bundesrat) bestimmte Einflussmöglichkeiten auf den Gesamtstaat, dem Gesamtstaat bestimmte Einflussmöglichkeiten auf die Gliedstaaten eingeräumt sind und dass eine gewisse Homogenität der gesamt- und gliedstaatlichen Ordnung besteht.

Der Bundesstaat ist abzugrenzen von den Staatsformen **Einheitsstaat** und **Staatenbund.**

Einheitsstaat

> ist ein Gebilde, bei welchem **nur dieses Staatsqualität** hat, nicht dagegen die einzelnen Untergliederungen, selbst wenn sie über weitgehende Zuständigkeiten verfügen.

Beispiele:

Frankreich, Großbritannien, Italien, Spanien, die skandinavischen Staaten, ehemalige DDR.

Der Unterschied des Bundesstaats zum Einheitsstaat liegt mithin darin, dass (nur) beim Bundesstaat die einzelnen Gliedstaaten Staatsqualität haben, also über Staatsgebiet, Staatsvolk und originäre Staatsgewalt verfügen.

Dies hat vor allem zwei Konsequenzen:

1. Es bewirkt eine **Aufteilung der Staatsmacht.** Im Unterschied zur „horizontalen" Aufteilung zwischen Legislative, Exekutive und Judikative handelt es sich hierbei um eine „vertikale" Gewaltenteilung zwischen Bund (Oberstaat) und Ländern (Gliedstaaten).
2. Das Vorhandensein von Ländern gibt die Möglichkeit, wichtige Aufgaben nicht von der obersten Zentralgewalt im Staat erledigen zu lassen, sondern sie auf eine untere Ebene zu verlagern. Das erleichtert die **Dezentralisation** und ermöglicht eine stärkere **Berücksichtigung regionaler Besonderheiten.**

Näheres hierzu erfahren Sie weiter unten bei den „Grundentscheidungen des Grundgesetzes".

Abzugrenzen ist ein Bundesstaat schließlich zum **Staatenbund.**

Staatenbund

ist ein **völkerrechtlicher Zusammenschluss** von Staaten, bei dem zwar auch **gemeinsame Organe** gebildet werden, die aber Staatsgewalt lediglich **nach außen** hin ausüben.

Beispiel:

Schulbeispiel für einen Staatenbund war der Deutsche Bund von 1815 bis 1866, dessen gemeinsames Bundesorgan „Bundestag" von den Gesandten der Mitgliedstaaten gebildet wurde.

Im Unterschied zum Bundesstaat, bei welchem die Organe des Zentralstaates auch nach innen unmittelbar Staatsfunktionen ausüben, bedürfen die Anordnungen eines Staatenbundes der **Umsetzung durch die Organe der im Staatenbund zusammengeschlossenen Staaten.**

Begrifflich in noch weiterer Entfernung zum Bundesstaat steht das „Staatenbündnis".

Staatenbündnis

ist ein auf einem **völkerrechtlichen Vertrag** beruhender Zusammenschluss, der selbst bei intensiven Beziehungen **nicht zu gemeinsamen Organen** führt oder wenn, dann nur für die Erfüllung einzelner, spezieller Aufgaben.

Beispiel:

Ein Staatenbündnis mit gemeinsamen Organen ist die NATO, deren Aufgaben sich auf die gemeinsame Verteidigung begrenzen.

In Deutschland hat sich das vorherrschende Bundesstaatsprinzip geschichtlich entwickelt:
Das 1871 gegründete **Deutsche Reich** war **als Bundesstaat** konstituiert und auch die **Weimarer Republik** war **Bundesstaat**. Nur in der NS-Zeit, von 1934 bis 1945, war Deutschland in einen, allerdings nach wie vor dezentralisierten **Einheitsstaat** umgewandelt worden. Das GG knüpfte 1949 an die staatsrechtliche Tradition von vor 1933 an.
In der ehemaligen DDR wurde dagegen das föderalistische Prinzip von Anfang an zugunsten des Einheitsstaates zurückgedrängt, bis schließlich 1952 die Länder durch Gesetz aufgelöst und durch 14 Bezirke ersetzt wurden. Durch das Ländereinführungsgesetz vom 22.07.1990 wurden die Länder Mecklenburg-Vorpommern, Brandenburg, Sachsen-Anhalt, Sachsen und Thüringen mit Wirkung zum 03.10.1990 wieder gebildet.

ÜBUNG 4

Erschließen Sie sich Inhalt und Wesen der verschiedenen Staatenformen durch Beantwortung der folgenden Aufgaben. Von den vorgegebenen Antworten können keine, eine, mehrere oder alle richtig sein. Kreuzen Sie die richtige(n) Antwort(en) an und begründen Sie jeweils Ihre Lösung.

1. Ein Bundesstaat
   a) ist einstufig. ☐
   b) muss notwendigerweise zweistufig sein. ☐
   c) kann auch mehrstufig sein. ☐

Lösung:

2. Im Bundesstaat liegt die Staatsgewalt
   a) beim Bund. ☐
   b) bei den Ländern. ☐
   c) bei Bund und Ländern, die diese Staatsgewalt gemeinschaftlich ausüben. ☐

Lösung:

3. Die folgende Aussage ist zu ergänzen.
   Nach der Kompetenzverteilung des Grundgesetzes liegt in der Bundesrepublik Deutschland
   a) das Schwergewicht in der Gesetzgebung bei ____________________
   b) das Schwergewicht in der Verwaltung bei ____________________
   c) das Schwergewicht in der Rechtsprechung bei ____________________

Lösung:

4. Der Bund ist den Ländern
   a) übergeordnet. ☐
   b) gleichgeordnet. ☐
   c) untergeordnet. ☐

Lösung:

5. Die Europäische Union ist
   a) ein Staat. ☐
   b) ein Staatenbund. ☐
   c) ein loses Bündnis selbstständiger Staaten. ☐

Lösung:

6. Ein Staatenbund
   a) ist eine Gemeinschaft selbstständiger Staaten. ☐
   b) beruht auf staatsrechtlicher Grundlage. ☐
   c) ist organisiert nach dem Prinzip der Über- und Unterordnung. ☐
   d) besteht auf Grund einer Verfassung. ☐

Lösung:

7. Ein Staatenbund ist
   a) die GUS. ☐
   b) die Schweiz. ☐
   c) die NATO. ☐
   d) die FIFA. ☐

Lösung:

Übung 5

Grenzen Sie den Bundesstaat vom Zentralstaat ab.

Notieren Sie die Lösung auf einem besonderen Blatt.

Staatsangehörigkeit — BASISTEXT

Die Idee, dass der Staat und der Mensch zwar verschiedene Subjekte sind, aber zugleich dauerhaft in Form der Bürgerschaft miteinander verbunden sind, bestand schon zur Zeit der Polis im antiken Griechenland. Ausdifferenziert wurde dies im Alten Rom, wo die (Staats-) Bürgerschaft geradezu Voraussetzung für die Geschäftsfähigkeit war und ein in sich geschlossenes Rechtssystem abgrenzte.
Staatsbürgerschaft im modernen Sinn ist erst seit der Französischen Revolution durch das Aufkommen republikanischen Denkens entstanden. Seitdem wurde der Staat nicht nur als Territorialstaat, sondern als Personenverband von Bürgern verstanden. Im Laufe des 19. Jahrhunderts wurde daraufhin in den meisten Staaten die Staatsangehörigkeit eingeführt und es wurden Gesetze über die Staatsbürgerschaft erlassen.

Staatsangehörigkeit

> ist die Zugehörigkeit einer **natürlichen Person** zu einem bestimmten **Staat**, aus der **gegenseitige Rechte und Pflichten** folgen.

Die Staatsangehörigkeit vermittelt die Mitgliedschaft zu der einen Staat bildenden Gebietskörperschaft und gewährt einen besonderen Status mit speziellen Rechten (z. B. Grundrechte und politische Rechte) und Pflichten (z. B. Wehrpflicht).

Deutscher

> i. S. d. Grundgesetzes ist, wer die **deutsche Staatsangehörigkeit** besitzt oder als Flüchtling oder Vertriebener **deutscher Volkszugehörigkeit** im Gebiet des Deutschen Reiches nach dem Stand vom 31. Dezember 1937 Aufnahme gefunden hat.

Diese dem Art. 116 Abs. 1 GG entnommene Legaldefinition des „Deutschen" stellt einen Oberbegriff dar, der sowohl den **deutschen Staatsangehörigen** als auch den **deutschen Volkszugehörigen** umfasst. Deutsche Volkszugehörige (sog. **Status-Deutsche**) sind diejenigen Personen, die – ohne die deutsche Staatsangehörigkeit zu besitzen – sich stets als Deutsche gefühlt und sich dazu bekannt haben.

Beispiel:

Der 1922 in Riga geborene, heute in München lebende, ehemals lettische Staatsangehörige, der sich in seiner Heimat zum deutschen Volkstum bekannt hat, dessen Bekenntnis durch seine Abstammung, Sprache, Erziehung und Kultur bestätigt worden ist und der seinen Wohnsitz in Riga im Zusammenhang mit den Ereignissen des Zweiten Weltkrieges durch Vertreibung verloren hat.

Das Grundgesetz will die Deutschen ohne deutsche Staatsangehörigkeit den deutschen Staatsangehörigen im Wesentlichen gleichstellen.

Ausländer

ist jeder, der **nicht Deutscher** i. S. d. Art. 116 Abs. 1 GG ist.

Die Gründe für den **Erwerb einer Staatsangehörigkeit** regelt jeder Staat selbst, d. h. durch innerstaatliche Rechtsvorschriften, in der Bundesrepublik Deutschland vornehmlich durch das **Staatsangehörigkeitsgesetz**. Diese Regelungsbefugnis kann aber nicht schrankenlos sein, andernfalls könnte ein Staat Personen als Staatsangehörige in Anspruch nehmen, die keinerlei Beziehung zu ihm haben, was wiederum die Interessen anderer Staaten beeinträchtigen würde. Deshalb hat das **Völkerrecht** bestimmte Grundregeln des Staatsangehörigkeitsrechts aufgestellt.

Als Anknüpfungspunkt kommen vor allem **Geburtsort** oder **Abstammung** in Betracht. Der Geburtsort (**Territorialitätsprinzip**; ius soli) hat als Anknüpfungspunkt den Vorzug der eindeutigen Feststellbarkeit und dass niemand als Staatenloser geboren werden kann. Ein Nachteil des Territorialitätsprinzips liegt darin, dass es den Erwerb der Staatsangehörigkeit an einen u. U. zufälligen oder kurzfristigen Aufenthalt anknüpft und zu einer unterschiedlichen Staatsangehörigkeit von Eltern und Kind führen kann. Die Abstammung (**Abstammungsprinzip**; ius sanguinis) als Anknüpfungspunkt vermeidet zwar diese Nachteile, bietet jedoch keine eindeutige Lösung, wenn ein Elternteil des Kindes eine andere Staatsangehörigkeit als der andere Elternteil hat.

Das deutsche Staatsangehörigkeitsrecht folgt im Wesentlichen dem **Abstammungsprinzip**, wobei jedoch eine blutsmäßige Abstammung nicht (mehr) zwingend erforderlich ist.

Als Gründe für den Erwerb der deutschen Staatsangehörigkeit nennt § 3 StAG

1. Geburt, § 4 StAG
2. Erklärung nach § 5 StAG
3. Annahme als Kind (Adoption), § 6 StAG
4. Ausstellung einer Bescheinigung für Flüchtlinge/Vertriebene, § 7 StAG
5. Einbürgerung, §§ 8 ff. StAG.

Durch die **Geburt** erwirbt das eheliche Kind einer deutschen Mutter oder eines deutschen Vaters die deutsche Staatsangehörigkeit. Gleiches gilt für das uneheliche Kind einer deutschen Mutter.
Das uneheliche Kind einer ausländischen Mutter erwirbt die deutsche Staatsangehörigkeit durch Anerkennung oder Feststellung der Vaterschaft eines deutschen Vaters.

Ein ausländisches minderjähriges Kind, gleichgültig, ob ehelich oder nicht ehelich, erwirbt die deutsche Staatsangehörigkeit mit Annahme als Kind (**Adoption**) durch einen Deutschen. Für **Findelkinder**, d. h. Kinder, die auf deutschem Staatsgebiet gefunden werden, ohne dass ihre Herkunft ermittelt werden kann, gilt bis zum Beweis des Gegenteils die Vermutung, dass sie von deutschen Eltern abstammen.

Erwerbsgrund, der nicht an die Abstammung anknüpft, ist die **Einbürgerung** eines Ausländers. Voraussetzungen der Einbürgerung sind – neben einem diesbezüglichen Antrag des Einzubürgernden und seiner Niederlassung im Inland – Geschäftsfähigkeit, unbescholtener Lebenswandel, Wohnung oder Unterkommen und die Fähigkeit, sich und seine Angehörige zu ernähren.

ÜBUNG 6

Kreuzen Sie die richtige(n) Antwort(en) an und begründen Sie Ihre Lösung.
Von den vorgegebenen Antworten können keine, eine, mehrere oder alle richtig sein.

1. Die deutsche Staatsangehörigkeit erwirbt ein Kind mit der Geburt, wenn
   a) beide Eltern Deutsche sind. ☐
   b) der Vater Deutscher ist. ☐
   c) die Mutter Deutsche ist. ☐

Lösung:

2. Bei der Entscheidung über eine Einbürgerung besteht
   a) ein Ermessensspielraum. ☐
   b) kein Ermessensspielraum. ☐
   c) ein Anspruch auf Einbürgerung für Angehörige der Europäischen Gemeinschaft. ☐

Lösung:

3. Die deutsche Staatsangehörigkeit wird verloren durch
   a) Entlassung. ☐
   b) Aberkennung. ☐
   c) Erwerb einer fremden Staatsangehörigkeit auf Antrag. ☐
   d) Verzicht. ☐
   e) Heirat mit einem Ausländer. ☐

Lösung:

4. Deutsche Staatsangehörige i. S. einer Definition
   a) sind die im Geltungsbereich des Grundgesetzes wohnenden Deutschen. ☐
   b) sind uneheliche Kinder eines deutschen Vaters. ☐
   c) sind Personen dt. Abstammung, die in den Vertreibungsgebieten leben. ☐
   d) sind Personen, die als Flüchtlinge oder Vertriebene deutscher Volkszugehörigkeit im Bundesgebiet Aufnahme gefunden haben. ☐

Lösung:

5. Die Bürger der Bundesrepublik haben
   a) nur die deutsche Staatsangehörigkeit. ☐
   b) die Staatsangehörigkeit ihres Bundeslandes und die deutsche Staatsangehörigkeit. ☐
   c) entweder die deutsche Staatsangehörigkeit oder die des Bundeslandes, in dem sie geboren sind. ☐

Lösung:

FALL 1 **Der verlorene Sohn kehrt zurück**

Jack Mueller wurde 1935 als Sohn deutscher Eltern in den USA geboren. 1937 wanderte seine Familie mit ihm in das damalige Jugoslawien aus und erwarb mit allen Familienangehörigen auf Antrag die jugoslawische Staatsangehörigkeit. 1945 flohen alle nach Köln. 1957 kehrte Mueller allein nach Jugoslawien zurück. Seit 1981 arbeitet er wieder in Köln und möchte hier für den Rest seines Lebens bleiben.

Nach einer rechtskräftigen Verurteilung wegen eines Ladendiebstahls untersagte ihm jedoch die zuständige Behörde jede weitere Erwerbstätigkeit in der Bundesrepublik. Mueller beruft sich auf das Grundrecht der Berufsfreiheit in Art. 12 Abs. 1 GG.

Aufgabe: Prüfen Sie, ob Mueller unter den persönlichen Schutzbereich fällt.

Notieren Sie die Lösung auf einem besonderen Blatt.

Sicherung der Verfassung **BASISTEXT**

Verfassungsrecht muss nicht nur die Gewähr seiner Durchsetzung, sondern auch **die Gewähr seines Bestandes** in sich selbst tragen. Dies schließt die Aufgabe ein, die Verfassung im Rahmen des Möglichen gegen Gefährdungen oder gegen eine Beseitigung zu sichern. Der Schutz der Verfassung gilt zugleich dem **Bestand des Staates,** der als Verfassungsstaat nur im verfassungsmäßig geordneten politischen Prozess existent wird und erhalten werden kann.
Diesem Schutz dienen diejenigen Einrichtungen, die die Verfassung gegen Angriffe von außen und innen, gegen verfassungsfeindliche Bestrebungen von „oben" und „unten" und gegen ihre innere Funktionsunfähigkeit sichern sollen.
Unter dem Eindruck der Erfahrungen der Weimarer Republik haben die Schöpfer des Grundgesetzes dem Schutz der Verfassung ihr besonderes Augenmerk zugewendet.
Instrumente hierzu finden sich in dem Versuch, einer Aushöhlung der Grundrechte in der übermäßige Ausnutzung der Gesetzesvorbehalte entgegen zu wirken **(Art. 19 Abs. 2 GG),** stärkeren Einschaltung der Recht sprechenden Gewalt, der Kontrolle der staatlichen Gewalten, dem Ausschluss von Verfassungsdurchrechungen **(Art. 79 Abs. 1 S. 1 GG)** und der Begrenzung von Verfassungsänderungen **(Art. 79 Abs. 3 GG).** Weit über den überkommenen Rahmen hinaus gehen auch die präventiven und repressiven Sicherungen: Zu ihnen gehört die Verwirkung von Grundrechten **(Art. 18 GG),** die Verbotsmöglichkeit politischer Parteien **(Art. 21 Abs. 2 GG),** die Treueklausel des **Art. 5 Abs. 3 S. 2 GG,** die Präsidenten- und Richteranklage **(Art. 61, 98 Abs. 2 GG),** die Einrichtung einer Bundesoberbehörde zur Sammlung und Auswertung von Unterlagen für Zwecke des Verfassungsschutzes **(Art. 87 Abs. 1 S. 2 GG)** neben den Verfassungsschutzämtern der Länder, nicht zuletzt auch das politische Strafrecht, das nur für eine Übergangszeit und nur zu einem Teil in das Grundgesetz Aufnahme gefunden hatte (Art. 143 GG a. F.) und heute in den **§§ 80 ff. StGB** geregelt ist. Neu ist schließlich das Institut des Gesetzgebungsnotstandes **(Art. 81 GG).**

Freilich verbürgen die auf diese Weise geschaffenen **institutionellen Sicherungen** keinen absoluten Schutz. Vorhandene Möglichkeiten des präventiven oder repressiven Verfassungsschutzes können den Bestand der Verfassung und ihre tatsächliche Geltung im Leben des Gemeinwesens nur in engen Grenzen gewährleisten. Sie bewirken lediglich, dass bestimmte Kräfte um den Preis einer Einschränkung der politischen Freiheit aus dem politischen Prozess ausgeschaltet und in die Illegalität gedrängt werden.

Sie stärken nicht die **Lebenskraft der Verfassung,** die auf Zustimmung und freier Aktualisierung, nicht auf Verboten und Zwangsmaßnahmen beruht, und tragen die Tendenz in sich, die Sicherung der Verfassung und des durch sie konstituierten Staates mehr in einem gut funktionierenden Überwachungs- und Abwehrsystem als in der Legitimität und Integrationsfähigkeit der Grundprinzipien der Verfassung zu suchen, auf der der Bestand der Verfassung in erster Linie beruht.

Aufgabe: Überlegen Sie, welchen Gefahren die freiheitlich demokratische Grundordnung der Bundesrepublik Deutschland ausgesetzt ist – halten Sie diese für bedrohlich? Sehen Sie Möglichkeiten, diesen entgegen zu wirken? Wie?

Notieren Sie die Lösung auf einem besonderen Blatt.

02 Grundentscheidungen des Grundgesetzes

Grundentscheidungen des Grundgesetzes — BASISTEXT

Jeder Staat beruht auf bestimmten **Grundentscheidungen** oder **-prinzipien**. Sie bestimmen seine innere Organisation und nehmen unmittelbaren Einfluss auf den Inhalt, die Auslegung und die Anwendung der Gesetze. Alle drei Staatsgewalten müssen sich den Grundprinzipien entsprechend verhalten. Solche Prinzipien liegen auch der Bundesrepublik Deutschland zugrunde. Es sind dies die Grundentscheidungen des **Rechtsstaats**, der **Demokratie**, des **Bundesstaates**, des **Sozialstaates** und der **Republik**. Sie sind insbesondere in den Art. 20 und 28 Abs. 1 GG geregelt. Bestimmte Grundprinzipien hat der Verfassungsgeber als so nichtig angesehen, dass sie der sog. **Ewigkeitsgarantie** des Art. 79 Abs. 3 GG unterfallen. Unabänderlich sind die dort genannten Verfassungsprinzipien dabei nicht in ihrer konkreten Ausgestaltung, sondern als Verfassungs**grundsätze**. So wird etwa die bundesstaatliche Ordnung (nicht der Bestand einzelner Bundesländer!) für unabänderlich erklärt, d. h. den Ländern muss eigener politischer Gestaltungsspielraum verbleiben. Die Ewigkeitsgarantie bezieht sich ferner im Besonderen auf Rechtsstaatlichkeit und Demokratie
Nachfolgend sollen die Grundentscheidungen näher beleuchtet werden.

Republik — BASISTEXT

Seit der französischen Revolution ausgangs des 18. Jahrhunderts war der Kampf für eine **republikanische Staatsform** in Europa nicht nur ein **Kampf gegen die Monarchie,** sondern zugleich auch ein Kampf für das Recht der Menschen, an den öffentlichen Angelegenheiten (res publicae, lat.) **frei** und **selbst bestimmt** teilnehmen zu können. Das republikanische Prinzip erfasst beide Aspekte. Es ist zum einen die – negative – Aussage, dass die Staats- und Regierungsform nicht die der Monarchie ist, und zum anderen, dass jeder das Recht besitzt, am öffentlichen Leben frei und selbst bestimmt teilzunehmen. In einer „Mon-Archie", also einer „Allein-Herrschaft" ist dies nicht möglich.
Das GG greift letzteren Aspekt insbesondere in den kommunikativen Grundrechten der Art. 5, 8 und 9 GG auf. Der Aspekt der Staats- und Regierungsform kommt in Art. 54 Abs. 2 GG zum Ausdruck, wonach der Bundespräsident **nur einmal wieder gewählt** werden darf. Das Staatsoberhaupt wird also nicht auf Lebenszeit, wie das bei Monarchen üblich ist, sondern nur **auf Zeit** in dieses Amt gebracht.

ÜBERSICHT 3

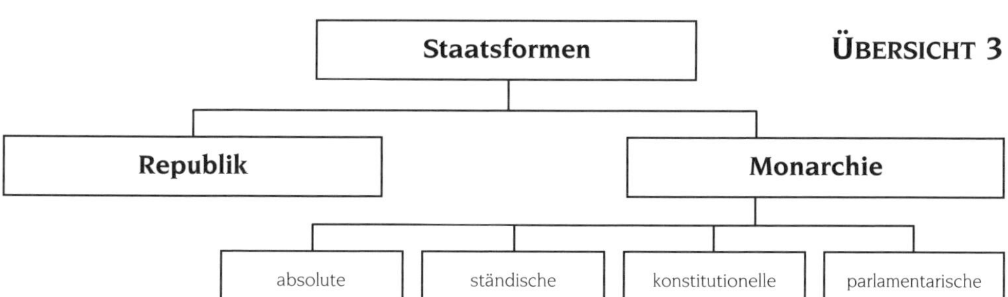

BASISTEXT **Demokratie**

In Kapitel 1 wurde ausgeführt, dass die Staatsgewalt wesentliches Merkmal des Staates ist und ihrem Inhaber eine Fülle von Rechten und Pflichten gibt. Es fragt sich nun, wem diese Rechte und Pflichten zugeordnet werden, d. h. wer **Träger der Staatsgewalt** ist.

Demokratie

> bedeutet, dass alle Staatsgewalt vom Volke ausgeht (**Souveränität des Volkes**), die entweder vom Volk selbst (**unmittelbare Demokratie**) oder durch vom Volk gewählte Organe (**mittelbare Demokratie**) ausgeübt wird.

ÜBERSICHT 4

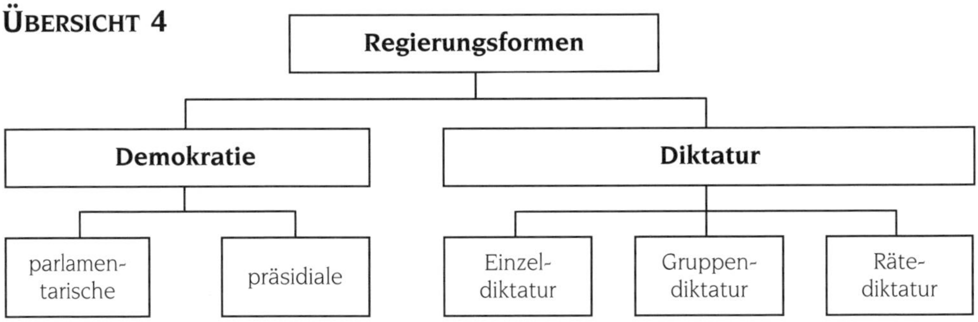

Aus der Übersicht ergibt sich, dass eine **Demokratie** dann vorliegt, wenn das Volk Träger der Staatsgewalt ist. (**Volkssouveränität**). Das Wort stammt aus dem Alt-griechischen: demos = Volk, kratein = herrschen.
Dass die Bundesrepublik Deutschland eine Demokratie ist, ergibt sich nicht nur aus der ausdrücklichen Normierung in Art. 20 Abs. 1 GG, sondern vor allem aus der Festlegung in Art. 20 Abs. 2 S. 1 GG: **Alle Staatsgewalt geht vom Volke aus.**

Es muss also jede Ausübung von Staatsgewalt ihre Grundlage in der Entscheidung des Volkes finden, d. h. vom Volk legitimiert sein. Die Legitimation kann dabei **unmittelbar** und/ oder **mittelbar** erfolgen.

Unmittelbare (plebiszitäre) Demokratie

> bedeutet, dass **das gesamte Staatsvolk durch Abstimmung** über anstehende politische Entscheidungen, insbesondere über Gesetze, entscheidet.

Beispiele:

- **Volksentscheid** (verbindliche Entscheidung über eine vorgelegte Sachfrage)
- **Volksbegehren** (Initiative des Volkes auf Schaffung bestimmter Regelungen)
- in Grenzen auch **Volksbefragung** (nur konsultative Befragung des Volkes ohne rechtliche Bindung).

Mittelbare Demokratie

bedeutet, dass das Volk nur über die **Zusammensetzung der Repräsentationsorgane** (insbesondere Parlament) entscheidet, die dann ihrerseits die Staatsgewalt ausüben.

Beispiel:

Das Volk wählt das Parlament, das Parlament wählt die Regierung, die Regierung ernennt Beamte, Richter und andere Amtsträger.

In der Bundesrepublik Deutschland ist die Demokratie **stark repräsentativ** ausgebildet. Unmittelbare Elemente finden sich nur in Art. 20 Abs. 2 S. 2, 29 Abs. 2 und 3 GG. Für diese Zurückhaltung des Verfassungsgebers waren historische Gründe, insbesondere Erfahrungen aus der Weimarer Republik, maßgebend. Im März 2002 hatte die rot-grüne Bundesregierung eine Gesetzesinitiative über eine Verstärkung der unmittelbaren Demokratie auch auf der Bundesebene in Gang gesetzt. Das Vorhaben wurde aber im Bundesrat gestoppt, so dass nach wie vor auf Bundesebene die Form der mittelbaren Demokratie dominiert.

Aufgabe: Überlegen Sie, welche Vor- und Nachteile Formen der unmittelbaren Demokratie mit sich bringen.

Notieren Sie die Lösung auf einem besonderen Blatt.

Eine weitere, wichtige Folgerung aus der Staatsträgerschaft des Volkes ist die politische **Willensbildung vom Volk zu den Staatsorganen** („von unten nach oben"). Da die politischen **Parteien** nach Art. 21 Abs. 1 GG bei der politischen Willensbildung des Volkes mitwirken, dürfen sie nicht in ein Abhängigkeitsverhältnis zum Staat geraten. Andererseits ist jedoch anerkannt, dass der Staat den Parteien auch durch öffentliche Mittel gewisse Vergünstigungen zukommen lassen darf. Dies wird insbesondere deutlich bei der Erstattung von Wahlkampfkosten, der steuerlichen Abzugsfähigkeit von Parteispenden und der Gewährung von sonstigen öffentlichen Leistungen an die Parteien. Dies ist verfassungsrechtlich zulässig, soweit gewährleistet ist, dass die öffentlichen Mittel nicht der Identifizierung des Staates mit bestimmten politischen Parteien oder Programmen im Wahlkampf dienen.

Für die Bildung des politischen Willens gilt als weitere Konsequenz das **Mehrheitsprinzip.** Zwar ist die Anerkennung von verschiedenen Meinungen Grundvoraussetzung für jede Demokratie („Pluralismus"). Da es aber keine Möglichkeit gibt, die eine oder andere politisch vertretbare Meinung als richtig zu erkennen, kann die Willensbildung nur aufgrund des Mehrheitsprinzips erfolgen.

Deshalb wird Demokratie auch als **Herrschaft der Mehrheit** bezeichnet. Die Mehrheit darf die Minderheit aber nicht unterdrücken, erforderlich ist vielmehr ein effektiver **Minderheitenschutz**. Zwar ist die Minderheit Sachentscheidungen der Mehrheit ausgesetzt, das Demokratieprinzip verlangt jedoch, dass die Minderheit die Möglichkeit besitzt, ihren Standpunkt in den Willensbildungsprozess einzubringen. Gleichzeitig ist auch die Herrschaftsbefugnis der Mehrheit zeitlich begrenzt. In einer Demokratie gibt es nur **Herrschaft auf Zeit.** Es muss stets die Möglichkeit offen gehalten werde, dass die Minderheitsmeinung zur Mehrheit wird.

Demokratie bedeutet schließlich, dass jeder die Möglichkeit hat, sich einzeln oder in Gruppen frei am öffentlichen Leben zu beteiligen. Davon wird auch in vielfältiger Weise durch Demonstrationen, öffentliche Erklärungen, durch Medien, Äußerungen und öffentliches Handeln von Vereinen und Verbänden oder in sonstiger Weise Gebrauch gemacht.

An diesem Prozess der öffentlichen Meinungsbildung beteiligen sich insbesondere die politischen Parteien, die Kirchen, die Gewerkschaften, die Arbeitgeberverbände, die Berufsverbände, die Umweltgruppen, die Verleger von Zeitungen und Zeitschriften, die Inhaber privater Rundfunkanstalten, der Staat selbst über den öffentlichen Rundfunk und das Fernsehen, die Journalisten und die Politiker, ja selbst der Verfasser eines Leserbriefes. Jeder versucht, die öffentliche Meinung in seinem Sinne zu beeinflussen, sei es durch Informationen, durch Meinungsäußerung oder durch Werbung für seine Ansicht. Ein solches offenes Gesellschaftssystem bezeichnet man als **pluralistische Demokratie.** Sie liegt dem Grundgesetz zugrunde und findet ihre verfassungsrechtliche Absicherung besonders in den Freiheitsrechten der Art. 2, 4, 5, 8, 9 sowie 21 GG.

Aufgabe: Wählen Sie aus einer aktuellen Zeitung unter der Rubrik „Leserbriefe" einen Beitrag aus, den Sie besonders interessant finden. Bringen Sie diesen kopiert in hinreichender Anzahl für alle anderen Kursteilnehmer zur nächsten Stunde mit.

Demokratie

ÜBERSICHT 5

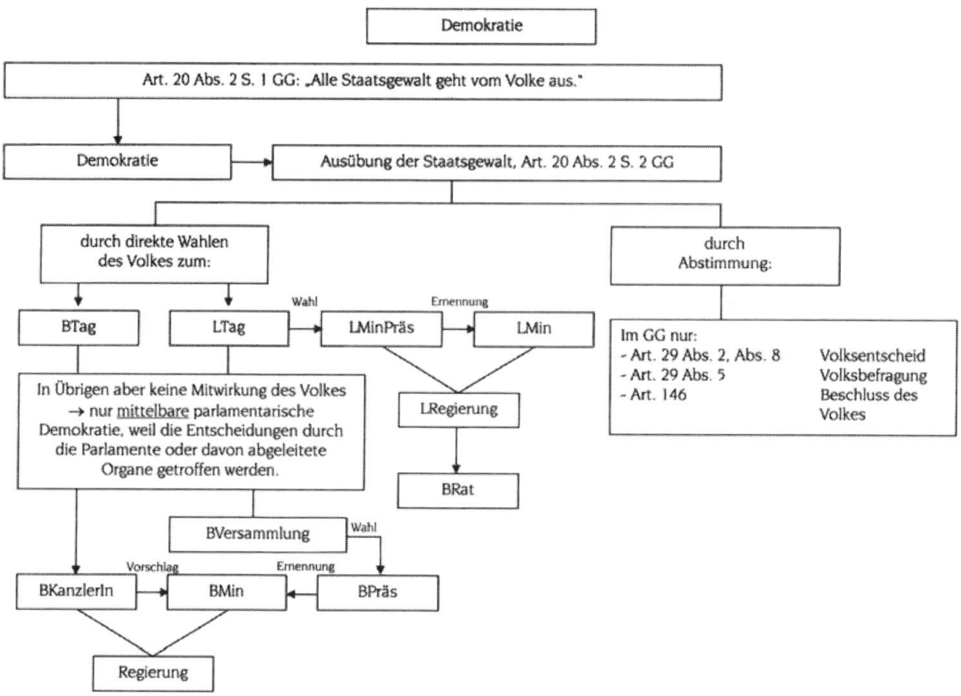

ÜBUNG 7

Erschließen Sie sich den Inhalt des Demokratieprinzips durch Beantwortung der folgenden Aussage. Lesen Sie dazu die abgedruckten Lösungshinweise aus dem Lehrerheft und vervollständigen Sie diese.

In unserer Demokratie übt das Staatsvolk die Staatsgewalt
a) unmittelbar
b) grundsätzlich mittelbar
c) teils unmittelbar, teils mittelbar
d) über die politischen Parteien
aus.

Lösung:

Richtig ist Nummer _______. Die Demokratie nach dem Grundgesetz ist eine mittelbare Demokratie. Einzige Ausnahme: Neugliederung des Bundesgebiets (Art. 29 GG). Einige Landesverfassungen kennen allerdings für ihren Bereich **unmittelbare** Ausübung der Staatsgewalt durch das Staatsvolk.

Zu Nummer _______: In Art. 21 GG ist zwar das Parteienprinzip verankert. Daraus lässt sich aber kein Ausschließlichkeitsanspruch des Inhalts herleiten, dass die politische Willensbildung <u>nur</u> über die Parteien geschieht.

Die Willensbildung durch Verbände und Bürgerinitiativen gewinnt an Bedeutung. Die Parteien wirken bei der politischen Willensbildung des Volkes nur mit, Art. 21 Abs. 1 S. 1 GG.

Übung 8

Die folgende Aussage ist zu berichtigen.
Die demokratische Republik beruht auf der Gleichberechtigung aller Einwohner. Das Volk übt die Staatsgewalt durch Wahlen aus (unmittelbare Demokratie), zum Teil auch durch Volksabstimmungen (mittelbare Demokratie). Gewählt wird nur das Parlament; die übrigen Staatsorgane werden in anderer Weise bestimmt.

Lösung:

Übung 9

Beantworten Sie die Fragen, kreuzen Sie die richtige(n) Antwort(en) an und begründen Sie Ihre Lösung.
Von den vorgegebenen Antworten können keine, eine, mehrere oder alle richtig sein.

1. Die folgende Aussage ist zu ergänzen.
   Nach der Regierungsform unterscheidet man
   a) ______________________ und
   b) ______________________.

2. In einer Diktatur wird die Staatsgewalt ☐
   a) vom Proletariat ☐
   b) von einer Einzelperson ☐
   c) von einer Gruppe ☐
   d) von einer Partei ☐

   ohne Legitimation durch Wahlen ausgeübt.

Lösung:

3. Die folgende Aussage ist zu ergänzen.
   a) Wenn in einer Demokratie das Schwergewicht beim Parlament liegt und die Regierung vom Parlament abhängt, spricht man von einer ____________ Demokratie.

   b) Eine ____________ Demokratie liegt vor, wenn die Exekutive auf Grund eigenständiger demokratischer Legitimation durch Wahlen nicht oder nur in geringem Maße vom Parlament abhängt.

   c) Nennen Sie je zwei Länder als typische Beispiele zu a) und b):

      zu a): ____________
      zu a): ____________
      zu b): ____________
      zu b): ____________

Lösung:

4. Bei einer parlamentarischen Demokratie ist im Vergleich zur Präsidialdemokratie
   a) das demokratische Prinzip stärker. ☐
   b) das demokratische Prinzip schwächer. ☐
   c) die Gewaltenteilung im klassischen Sinn schwächer ausgeprägt. ☐

Lösung:

5. Das Prinzip der präsidialen Demokratie ist
   a) nirgendwo in der deutschen Rechtsordnung verwirklicht. ☐
   b) vereinzelt im deutschen öffentlichen Recht verwirklicht. ☐
   c) verfassungswidrig. ☐

Lösung:

6. Die folgende Aussage ist zu ergänzen.
   a) Im Präsidialsystem ist die Spitze der Exekutive vom Parlament weitgehend ______________________ .
   b) Eine Absetzung ist dem Parlament __________________ .
   c) Eine faktische und auch rechtliche Beschränkung der Macht des Präsidenten durch das Parlament ist auch hier gegeben und zwar durch das _____________ .

7. Nach dem Grundgesetz besitzen die Verfassungsorgane
   a) volle demokratische Legitimation. ☐
   b) nur zum Teil demokratische Legitimation. ☐
   c) mit einer Ausnahme demokratische Legitimation. ☐

Lösung:

Very British

FALL 2

Dem Niedersächsischen Landtag wird ein von der Tourismusbranche angeregtes Volksbegehren zugeleitet, das folgenden Wortlaut hat:

Zur Förderung des Massentourismus beschließt der Landtag in Anbetracht der guten Erfahrungen in Großbritannien mit dem englischen Königshaus das folgende Gesetz:

§ 1

Niedersachsen wird ab sofort nach außen durch einen vom Volk auf Lebenszeit gewählten König vertreten.

§ 2

Der König ist zugleich Präsident des Niedersächsischen Landtags und Vorsitzender Richter am Niedersächsischen Staatsgerichtshof.

§ 3

Öffentliche Missfallenskundgebungen jeglicher Art gegen den König sind untersagt und werden je nach ihrer Schwere mit Freiheitsstrafen von zwei Monaten bis zu einem Jahr bestraft. Im Wiederholungsfalle wird dem Täter die deutsche Staatsangehörigkeit aberkannt.

ÜBUNG 10

1. Prüfen Sie, ob und inwieweit das Grundgesetz den in § 1 und in § 2 vorgeschlagenen Regelungen entgegenstehen würde.
2. Prüfen Sie, in welchem Umfang Grundrechte durch die Regelungen in § 3 verletzt werden.
3. Prüfen Sie, ob das Land Niedersachsen befugt wäre, die Regelungen in § 3 S. 2 zu treffen.

Alle Antworten sind unter Angabe der Rechtsvorschriften zu begründen.

Notieren Sie die Lösung auf einem besonderen Blatt.

BASISTEXT Bundesstaat

Zur **Bundesstaatlichkeit** haben Sie bereits in Kapitel 1 einiges erfahren. Ein Teilmerkmal ist der **Grundsatz der Bundestreue**.

Bundestreue

bedeutet „Bundesstaatstreue". Sie besagt, dass **Bund und Länder** gegenseitig, aber auch die Länder untereinander, verpflichtet sind, im Gesamtinteresse des Staates die gebotene und zumutbare **Rücksicht aufeinander zu nehmen** und sich **gegenseitig** bei der Erfüllung ihrer Aufgaben **zu unterstützen**.

Daraus können sich im Einzelfall **gegenseitige Hilfs- und Mitwirkungspflichten** ergeben wie etwa bei Katastrophen (Flutkatastrophe an der Oder), insbesondere auch die Pflicht, sich **gegenseitig zu verständigen und zu informieren** und Gesetze auch unter dem Aspekt der Zusammengehörigkeit in einem gemeinsamen Staat zu erlassen und durchzuführen.
Unter dem Grundsatz der Bundestreue haben die Länder untereinander den gleichen Status. Aber auch hier gilt, dass Maßstab für eine rechtliche Gleichbehandlung die Angemessenheit in der Sache ist. So kann es nicht gegen den Gleichheitssatz verstoßen, dass die neuen Bundesländer wegen der aus der Wiedervereinigung gewachsenen hohen Bedarfe mit dem Solidaritätsbeitrag einen höheren Anteil am Aufkommen erhalten als die alten Bundesländer.

Gem. Art. 28 Abs. 1 GG muss die **verfassungsmäßige Ordnung in den Ländern** den Prinzipien des Gesamtstaates entsprechen. Nicht verlangt wird eine Entsprechung in Einzelheiten. Daher ist es durchaus mit Art. 28 Abs. 1 GG vereinbar, dass z. B. das Land Niedersachsen eine 5-jährige Wahlperiode des Parlaments kennt (Art. 9 Abs. 1 Nds.Verf.), während der Deutsche Bundestag eine 4-jährige Sitzungsperiode hat (Art. 39 Abs. 1 GG).

ÜBUNG 11

Überlegen Sie, welche Vor- und welche Nachteile das Bundesstaatsprinzip im Gegensatz zum Einheitsstaat und zum Staatenbund in sich birgt.

Vorteile des Bundesstaatsprinzips	Nachteile des Bundesstaatsprinzips
1.	1.
2.	2.
3.	3.

Aus drei mach eins — FALL 3

Aufgrund immer stärker werdender Unstimmigkeiten im Rahmen des Finanzausgleichs zwischen Bund und Länden werden im Bundestag Stimmen laut, die eine Verringerung der Zahl der Länder fordern.

Aufgaben:
1. Prüfen Sie, ob eine derartige Absicht mit der Verfassung vereinbar wäre.
2. Prüfen Sie, ob ein entsprechender Beschluss des Bundestages allein ausschlaggebend sein würde.
3. Wie nennt man Staaten mit alleiniger, zentraler Hoheitsgewalt?

Notieren Sie die Lösung auf einem besonderen Blatt.

Rechtsstaat — BASISTEXT

Obwohl das **Rechtsstaatsprinzip** – anders als Demokratie, Republik, Sozialstaat und Bundesstaat – in Art. 20 GG nicht ausdrücklich erwähnt ist, wird es zu den in Art. 20 Abs. 1 GG ausdrücklich erwähnten Strukturprinzipien hinzugerechnet; ihm wird sogar ein besonders hoher Stellenwert eingeräumt. Mittelbar ergibt sich die allgemeine Geltung des Rechtsstaatsprinzips aus Art. 28 Abs. 1 S. 1 GG, wenn dort für die Länder das Prinzip des „sozialen **Rechtsstaats** im Sinne dieses Grundgesetzes" vorgeschrieben wird.

Rechtsstaat

ist ein Staat, dessen Ziel die Gewährleistung von **Freiheit und Gerechtigkeit** im staatlichen und staatlich beeinflussten Bereich ist und dessen Machtausübung durch Recht und Gesetz **geregelt und begrenzt** wird.

Die wichtigsten Ausprägungen des Rechtsstaatsprinzips sind in Art. 20 Abs. 2 S. 2 GG (**Gewaltenteilung**) und Art. 20 Abs. 3 GG (**Bindung an Recht und Gesetz**) geregelt. Hinzu kommen zahlreiche andere, für das Rechtsstaatsprinzip grundlegende Vorschriften des GG, wie die **Gewährleistung eines umfassenden Rechtsschutzes** (Art. 19 Abs. 4 GG) durch **unabhängige Richter** (Art. 92, 97 Abs. 1 GG).

BASISTEXT Bindung der Verwaltung an Gesetz und Recht

Verwaltung und Rechtsprechung sind gem. Art. 1 Abs. 3, Art. 20 Abs. 3 GG unmittelbar an „Gesetz und Recht" gebunden (**Gesetzmäßigkeit**). Diese Bindung wird durch die Grundsätze des **Vorrangs des Gesetzes** und des **Vorbehalts des Gesetzes** ausgestaltet.

Vorrang des Gesetzes

bedeutet, dass das Handeln der Verwaltung nicht gegen ein Parlamentsgesetz verstoßen darf (kein Handeln **gegen** das Gesetz).

Der Grundsatz des Vorrangs des Gesetzes ist in Art. 20 Abs. 3 GG selbst schon formuliert. Er besagt, dass die Verwaltung und die Gerichte Rechtsvorschriften anwenden müssen. Das Gesetz hat gegenüber den anderen Staatsgewalten immer Vorrang.

Das gilt selbst für diejenigen Gesetze, die die Verwaltung oder Gerichte für unwirksam halten, denn eine Verwerfungskompetenz steht ihnen grundsätzlich nicht zu.

Die Rechtsordnung stellt für die Beseitigung von Rechtsvorschriften vielmehr bestimmte Verfahren zur Verfügung, die eingehalten werden müssen, um eine für ungültig gehaltene Vorschrift aufzuheben oder zu ändern, so z. B. die Art. 93 GG, Art. 54 Nds. Verf. und § 47 VwGO. Demzufolge regelt Art. 100 GG ausdrücklich, dass Gerichte das Verfahren auszusetzen und eine Vorschrift dem Landes- oder Bundesverfassungsgericht zur Entscheidung über die Verfassungswidrigkeit vorzulegen haben, die sie für verfassungswidrig halten und auf deren Gültigkeit es bei der Entscheidung ankommt.

Vorbehalt des Gesetzes

bedeutet, dass die Verwaltung für ihr Handeln eine gesetzliche Grundlage benötigt (kein Handeln **ohne** Gesetz).

Der Vorbehalt des Gesetzes findet seine Grundlage nicht unmittelbar in Art. 20 GG, sondern als Einzelgrundsatz im Rechtsstaatsprinzip. Zum Teil wird gefordert, dass **jede** Tätigkeit der öffentlichen Hand, also auch die begünstigende, einer gesetzlichen Grundlage bedürfe.

Die wohl herrschende Meinung geht aber dahin, dass eine gesetzliche Rechtsgrundlage in solchen Fällen nur dann erforderlich ist, wenn damit mittelbar zugleich in die Rechte anderer eingegriffen wird. Dazu gehört etwa der Fall, dass in einem wirtschaftlichen Konkurrenzverhältnis die Subventionierung nur des einen eine Benachteiligung für die nicht bedachten Mitbewerber bedeutet.

Her mit den neuen Bürgern ... FALL 4

Die Stadt Welfenheim hat (durch Bebauungsplan) ein Neubaugebiet ausgewiesen. Sie hatte zunächst Bedenken wegen der Erschließungskosten (vgl. §§ 123 ff. BauGB) gehabt, doch hatte die Bauträgergesellschaft „Teure Heimat", die das Neubaugebiet erworben hatte und die Bebauung durchführen wollte, sich durch Vertrag mit der Stadt Welfenheim verpflichtet, die Erschließung auf eigene Kosten durchzuführen.

Später vertrat der Geschäftsführer der Gesellschaft die Auffassung, die Stadt Welfenheim sei gem. § 129 Abs. 1 S. 3 BauGB verpflichtet, zumindest 10% der Erschließungskosten selbst zu tragen und begehrt von der Stadt, ihm 10% des Aufwands zu erstatten.
Geschockt hierdurch beschließt die Stadt Welfenheim eine „Satzung über die Erhebung einer Zuzugsabgabe", die von Neubürgern zu leisten ist. Neubürger Streicher hält dies für gesetzwidrig. Die Bürgermeisterin der Stadt Welfenheim erwidert, eine Gesetzwidrigkeit vermöge sie nicht zu erkennen, denn es gäbe ja gar kein Gesetz für diese Frage.

Aufgaben:
1. Prüfen Sie, ob der mit der „Teuren Heimat" geschlossene Vertrag rechtmäßig zustande gekommen ist.
2. Prüfen Sie, ob die Satzung über die Erhebung der Zuzugsabgabe rechtmäßig zustande gekommen ist.

Notieren Sie die Lösung auf einem besonderen Blatt.

Grundsatz der Verhältnismäßigkeit BASISTEXT

Der **Grundsatz der Verhältnismäßigkeit** ist ein Teil des Rechtsstaatsprinzips. Er genießt daher Verfassungsrang und gilt auch dann, wenn er nicht einfachgesetzlich normiert ist. Vereinzelt ist er ausdrücklich geregelt, wie z. B. in § 4 Nds.SOG. Allerdings erfasst diese Vorschrift nur ordnungsrechtliche Anwendungsfälle des Grundsatzes der Verhältnismäßigkeit. Er gilt aber für sämtliches staatliches Verhalten und alle staatlichen Regelungen.
Der Grundsatz der Verhältnismäßigkeit beantwortet die Frage, wie sich das Ziel einer staatlichen Maßnahme und das Mittel, das zu dessen Erreichung eingesetzt wird, untereinander verhalten müssen, damit der Einsatz des Mittels rechtmäßig ist. Dieses **„Verhältnis" zwischen Ziel und Mittel** verleiht dem Grundsatz den Namen.

Die Frage wird unter drei verschiedenen Blickwinkeln beantwortet, nämlich dem der **Geeignetheit**, der **Erforderlichkeit** sowie der **Angemessenheit**.[*]

FALL 5 — Hauptsache sauber und rein

Die Stadt Welfenheim erlässt, gestützt auf eine Ermächtigungsnorm im Landesstraßengesetz, eine Rechtsverordnung, wonach aus Gründen der Reinhaltung öffentlicher Verkehrsflächen das Verteilen von Flugblättern, Schriften u. ä. im Stadtbereich ausnahmslos verboten ist. Moser sieht hierin eine erhebliche Beeinträchtigung seiner Meinungsfreiheit. Der zuständige Mitarbeiter der Stadt Welfenheim erwidert, dies sei der einzig mögliche Weg, den öffentlichen Verkehrsraum sauber zu halten.

Aufgabe: Prüfen Sie, ob die Rechtsverordnung der Verfassung entspricht.

Lösung:

BASISTEXT — Bestimmtheitsgebot

Der **Grundsatz der Bestimmtheit** ist eng mit dem Gebot der Verhältnismäßigkeit verbunden. Er stellt Anforderungen an die inhaltliche Bestimmtheit staatlichen Handelns.

Bestimmtheitsgebot

> Nach dem **Bestimmtheitsgebot** müssen Normen so gefasst sein, dass der Bürger (als primärer Normadressat) sein Verhalten darauf einrichten kann und Gerichte (als sekundäre Normadressaten) Rechtsbegriffe auslegen können.

Der Betroffene muss also stets erkennen können, was der Staat von ihm will. Unklarheiten gehen zu Lasten des Staates. Die Verwendung unbestimmter Rechtsbegriffe ist aber durchweg zulässig. Bei Einzelfallentscheidungen muss sich der zuständige Bedienstete genau überlegen, was er mit welchem Mittel erreichen will.

---

[*] Näheres hierzu im Lernbuch Verwaltungsrecht.

Das hat er sprachlich so exakt wie möglich zu formulieren. Insbesondere muss der Betroffene erkennen können, was genau im Wege der Zwangsvollstreckung von ihm verlangt wird. Nur dann kann er dem Verlangen des Staates nachkommen.

Marode Hütte — FALL 6

Willy Vorbrod besitzt ein großes Anwesen mit einem Wohnhaus und mehreren Stallgebäuden. Einem Mitarbeiter des zuständigen Bauamtes des Landkreises Welfenheim sind bei einem routinemäßigen Außendienst Baumängel an einem Stallgebäude aufgefallen. Vorbrod erhält daraufhin folgende Verfügung:

Landkreis Welfenburg
- Der Landrat -
Auf der Burg 1
30470 Welfenheim

Herrn Willy Vorbrod
Glockenweg 3
30470 Welfenheim

Bauabteilung
Az. 11 3 56241

Herr Preisert
Zimmer 214
Tel.: 05141/12221

Welfenheim,
21.10.2008

Sehr geehrter Herr Vorbrod,

bei einem Außendienst ist mir aufgefallen, dass eines Ihrer Stallgebäude nicht ganz in Ordnung ist. So geht das aber nicht! Sie müssen sich überlegen, wie Sie das ändern wollen. Wenn Sie diese Sache nicht bald regeln, müssen Sie damit rechnen, dass Sie evtl. ein Bußgeld bezahlen müssen. Und das kann teuer werden, zwischen 50,- € und 25.000,- €. Das will doch keiner von uns beiden. Sagen Sie doch Bescheid, wenn Sie fertig sind.

Rechtsbehelfsbelehrung ...

Mit freundlichen Grüßen
Im Auftrag

(Preisert)

ÜBUNG 12

1. Prüfen Sie unter dem Gesichtspunkt der Grundentscheidungen des GG, ob die o. g. Verfügung rechtmäßig ist. Eine Anwendung von baurechtlichen Vorschriften oder solchen des Ordnungswidrigkeitenrechts ist hier nicht erforderlich.
2. Fassen Sie die Verfügung unter Verwendung des folgenden Briefkopfes neu unter Beachtung der grundgesetzlichen Vorgaben.

Landkreis Welfenburg
- Der Landrat -
Auf der Burg 1
30470 Welfenheim

Herrn Willy Vorbrod
Glockenweg 3
30470 Welfenheim

Bauabteilung Az. 11 3 56241	Herr Preisert Zimmer 214 Tel.: 05141/12221	Welfenheim, 21.10.2008

Sehr geehrter Herr Vorbrod,

Lösung:

Rückwirkungsverbot

BASISTEXT

Das Problem der **Rückwirkung von Gesetzen** wird von Aspekten der Gerechtigkeit, der Rechtssicherheit und des Vertrauensschutzes geprägt. Immer geht es hier um die belastende Änderung einer Sachlage durch neue oder die Änderung von Rechtsvorschriften.

Echte Rückwirkung

> liegt vor bei gesetzlicher Regelung **in der Vergangenheit bereits vollständig abgeschlossener** Sachverhalte.

Beispiel:

Nachträgliche Verschlechterung der Berechnungsgrundlagen für eine bereits bezogene Rente.

Die Schaffung von Regelungen mit **echter Rückwirkung** ist dem Staat verboten. Denn der Betroffene muss sich in der Regel darauf verlassen können, dass ein bereits abgeschlossener Sachverhalt nicht nachträglich zu seinen Lasten anders geregelt wird als bisher. Ausnahmsweise ist sie erlaubt bei **zwingenden Gründen des Allgemeinwohls** oder **fehlendem Vertrauen** des Bürgers.

Beispiel:

Der Betroffene musste mit einer Rückwirkung rechnen, geltendes Recht ist unklar oder verworren, Ersetzung einer nichtigen durch eine wirksame Norm.

Unechte Rückwirkung

> liegt vor bei tatbestandlicher Rückanknüpfung, d. h. das Gesetz regelt Sachverhalte, die zwar in der Vergangenheit begonnen haben, **aber noch andauern**.

Beispiel:

Generelle Neuregelung der Beamtenversorgung für die Zukunft.

Die **unechte Rückwirkung** ist i. d. R. zulässig, da für die Zukunft kein schützenswertes Vertrauen dahingehend anerkannt werden kann, dass es zu keinen Verschlechterungen kommt. Daraus ergibt sich zugleich, dass die unechte Rückwirkung ausnahmsweise und zwar dann unzulässig ist, wenn schutzwürdiges Vertrauen des Betroffenen berechtigter Weise vorhanden und vorrangig ist.

FALL 7 Teurer Müll

Die Gemeinde Welfenheim erlässt im Jahr 2007 eine am 01.01.2008 in Kraft tretende Satzung über Beiträge zur Müllabfuhr. Wegen eines Verfahrensfehlers wird diese Satzung durch gerichtliche Entscheidung vom 31.01.2009 für nichtig erklärt. Im nunmehr ordnungsgemäßem Verfahren ergeht eine Satzung gleichen Inhalts, die rückwirkend ab 01.01.2008 gelten soll. Gemeindebürger Moser sieht hierin einen Fall unzulässiger Rückwirkung.

Aufgabe: Prüfen Sie, ob die neue Satzung insoweit verfassungsgemäß ist.

Lösung:

FALL 8 Ärger unterm Regenbogen

Der Deutsche Bundestag stellt jedes Jahr in dem Gesetz über die Feststellung des Bundeshaushaltsplans insgesamt ca. 50 Mio. EUR als „Globalzuschüsse zur gesellschaftspolitischen und demokratischen Bildungsarbeit" bereit. Der Bundesminister des Innern wird durch das Haushaltsgesetz auch ermächtigt, Gelder an die Stiftungen der im Bundestag vertretenen Parteien auszuschütten, so etwa an die Friedrich-Ebert-Stiftung (FES) oder die Konrad-Adenauer-Stiftung (KAS). Die Stiftungen stehen den Parteien nahe, sind nach ihren Satzungen aber rechtlich selbstständig und organisatorisch von den Parteien unabhängig. Sie betreiben politische Bildungsarbeit, wissenschaftliche Forschung sowie Begabtenförderung und widmen sich der internationalen Zusammenarbeit.

In den letzten Jahren erhielten die beiden größten Stiftung FES (SPD-nah) und KAS (CDU-nah) je ca. 30% der Globalzuschüsse, alle übrigen Stiftungen je ca. 10%. Kritiker der Bezuschussung halten die Zuschüsse seit Langem für verfassungswidrig, weil durch die gesetzlich nicht geregelte Verteilung der Gelder der Vorbehalt des Gesetzes und durch die Förderung von den Parteien nahe stehenden Stiftungen das Demokratieprinzip verletzt werde. Außerdem macht die Regenbogenstiftung (GRÜNE/Bündnis-90) geltend, die unterschiedliche Höhe der Zuwendungen verstieße gegen den Gleichheitssatz.

Aufgaben:
1. Laden Sie aus dem Internet die Satzung einer der politischen Stiftungen herunter.
2. Prüfen Sie, ob die Kritik berechtigt ist.

Notieren Sie die Lösung auf einem besonderen Blatt.

Gewaltenteilung **ÜBUNG 13**

Eignen Sie sich Grundwissen über das **Prinzip der Gewaltenteilung** an. Hierbei handelt es sich um ein Gebot, welches dem Rechtsstaatsprinzip entspringt und in Lehrbüchern häufig dort verortet ist. Die folgende Aussage ist von Ihnen sodann – soweit erforderlich – zu berichtigen:

Der Begründer der Lehre von der Dreiteilung der Gewalten ist Jean Jacques Rousseau. In seinem Werk „Emile" hat er, zurückgreifend auf die Staatsphilosophie des Amerikaners John Locke, die Dreiteilung der Staatgewalt in Legislative, Gesetzgebung und Rechtsprechung gefordert.

Er vertrat die Ansicht, durch eine Aufteilung der Staatsgewalt könnten Kriege vermieden werden. Außerdem werde dadurch, wie Rousseau in seinem Buch „Zurück zur Natur" ausführte, das Umweltbewusstsein der Bevölkerung entscheidend gefördert.
Nach heutigem Verständnis der Lehre von der Gewaltenteilung sollen die einzelnen Bereiche der Staatsgewalt nicht streng voneinander getrennt sein. Sie sollen sich vielmehr gegenseitig kontrollieren. Im Bundesstaat wird durch die sog. vertikale Gewaltenteilung zusätzlich der Machtkonzentration bei einem Staatsorgan vorgebeugt.

Lösung:

ÜBERSICHT 6 Gewaltenteilung auf Bundesebene

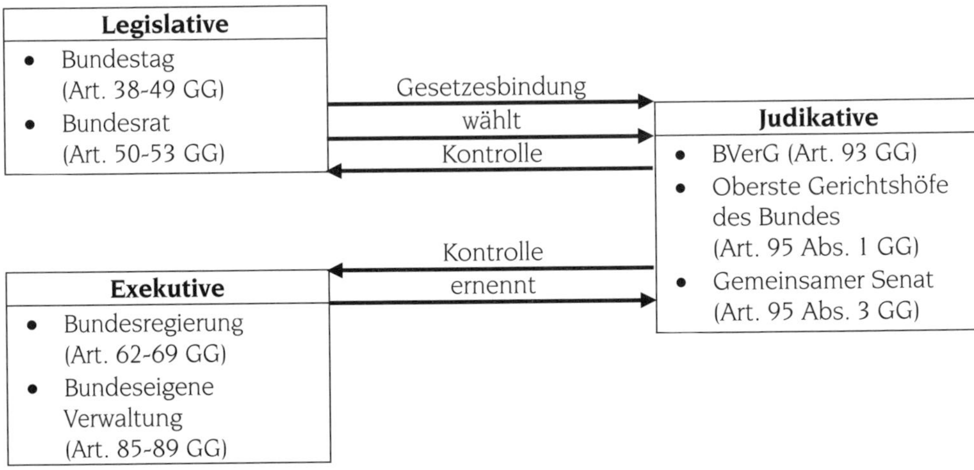

ÜBUNG 14

Diskutieren Sie mit Ihren Eltern die Vor- und Nachteile einer Gewaltenteilung. Bringen Sie zur nächsten Stunde ein besonders provokantes Argument mit.

BASISTEXT Sozialstaat

Gemäß Art. 20 Abs. 1 GG ist die Bundesrepublik Deutschland ein demokratischer und sozialer Bundesstaat. Danach hat der Gesetzgeber den Auftrag, die Bundesrepublik Deutschland als Sozialstaat auszugestalten (Sozialstaatsprinzip).

Sozialstaat

bedeutet, dass der **Staat** verpflichtet ist, für sozialen **Ausgleich**, für soziale **Sicherheit** und soziale **Gerechtigkeit** zu sorgen

Das Sozialstaatsprinzip hat historisch die national-liberale Haltung überwunden, wonach der Staat sich nur um seine klassischen Bereiche Justiz, Steuern, Inneres und Militär zu kümmern habe, im Übrigen aber die Entwicklung den gesellschaftlichen und wirtschaftlichen Kräften überlassen müsse.

Die rasante **Industrialisierung** in Westeuropa mit der Abwanderung von Millionen Menschen in die Städte führte zu unhaltbaren Zuständen: Die Verelendung ganzer Bevölkerungsteile setzte ein. Mit den in den Jahren 1883-1889 verabschiedeten Gesetzen über die Alters-, Invaliden-, Unfall- und Krankenversicherung wurde der Grundstein für das noch heute geltende **Sozialversicherungssystem** gelegt. Die Schöpfer des Grundgesetzes wussten um die historischen und gesellschaftlichen Zusammenhänge. Sie haben das Sozialstaatsprinzip in das GG aufgenommen, um die Wohlfahrt der Menschen zu fördern und damit zugleich die Freiheit des Menschen zu gewährleisten.

Das Sozialstaatsprinzip hat Bedeutungen für alle drei Staatsgewalten. Vorrangig angesprochen sind jedoch der Gesetzgeber und die Verwaltung: Der Gesetzgeber entscheidet über die Inhalte und den Umfang sozialer Leistungen und Ansprüche des Bürgers gegen den Staat. Die Verwaltungen in Bund und Ländern, gerade auch die Kommunalverwaltungen, haben die Sozialgesetze auszuführen. Da es hier jedoch viele gesetzliche Regelungen gibt, verbleibt nur ein geringer Raum für freiwillige soziale Leistungen. Hierzu zählt etwa der Fahrdienst für Behinderte in einer Stadt. Der Begriff des **sozialen Rechtsstaates**, wie er im GG vielfach verwandt wird, stellt eine inhaltliche Verbindung zwischen den beiden Grundprinzipien des Rechts- und des Sozialstaates dar.

Übung 15

Kreuzen Sie die richtige(n) Antwort(en) an und begründen Sie Ihre Lösung.
Von den vorgegebenen Antworten können keine, eine, mehrere oder alle richtig sein.

1. Das Sozialstaatsprinzip ist
   - a. nur ein Programmsatz. ☐
   - b. lediglich für den Gesetzgeber verpflichtend. ☐
   - c. im Grundgesetz nicht näher ausgeprägt. ☐

Lösung:

2. Aus der Sozialstaatsklausel des Grundgesetzes lassen sich unmittelbare Ansprüche
   a. nicht ☐
   b. nur ausnahmsweise ☐
   c. regelmäßig ☐

   ableiten.

Lösung:

3. Die folgende Aussage ist zu ergänzen: Nach dem Sozialstaatsprinzip ist der Staat verpflichtet, ...

Lösung:

4. Nennen Sie mindestens vier Rechtsgebiete, in denen das Sozialstaatsprinzip seine besondere Ausprägung erfahren hat!

Lösung:

5. Ist die folgende Aussage richtig?
   Sozialstaatsprinzip und Rechtsstaatsprinzip sind in gewissem Sinn gegenläufig.

Lösung:

Landesverfassungen **BASISTEXT**

Neben dem Grundgesetz konstituieren auch die **Verfassungen der Länder** der Bundesrepublik für ihren Geltungsbereich eine verfassungsrechtliche Ordnung. Dieser ist indessen durch das Grundgesetz ein fester Rahmen gezogen, so dass die Landesverfassungen im Umfang grundrechtlicher Gewährleistungen wie in der Regelung der staatlichen Organisation nur wenig von der verfassungsmäßigen Ordnung des Grundgesetzes abweichen können.

Dies folgt zunächst schon aus der unmittelbaren Geltung des Grundgesetzes in den Ländern. Es ergibt sich aus der **Homogenitätsklausel** des Art. 28 Abs. 1 GG, nach der die verfassungsmäßige Ordnung in den Ländern den Grundsätzen des republikanischen, demokratischen und sozialen Rechtsstaats im Sinne des Grundgesetzes entsprechen muss, und aus der Kollisionsregel des Art. 31 GG, kraft derer (nur) bei einem Widerspruch zwischen Grundgesetz und Landesverfassungen dem Grundgesetz als Bundesrecht der Vorrang gebührt. Deshalb müssen die Landesverfassungen in den Regelungen der staatlichen Organisation grundsätzlich mit dem Grundgesetz übereinstimmen und es bleibt nur in den Einzelheiten Raum für Besonderheiten. Soweit sie keine Grundrechte gewährleisten, hat es bei der Gewährleistung der auch in den Ländern geltenden Grundrechte des Grundgesetzes sein Bewenden.

Ebenso wenig entsteht ein Unterschied der materiellen Rechtslage, wenn die Landesverfassungen in Übereinstimmung mit dem Grundgesetz Grundrechte gewährleisten (Art. 142 GG) oder die Grundrechte des Grundgesetzes im Wege einer Verweisung rezipiert haben. Soweit die Landesverfassungen weitergehende Grundrechte gewährleisten, dürfen sie sich wegen Art. 31 GG nicht in Widerspruch zu der verfassungsmäßigen Ordnung des Grundgesetzes setzen. Was hiernach an Differenzen bleibt, ist von geringer Tragweite.

Größeres Gewicht für die verfassungsrechtliche Gesamtordnung gewinnen die Landesverfassungen dort, wo sie vom Grundgesetz (meist nur in Teilen) ausgesparte, in die ausschließliche Zuständigkeit der Länder fallende Grundlagen der Ordnung des Gemeinwesens normieren, z. B. des Schul- oder des Kommunalrechts. Von diesen Normierungen abgesehen, ist es indessen das Grundgesetz, das wegen seines Vorrangs den Gesamtbestand des in der Bundesrepublik geltenden Verfassungsrechts maßgeblich bestimmt. Dies rechtfertigt es, die nachfolgende Darstellung auf das Grundgesetz zu beschränken.

03 Grundrechte

BASISTEXT Wesen und Bedeutung der Grundrechte

Die Grundrechte, um die es in diesem Kapitel geht, gehören zu den wichtigsten Bestandteilen des Verfassungslebens in der Bundesrepublik Deutschland. Ihre Wahrnehmung ist für die meisten schon zur Selbstverständlichkeit geworden. Niemand käme auf die Idee, seine Meinung (Art. 5 GG) nicht frei heraus zu sagen - wenn er denn überhaupt etwas sagen will. Nur noch wenige wundern sich über Demonstrationszüge in der Innenstadt (Art. 8 GG). Jeder hält es für selbstverständlich, dass er seinen Beruf ohne staatlichen Zwang frei wählen darf (Art. 12 GG). Es gäbe einen Aufschrei, würde der Staat die Mitgliedschaft in einer bestimmten Partei oder einem bestimmten Verein vorschreiben oder versagen. Solche und viele mögliche andere Beispiele zeigen, wie sehr die Grundrechte inzwischen Teil der politischen Kultur in der Bundesrepublik Deutschland geworden sind.

Grundrechte

sind **subjektive Rechte** des Einzelnen mit **Verfassungsrang**, die die Ausübung von Staatsgewalt **begrenzen**.

Die Grundrechte sind in erster Linie als **Abwehrrechte** des Bürgers gegen den Staat konzipiert, können aber ausnahmsweise auch **Leistungs-, Teilhabe- oder Schutzrechte** sein. Neben der subjektiven Gewährleistung für das Individuum haben Grundrechte auch einen **objektiven** Rechtsgehalt, der als Richtlinie für staatliches Handeln gilt (sog. **institutionelle Garantien**).

In jedem Fall sind alle Grundrechte gem. Art. 1 Abs. 3 GG **„unmittelbar geltendes Recht"** und gewähren dem Einzelnen **einklagbare Rechte**. Das unterscheidet sie von bloß unverbindlichen **programmatischen Aussagen** und auch von **Staatszielbestimmungen** wie etwa der Art. 20a des GG.

Aus Art. 1 Abs. 3 GG ergibt sich ferner, dass Grundrechte grundsätzlich nur **gegen den Staat** gerichtet sind. Die o. a. institutionelle Funktion verpflichtet den Staat jedoch auch dazu, die Grundrechte vor Beeinträchtigungen **durch Dritte** zu schützen, womit das Problem der sog. **Drittwirkung der Grundrechte** angesprochen ist.

Drittwirkung der Grundrechte

bedeutet, dass Grundrechte nicht nur im Verhältnis zwischen Bürger und Staat gelten, sondern auch die **Rechtsbeziehungen zwischen einem Bürger und seinen Mitbürgern** beeinflussen.

Beispiele:

- Diskriminierungsverbot im Arbeitsrecht
- Beweisverbot für heimliche Vaterschaftstests innerhalb einer Vaterschaftsanfechtungsklage
- Patientenrecht auf Einsicht in die eigene Krankenakte
- Schadensersatzansprüche von Eltern eines behinderten, nicht abgetriebenen Kindes

Praktische Bedeutung hat die Drittwirkung insbesondere bei unbestimmten Rechtsbegriffen, z. B. innerhalb von Generalklauseln mit Treu und Glauben (§ 242 BGB) oder Sittenwidrigkeit (§ 138 BGB). Die Grundrechte strahlen hier über die Generalklauseln in das einfache Recht hinein. Weiterhin sind objektive Wertentscheidungen der Verfassung als Bestandteil der Grundrechte das Zivilrecht stellenweise durchdringende Be-urteilungsmaßstäbe für privatrechtliche Rechtsbeziehungen und die Entscheidung von Zivilgerichten.

Eine besonders weitgehende Drittwirkung der Grundrechte wird vor allem vom Bundesarbeitsgericht behauptet (zum Nachlesen: BAGE 1, S. 185 ff.). Die Gefährlichkeit dieser Ansicht liegt erstens in der Beschränkung der Privatautonomie: Wenn der Einzelne ebenso wie der Staat an den Gleichheitssatz gebunden wäre, dürfte er z. B. seine Freunde nicht gegenüber anderen bevorzugen und müsste bei der Auswahl seines Ehepartners von sachgemäßen Kriterien ausgehen. Zweitens würde die Ausgestaltung der Privatrechtsverhältnisse weitgehend vom Gesetzgeber auf die Gerichte verlagert, die ja diese unmittelbare Drittwirkung der Grundrechte zu vollziehen hätten. Die anderen obersten Bundesgerichte lehnen daher eine unmittelbare Drittwirkung der Grundrechte ab.

Dagegen ergibt sich aus Art. 1 Abs. 3 GG, wonach die Grundrechte neben der vollziehenden Gewalt Gesetzgebung und Rechtsprechung binden, eine **mittelbare Drittwirkung** der Grundrechte. Das BVerfG umschreibt sie mit den Worten, das Grundgesetz habe in den Grundrechten eine **objektive Wertordnung** normiert, die als verfassungsrechtliche Grundentscheidung für alle Bereiche des Rechts gilt.

Das bedeutet nicht, dass Gesetzgebung und Rechtsprechung die Grundrechte uneingeschränkt auch gegenüber dem Bürger durchzusetzen hätten. Nur soweit jene staatlichen Instanzen die Beziehungen zwischen den Bürgern durch Gesetz oder Richterspruch regeln, also die Autonomie der Bürger beschränken, sind sie an die Grundrechte gebunden.

Beispiel:

Gerichtsentscheidungen über die Beziehungen der Ehepartner zueinander und zu ihren Kindern müssen die Gleichberechtigung der Frau (Art. 3 Abs. 2 GG) sicherstellen.

Das Grundgesetz kennt Grundrechte in der Form von **Freiheitsrechten, Gleichheitsrechten** und **Justizgrundrechten**. Während **Freiheitsrechte** garantieren, dass der Staat einer bestimmten Person gegenüber eine bestimmte Handlung vornimmt oder unterlässt, zielen **Gleichheitsrechte** darauf ab, dass der Staat vergleichbare Fälle gleichbehandelt.
Justizgrundrechte schließlich gewährleisten die Möglichkeit von Rechtsschutz und die Beachtung bestimmter Verfahrensgrundsätze.

Die **Freiheitsrechte** sind im besonderen Maße Ausdruck der Idee der Freiheit des Menschen innerhalb unserer Gesellschaft. Sie findet ihren allgemeinen Ausdruck in Art. 2 Abs. 1 GG in Gestalt der **Allgemeinen Handlungsfreiheit** und in den **besonderen Freiheitsrechten.** Aber: Das Grundgesetz gewährleistet die Freiheitsrechte zwar einerseits, andererseits schränkt es sie zugleich ein und zwar in einem Umfang, wie es für das Zusammenleben der Menschen erforderlich ist. Darin wird ein ganz bestimmtes, für unseren Staat typisches **Menschenbild** erkennbar, nämlich dass der Mensch frei und zugleich gesellschaftsgebunden ist. Der Einzelne darf sich immer nur in den Grenzen der gleichzeitigen Freiheit der anderen und des allgemein Verträglichen verwirklichen.

BASISTEXT **Geltungsbereich der Grundrechte**

Um festzustellen, ob jemand aus einem Grundrecht bestimmte Rechte herleiten kann, muss zunächst geprüft werden, ob die Person als solche zunächst überhaupt **grundrechtsfähig** und **grundrechtsmündig** ist.

Grundrechtsfähigkeit

ist die Fähigkeit einer natürlichen oder juristischen Person, **Träger von Grundrechten** zu sein.

Die **Grundrechtsfähigkeit** lässt sich immer nur für den Einzelfall bestimmen, d.h. sie ist abhängig vom jeweiligen Grundrecht. Für **natürliche Personen** gilt: Handelt es sich um ein sog. **Menschengrundrecht**, ist Träger dieses Grundrecht **jeder Mensch** von der Geburt bis zum Tode, u. U. sogar schon werdendes Leben (sog. Nasciturus), etwa bei dem Grundrecht auf Leben gem. Art. 2 Abs. 2 S. 1 GG oder der Verstorbene, etwa im Hinblick auf die Menschenwürde gem. Art. 1 Abs. 1 GG. Handelt es sich demgegenüber um sog **Bürgerrechte**, ist grundrechtsfähig ausschließlich eine **deutsche** natürliche Person.

Juristische Personen des Privatrechts sind nur grundrechtsfähig, sofern und soweit ein Grundrecht auf diese **wesensmäßig** anwendbar ist, Art. 19 Abs. 3 GG. Das ist der Fall, wenn die vom Grundrecht geschützte Tätigkeit auch von Personenvereinigungen ausgeübt werden kann.

Beispiel:
Vereinigungen können insbesondere zustehen die Grundrechte des Art. 3 Abs. 1, Art. 12 Abs. 1, Art. 19 Abs. 4 GG.

Gegenbeispiel:
Vereinigungen können nicht Träger der Grundrechte aus Art. 1, Art. 2 Abs. 2, Art. 3 Abs. 2, Art. 4 Abs. 3, Art. 6, Art. 16 GG sein.

Juristische Personen des öffentlichen Rechts sind grundsätzlich keine Grundrechtsträger, da Grundrechte Rechte **gegen** den Staat und nicht Rechte **des** Staates sind, der Staat nicht zugleich grundrechtsberechtigt und -verpflichtet sein kann (sog. **Konfusionsargument**). Davon gibt es jedoch zwei Ausnahmen, d. h. auch juristischen Personen des öffentlichen Rechts stehen zu:

1. die **Prozessgrundrechte** der Art. 101 und 103 GG, da sie objektive Verfahrenssätze enthalten, die auch allen zukommen sollen, die an einem Gerichtsverfahren aktiv oder passiv legitimiert teilnehmen und
2. diejenigen Grundrechte, in deren **Schutzbereich bestimmte juristische Personen des öffentlichen Rechts tätig** sind: Art. 5 Abs. 3 GG für die Hochschulen und Universitäten, Art. 5 Abs. 1 S. 2 GG für die öffentlich-rechtlichen Rundfunk- und Fernsehanstalten und Art. 4 Abs. 2 GG für die öffentlich-rechtlichen Religionsgesellschaften.

Kampf dem Immobilienhai — FALL 9

Die Firma Bau- und Wohnungs-GmbH hat eine Wohnanlage mit 150 Wohneinheiten in der Goethestraße gekauft. Sie möchte die bisherigen Mietwohnungen in Eigentumswohnungen umwandeln und verkaufen. Die Mieter sollen ihre jetzige Mietwohnung zu einem günstigeren Preis als Außenstehende käuflich erwerben können. Dennoch entsteht eine „Initiative" gegen die Umwandlung, der die meisten Mieter beitreten. Sie sehen nur darin eine ausreichende Vertretung gegenüber dem „Immobilienhai", wie sie die Firma nennen. Bei der GmbH handelt es sich um eine juristische Person des Privatrechts.

Aufgabe: Prüfen Sie, ob sich die GmbH erfolgreich auf Art. 14 GG berufen kann.
Hinweis:
Beachten Sie bei der Beantwortung bitte die §§ 577, 566 und 903 BGB!

Notieren Sie die Lösung auf einem besonderen Blatt.

Von der **Grundrechtsfähigkeit** ist die **Grundrechtsmündigkeit** zu unterscheiden.

Grundrechtsmündigkeit

ist die Fähigkeit einer **natürlichen** Person, ihre Grundrechte **selbstständig geltend zu machen** und insbesondere eine Verfas-sungs-beschwerde zu erheben.

Die **Grundrechtsmündigkeit** ist gesetzlich nicht geregelt. Auch sie hängt wie die Grundrechtsfähigkeit vom jeweiligen Grundrecht ab und richtet sich nach der **Einsichts- und Entscheidungsfähigkeit**. Üblicher Weise tritt die Grundrechtsmündigkeit mit der **Volljährigkeit** ein, kann jedoch schon früher bestehen, so etwa bei Grundrechten in Bezug auf Religion und Glauben bereits ab 14 Jahren.

Eine **Grundrechtsverletzung**

liegt dann vor, wenn der Eingriff in den Schutzbereich **verfassungsrechtlich nicht gerechtfertigt** ist.

Eingriffe in den Schutzbereich von Grundrechten werden von der Verfassung in unterschiedlicher Weise ermöglicht. Einige Grundrechte enthalten selbst Begrenzungen, die das Berufen auf einen Grundrechtsschutz überhaupt nur bei Einhalten gewisser Vorgaben zulassen. Man spricht in diesem Fall von **grundrechtsimmanenten Schranken.**

Beispiel:

Auf den Schutz aus Art. 8 Abs. 1 GG darf sich nur berufen, wer sich „friedlich und ohne Waffen" versammelt.

Grundrechte können auch durch **einfache Gesetze** eingeschränkt sein oder eingeschränkt werden. Bestimmt das Grundgesetz genau, unter welchen Voraussetzungen ein Grundrecht durch Gesetz eingeschränkt werden darf, spricht man von einem **Gesetzesvorbehalt**.

Beispiel:

Art. 11 Abs. 2 GG.

Lässt das Grundgesetz die Einschränkung eines Grundrechts unter nicht näher bestimmten Voraussetzungen zu, nennt man das **Regelungsvorbehalt**.

Beispiel:

Art. 5 Abs. 2 GG, Art. 12 Abs. 1 S. 2 GG.

In keinem Fall darf ein Grundrecht in seinem **Wesensgehalt** angetastet werden, Art. 19 Abs. 2 GG. Der Wesensgehalt eines Grundrechts umfasst mindestens den Gehalt eines Grundrechts der die notwendige Folgerung aus dem Gebot der Achtung der Menschenwürde darstellt. Es handelt sich also um eine **absolute**, d.h. unabhängig von den Kollisionen der beteiligten Positionen zu bestimmende/zu wahrende Grenze.
Im Übrigen ergeben sich Grundrechtsbeschränkungen aus dem Grundgesetz selbst, nämlich dann, wenn die Ausübung von Grundrechten den Grundrechten Dritter widerspricht oder mit anderen Verfassungsvorschriften in Widerspruch steht.

ÜBERSICHT 7

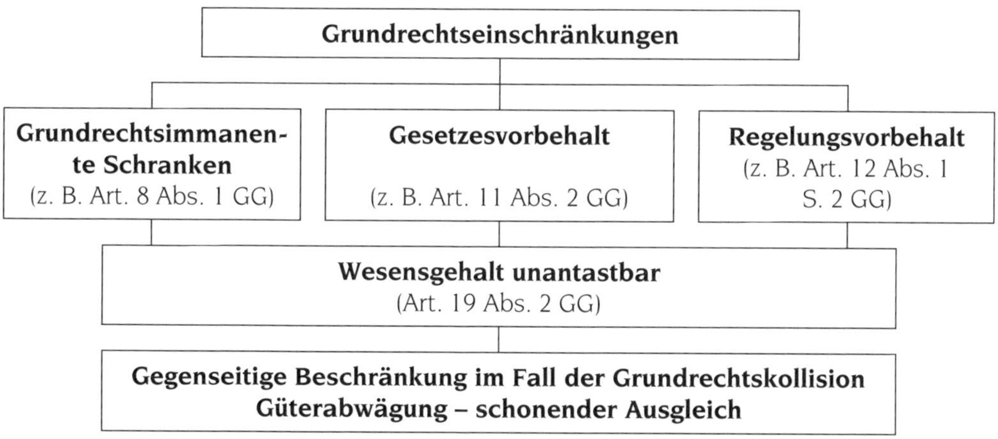

Auf Grundrechte kann im Allgemeinen **nicht verzichtet** werden, wohl aber kann ein Berechtigter **tatsächlich** von einem Grundrecht **keinen Gebrauch machen,** z. B. an keiner Versammlung teilnehmen (Art. 8 GG) oder keinem Verein beitreten (Art. 9 GG).
Grundrechte können **verwirkt** werden. Einzelpersonen, die bestimmte Grundrechte (z. B. freie Meinungsäußerung, Versammlungsfreiheit) zum Kampf gegen die freiheitliche demokratische Grundordnung missbrauchen, verwirken diese Grundrechte, wobei die Verwirkung nach Art. 18 GG zwingend durch das BVerfG ausgesprochen werden muss. Tatsächlich ist eine Verwirkung bislang zwar zweimal beantragt, aber noch in keinem Fall ausgesprochen worden. Art. 18 GG bezieht sich seinem Wortlaut auch nur auf natürliche Personen. Gegen die verfassungswidrige Tätigkeit der Parteien schützt Art. 21 Abs. 2 GG; für sonstige Vereinigungen ist Art. 9 Abs. 2 GG einschlägig.

Beispiele:

Beamte, Wehrdienstleistende, Schüler, Strafgefangene.

Prüfungsschritte 1

Prüfung eines Freiheitsrechtes

1. **Welche Freiheitsrechte** kommen als verletzt in Frage. (Soweit möglich, einige Grundrechte nach **Konkurrenzregeln** auszuscheiden.)
2. Prüfen, ob und inwieweit
   a) der Betroffene **Träger** dieses Grundrechts ist und
   b) ob in den **Schutzbereich** des jeweiligen Grundrechts von staatlicher Seite **eingegriffen** wird.
3. Feststellen der **Schranken** des jeweiligen Grundrechts und **Abwägung** der sich gegenüberstehenden Interessenlagen.

Basistext

Die Würde des Menschen

(Art. 1 Abs. 1 S. 1 GG)

„Die Würde des Menschen ist unantastbar." Der Schutz der Menschenwürde nimmt im Grundgesetz mit Art. 1 Abs. 1 GG die **Spitzenstellung** ein.

Menschenwürde

ist der dem Menschen qua seiner Existenz zukommende unantastbare **Eigenwert**, der sich in seiner **Eigenständigkeit** dokumentiert.

Auf Art. 1 Abs. 1 GG kann sich jede natürliche Person berufen: Jeder Ausländer, jedes (noch so kleine) Kind, jeder Verbrecher, auch der sog. nasciturus (nicht aber: das noch nicht gezeugte Kind) und ein Verstorbener.

Die Vorschrift verbietet, den Menschen zum **bloßen Objekt des Staates** zu machen oder ihn einer Behandlung zu unterziehen, die seine Subjektsqualität prinzipiell in Frage stellt.

Beispiele:

- Beweiserhebung im Strafverfahren durch Lügendetektor, auch wenn der Betroffene zustimmt (BVerfG, NJW 1982, 375).
- Verhängung einer Strafe nur zu dem Zweck, andere abzuschrecken (BVerfGE 42, 83).
- Lebenslange Freiheitsstrafe ohne Möglichkeit für den Verurteilten, die Freiheit jemals wieder zu erlangen (BVerfGE 72, 116).

Art. 1 Abs. 1 GG begründet **Rechte auf Abwehr** (Art. 1 Abs. 1 S. 2 „zu achten") und einen Anspruch auf Schutz durch den Staat (Art. 1 Abs. 1 S. 2: „zu schützen").
Als tragendes Verfassungsprinzip und **oberste Wertentscheidung** beherrscht Art. 1 Abs. 1 GG von seiner systematischen Stellung und seinem weitgefassten Inhalt her alle folgenden Grundrechte, die in gewissem Umfang (nur) spezielle Ausprägungen dieses Prinzips sind.

ÜBUNG 16

Diskutieren Sie folgende These: Der Schutz der Menschenwürde gemäß Art. 1 Abs. 1 S. 1 GG ist kein Grundrecht.

Notieren Sie die Lösung auf einem besonderen Blatt.

BASISTEXT

Freie Entfaltung der Persönlichkeit

(Art. 2 Abs. 1 GG)

Art. 2 GG enthält insgesamt vier Grundrechte:

ÜBERSICHT 8

Grundrechte nach Art. 2 GG

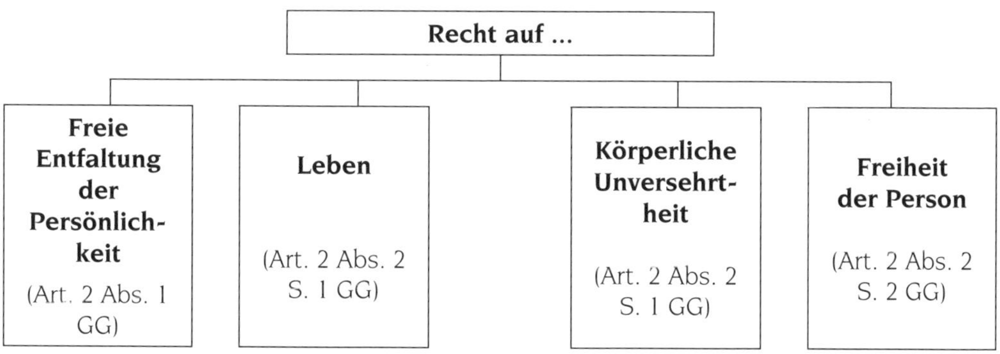

Freie Entfaltung der Persönlichkeit

bedeutet, dass jeder **tun und lassen kann, was er will**.

Beispiele:

- Verträge schließen mit wem, wann, und mit welchem Inhalt man will.
- Tragen langer Haare.
- Freie sexuelle Betätigung Erwachsener.
- Autofahren, Radfahren, Skifahren, Reiten.

Das Grundrecht aus Art. 2 Abs. 1 GG ist ausgesprochen weit gefasst. Das hat vor allem zwei Konsequenzen: Nach allgemeiner Ansicht ist Art. 2 Abs. 1 GG ein **Auffangtatbestand,** der keine Anwendung findet, soweit der Schutzbereich eines anderen Grundrechts betroffen ist. Da wegen der Weite des Schutzbereichs die Handlungsfreiheit des einen stets auf die freie Entfaltung der Persönlichkeit anderer Grundrechtsträger trifft, enthält das Grundrecht aus Art. 2 Abs. 1 GG ferner weitgehende Schranken.

ÜBUNG 17

Ergänzen Sie die folgende Aussage:

Das Grundrecht der Handlungsfreiheit (Art. 2 Abs. 1 GG) ist in dreifacher Weise eingeschränkt, nämlich durch

a)	b)	c)

Man spricht in diesem Zusammenhang von der sog. **Schrankentrias.**

Rechte anderer

i. S. d. Art. 2 Abs. 1 GG sind alle **Grundrechte** und **Individualrechte**, die in der Rechtsordnung Ausdruck gefunden haben.

Rechte anderer sind vom bloßen Interesse anderer zu unterscheiden. Der Begriff umfasst danach alle **subjektiven Rechte.**

Verfassungsmäßige Ordnung

i. S. d. Art. 2 Abs. 1 GG ist die **Gesamtheit aller Rechtsnormen,** die formell und materiell **verfassungsmäßig** sind.

Sittengesetz

i. S. d. Art. 2 Abs. 1 GG erfasst die **allgemein anerkannten Moral- und Wertvorstellungen.**

Insbesondere diese Schranke ist stark der gesellschaftlichen Entwicklung unterworfen, wie die folgenden Beispiele zeigen. Im Jahr 1957 hat das BVerfG (BVerfGE 6, 389 (434)) festgestellt: „Gleichgeschlechtliche Betätigung verstößt eindeutig gegen das Sittengesetz." Begründet wurde dies mit einer entsprechenden allgemeinen Anerkennung, für die die strafrechtliche Sanktion (§ 175 StGB a. F.) einen Anhalt liefere.
Im Jahr 1954 hat das OLG Karlsruhe (FamRZ 1955, 117) die uneheliche Lebensgemeinschaft als gegen das Sittengesetz verstoßend angesehen – heute sieht man sie im Gegenteil als durch Art. 2 Abs. 1 GG geschützt an.

BASISTEXT

Recht auf Leben, körperliche Unversehrtheit und Freiheit der Person

(Art. 2 Abs. 2 GG)

Art. 2 Abs. 2 GG enthält drei weitere Grundrechte: das Recht auf Leben, das Recht auf körperliche Unversehrtheit und das Recht auf Freiheit der Person.

Recht auf Leben

Das Grundrecht auf **Leben** (Art. 2 Abs. 2 S. 1 GG) schützt die **biologisch-physische Existenz** des Menschen.

Recht auf körperliche Unversehrtheit

Das Grundrecht auf **körperliche Unversehrtheit** (Art. 2 Abs. 2 S. 1 GG) schützt die menschliche **Gesundheit im biologisch-physischen Sinne** und das **psychische Wohlbefinden** gegen Beeinträchtigungen, die zu körperlichen Schmerzen vergleichbaren Wirkungen führen.

Mit dem Recht auf Leben und dem Recht auf körperliche Unversehrtheit musste sich der Gesetzgeber befassen, als er Regelungen diskutierte zum **gezielten polizeilichen Todesschuss,** zur Blutentnahme zur Feststellung der Blutalkoholkonzentration (§ 81 a StPO) bzw. zur **Vaterschaftsbestimmung** (§ 372a ZPO) und zum Zwang zur **Impfung und Rötgenuntersuchung.**
Das BVerfG hat bisher offen gelassen, ob der Schutz des Art. 2 Abs. 2 GG (Leben) bereits mit der **Konzeption** (Verschmelzung von Ei und Samenzelle) oder erst mit der **Nidation** (Einnistung des befruchteten Eies in der Gebärmutter) beginnt.

Da aber auch extrakorporal erzeugtes Leben schutzwürdig ist und nach Auffassung des BVerfG **jedes** menschliche Leben Menschenwürde besitzt, dürfte der Schutz menschlichen Lebens bereits mit der **Konzeption** einsetzen.

Übung 18

Ergänzen Sie die folgende Aussage mit der Ihrer Ansicht nach richtigen Antwort. Notieren Sie Ihre Lösung stichwortartig.

Vor einigen Jahren waren hitzige rechtspolitische Diskussionen um die uneingeschränkte Freigabe der Abtreibung von dem Slogan begleitet: „Mein Bauch gehört mir". Die Auffassung, dass einer Schwangeren „freies Verfügungsrecht über ihren Bauch" zustehe und der Staat sich daher nicht einmischen dürfe, ist

a) richtig. ☐
b) zum Teil richtig. ☐
c) falsch. ☐

Lösung:

Recht auf Freiheit der Person

Das Grundrecht auf **Freiheit der Person** (Art. 2 Abs. 2 S. 2 GG) schützt die **körperliche Fortbewegungsfreiheit.**

Geschützt wird die Freiheit, sich an einen beliebigen Ort begeben zu können (sog. **positive Fortbewegungsfreiheit**). Die sog. **negative Fortbewegungsfreiheit** soll demgegenüber nicht in den Schutzbereich des Art. 2 Abs. 2 S. 1 GG fallen bzw. nur dann, wenn zugleich unmittelbarer Zwang eingesetzt wird.

Beispiele:

- Anordnung der Teilnahme am Verkehrsunterricht: Kein Eingriff.
- Zwangsweise Vorführung eines Zeugen: Eingriff.

Die Grundrechte aus Art. 5 GG

ÜBERSICHT 9

Art. 5 Abs. 1 GG enthält fünf Grundrechte:

Art. 5 Abs. 1 GG

Meinungsäußerungs Freiheit	**Informationsfreiheit**	**Pressefreiheit**	**Rundfunkfreiheit**	**Filmfreiheit**
(Art. 5 Abs. 1 S. 1 GG)	(Art. 5 Abs. 1 S. 1 GG)	(Art. 5 Abs. 1 S. 2 GG)	(Art. 5 Abs. 1 S. 2 GG)	(Art. 5 Abs. 1 S. 2 GG)

Einschränkbar durch allgemeine Gesetze
(Art. 5 Abs. 2 GG)

Art. 5 Abs. 3 GG enthält drei Grundrechte:

Art. 5 Abs. 3 GG

Freiheit der Kunst	**Freiheit der Wissenschaft**	**Freiheit der Lehre**
(Art. 5 Abs. 3 S. 1 GG)	(Art. 5 Abs. 3 S. 1 GG)	(Art. 5 Abs. 3 S. 1 GG)

Nicht durch Gesetz einschränkbar, ggfs. nach Güterabwägung

Meinungsäußerungsfreiheit

BASISTEXT

(Art. 5 Abs. 1 GG)

Das Grundrecht der **freien Meinungsäußerung** schützt den Einzelnen vor Eingriffen der staatlichen Gewalt und verpflichtet den Staat zugleich, diese Freiheit vor Übergriffen Dritter zu sichern. Das Grundrecht gehört zu den **Wesensmerkmalen** jeder freiheitlichen Staatsordnung.

Geschützt wird die Äußerung einer **Meinung**.

Meinung

wird geprägt durch das Element der Stellungnahme, des Dafürhaltens im Rahmen einer geistigen Auseinandersetzung.

Das Grundrecht der freien Meinungsäußerung ist weit zu fassen und umfasst nicht nur **positive Stellungnahmen**, sondern auch die Äußerung einer **abwertenden** und selbst einer **inhaltlich falschen** Meinung.

Nicht geschützt ist die sog. **Schmähkritik**, d. h. einer Kundgabe, die vornehmlich in der Herabsetzung der Person besteht.

Schwierig ist die Abgrenzung von Schmähkritik zu **Satire** und **Karikatur**. Grundsätzlich hat jeder das Recht, zumal im politischen Meinungskampf, auch in scharfer Form Kritik zu äußern. Das gilt insbesondere gegenüber im öffentlichen Leben stehende Personen.

Eine Meinungsäußerung allerdings, die unter Anwendung von Gewalt vorgetragen wird, unterfällt nicht dem Schutzbereich des Art. 5 Abs. 1 S. 1 GG, da dies nicht (nicht mehr) der geistigen Auseinandersetzung dient.

Beispiel:

Bewerfen der Bundeskanzlerin mit faulen Eiern.

ÜBUNG 19

Prüfen Sie, ob mit der Rezension des Schriftstellers Eckard Henscheid zu dem Böll-Roman „Und sagte kein einziges Wort" Schmähkritik oder (geschützte) Meinungsäußerung vorliegt.

Es ist schon schlechterhin phantastisch, was für ein steindummer und talentfreier Autor schon der junge Böll war, vom alten ganz zu schweigen – und mehr noch: Er war, gegen´s allzeit und bis heute kurrende Klischee und mit Sicherheit gegen seine eigene Selbsteinschätzung, auch einer der verlogensten, ja korruptesten. Daß ein derartiger, z. T. pathologischer, z. T. ganz harmloser Knallkopf den Nobelpreis erringen durfte; daß Hundertausende lebenslang katholisch belämmerte und verheuchelte Idioten jahrzehntelang den häufig widerwärtigen Dreck weglasen; daß heute noch die Grünen auf eben ihm Stiftungshäuser bauen – ist das nicht alles wunderbar? P.S. Haus ohne Hüter und Das Brot der frühen Jahre, so ahne ich kraft einer Halberinnerung, sollen übrigens noch blöder sein; und eben das ist gleich noch wunderbarer.

Falsches Zitieren eines anderen ist nicht **geschützt**, schwierig ist hingegen, ob (falsche) **Tatsachenbehauptungen** dem Schutzbereich des Art. 5 Abs. 1 GG unterfallen. Die Abgrenzung der Tatsache zur Meinung wird darin gesehen, ob eine Äußerung der Überprüfung auf ihre Richtigkeit mit den Mitteln des Beweises zugänglich ist. Ist das der Fall, handelt es sich um die Behauptung einer Tatsache.

Äußerungen, die in Tatsachenbehauptungen gekleidet sind, stellen dann eine Meinungsäußerung dar, wenn der Empfänger den Wertungscharakter erkennt.

Beispiel:

> „Der Baudezernent der Stadt Welfenheim hat noch nie richtig gearbeitet":
> Tatsachenbehauptung als Werturteil.

Umgekehrt sind als Meinungen vorgetragene Aussagen dann als Tatsachenbehauptungen anzusehen, wenn sie vom Empfänger als Mitteilung einer Tatsache verstanden werden.

Beispiel:

> „Ich meine, dass es gestern geschneit hat":
> Meinungsäußerung als Tatsachenbehauptung.

Tatsachenbehauptungen genießen den Schutz des Art. 5 Abs. 1 GG, wenn und soweit sie Voraussetzung für die Bildung von Meinungen sind.

Beispiel:

> „Deine Großmutter ist gestern doch tatsächlich allein mit dem Zug nach Helmstedt gefahren." Diese Tatsachenmitteilung enthält (zugleich) die Wertung, Oma sei noch ganz rüstig.

Gegenbeispiel:

> „Ortsbrandmeister Goldmann hat, statt den Brand zu löschen, gestern volltrunken im Bett gelegen." Enthält eine reine Tatsachenbehauptung, die von Art. 5 Abs. 1 GG nicht geschützt wird.

Boykottaufrufe schließlich unterfallen nicht (mehr) dem Schutzbereich des Art. 5 Abs. 1 GG, wenn zu der Aufforderung noch besondere Druckmittel hinzukommen.

Beispiel:

> Die Umweltschutzvereinigung „GreenWood" aus Welfenheim ruft alle auf, keine Kleidung aus Seehundfell beim Kaufhaus „Fell-Luzie" zu kaufen, nur so könne dem verwerflichen Robbenschlachten Einhalt geboten werden. Solche Boykottaufrufe übersteigen nicht das Maß des Zulässigen, sie werden von Art. 5 Abs. 1 GG geschützt. Anders ist dies, wenn allen Mitgliedern bei „GreenWood" mit dem Ausschluss aus dem Verein gedroht wird, sollten sie irgendetwas bei „Fell-Luzie" kaufen.

Art. 5 Abs. 1 GG hat weiterhin zur Voraussetzung, dass die Meinung **geäußert** oder **verbreitet** wird.

Meinung äußern

heißt, eine bestimmte Meinung auszusprechen/kundzutun.

Beispiel:

Nach einem lustigen Abend mit Frank in „Tonis Biergrube" springt der verliebte Maik auf und brüllt in die Runde: „Monika ist eine Granate."

Einen Anspruch darauf, dass die geäußerte und/oder verbreitete Meinung von anderen auch **zur Kenntnis genommen** wird, gibt es nicht.

Beispiel:

Wenn die übrigen Kneipenbesucher sich genervt von permanenten Liebesschwüren die Ohren zuhalten, kann Maik dies nicht verhindern, jedenfalls nicht mit legalen Mitteln ...

BASISTEXT — Informationsfreiheit (Art. 5 Abs. 1 GG)

Die in Art. 5 Abs. 1 S. 1 GG **neben** dem Recht auf freie Meinungsäußerung gewährleistete **Informationsfreiheit** schützt die Unterrichtung aus allgemein zugänglichen Informationsquellen.

Allgemein zugängliche Informationsquelle

Informationsquellen sind alle Träger von Informationen. **Allgemein zugänglich** sind alle Informationsquellen, die technisch geeignet und bestimmt sind, der Allgemeinheit, d. h. einem individuell nicht bestimmbaren Personenkreis, Informationen zu beschaffen.

Beispiele:

Zeitungen, Zeitschriften, Rundfunk, Fernsehen.

Gegenbeispiel:

Behördenakten.

Schatten der Vergangenheit **FALL 10**

Der Bundestagskandidat Vorbrod will im Wahlkampf wirksamer gegen seinen berühmten Gegenkandidaten, Bundesminister Fiek, auftreten. Er stellt Nachforschungen über Fiek an, um Nachteiliges in Erfahrung zu bringen. Schließlich hört Vorbrod von einem Dokument in der Landesbibliothek, das über die Tätigkeit des Fiek im Dritten Reich Auskunft gibt. Der Bibliotheksdirektor gibt die Anweisung, das Dokument für die Dauer des Wahlkampfes im „Giftschrank" zu verwahren, um eine faire Wahlkampfführung zu gewährleisten. Vorbrod wird deshalb die Einsichtnahme verweigert.

Aufgabe: Prüfen Sie, ob die Verweigerung der Einsichtnahme verfassungskonform ist.

Notieren Sie die Lösung auf einem besonderen Blatt.

Pressefreiheit **BASISTEXT**

(Art. 5 Abs. 1 GG)

Zur Bedeutung der in Art. 5 Abs. 1 S. 2 GG weiterhin geschützten **Pressefreiheit** hat das BVerfG (BVerfG, DVBl. 1992, 1284) ausgeführt: „Bei der besonderen Garantie der Pressefreiheit geht es um die Bedeutung der Presse für die freie, individuelle und öffentliche Meinungsbildung. Das Grundgesetz schützt vor allem die Voraussetzungen, die gegeben sein müssen, damit die Presse ihre Aufgaben im Kommunikationsprozess erfüllen kann. Der Schutzbereich der Pressefreiheit ist daher berührt, wenn es um die im Pressewesen tätigen Personen in Ausübung ihrer Funktion, um ein Presseerzeugnis selbst, um seine institutionell-organisatorischen Voraussetzungen und Rahmenbedingungen sowie um die Institution einer freien Presse geht."

Presse

sind alle zur Verbreitung an die Allgemeinheit **bestimmten Vervielfältigungen**.

Beispiele:

Tages- und Wochenzeitungen, Propagandablätter, sog. Revolverblätter.

Vom Schutzbereich erfasst wird nicht nur die **Herstellung** und **Verbreitung**, sondern ebenso der gesamte Bereich publizistischer Vorbereitung, das Vertrauensverhältnis zum Informanten, die Redaktionsarbeit und deren Vertraulichkeit, der freie Zugang zur Information, das Recht des Verlegers, die politische und soziale Tendenz des Presseorgans festzulegen, die Herstellung und der Vertrieb, die Regelung der finanziellen und betriebswirtschaftlichen Angelegenheiten, die Zulassung zum Vertriebsdienst der Post und andere, ebenfalls tatsächlich zum Pressewesen gehörenden Vorgänge.

BASISTEXT Grenzen der Grundrechte aus Art. 5 Abs. 1 GG

(Art. 5 Abs. 2 GG)

Wie jedes Freiheitsrecht gewährt Art. 5 Abs. 1 GG neben einem positiven Schutzbereich auch einen sog. **status negativus**, also das Recht, seine Meinung **nicht** zu sagen, die Meinung anderer **nicht** zu hören, sich **nicht** zu informieren, **keine** Zeitung zu lesen, **keinen** Rundfunk zu hören oder fernzusehen und **nicht** in den Film zu gehen. Dass die Meinungsfreiheit des Einzelnen als solche nicht schrankenlos sein kann, zeigt folgende „Anekdote" aus dem Lehrbuch von Stein, Staatsrecht, 13. Auflage Tübingen (1991), S. 103:

> Herr Freimann liest beim Morgenkaffee von einem neuen Skandal innerhalb der Bundesregierung. Dies gibt seiner schon lange wankenden Regierungstreue den Todesstoß. Als er, wie immer in Eile, das Haus verlässt, ist er entschlossen, von seiner Meinungsfreiheit Gebrauch zu machen. Schon im Bus schleudert er den Mitfahrenden seine neu gebildete Meinung entgegen. Der Fahrer bittet ihn, leise zu sprechen oder den Bus zu verlassen. Im Büro setzt er seinen Grundrechtsgebrauch fort. Der Chef ist dagegen und verlangt, es auf die Zeit nach Feierabend zu verschieben. Als er auf dem Heimweg den Passanten verkündet: „Die ganze Regierung ist korrupt und bestechlich", droht ein Mann im schwarzen Ledermantel mit einer Anzeige wegen politischer übler Nachrede. Sein letzter Versuch, das Anbringen eines Plakats für die Oppositionspartei an der Außenwand seiner Wohnung, scheitert am Einspruch des Hauswirts. Verzweifelt sucht er seinen Rechtsanwalt auf: „Nach Art. 5 habe ich doch das Recht, meine Meinung frei zu äußern und zu verbreiten!" – „Sie müssen weiter lesen", entgegnete der Rechtsanwalt und zeigt auf Absatz 2.

Die Grundrechte des Art. 5 Abs. 1 GG finden ihre Grenzen in den Schranken der sog. **allgemeinen Gesetze**, Art. 5 Abs. 2 GG.

Allgemeine Gesetze

sind Gesetze, die sich **nicht speziell gegen die Meinungsäußerung als solche** richten, sondern dem Schutz eines schlechthin ohne Rücksicht auf eine bestimmte Meinung zu schützenden Rechtsguts dienen.

Beispiele:

Das Bürgerliche Gesetzbuch, das Strafgesetzbuch, die Beamtengesetze, das Soldatengesetz, Steuergesetze.

Gegenbeispiel:

Maßnahmegesetze.

Flotter Admiral **FALL 11**

Moser (M) ist Flottenadmiral bei der Bundeswehr. Er hatte in dienstlicher Eigenschaft an der Kommandeurstagung der Bundeswehr teilgenommen. Nach der Tagung veröffentlichte er ein Resümee dieser Tagung, in dem er Kritik an den Ausführungen der Bundeskanzlerin übte und welches mit dem Satz endete „Das kommt davon, wenn man eine Frau wählt". Wegen dieser Veröffentlichung wurde ein Disziplinarverfahren durchgeführt, aufgrund dessen unter anderem wegen eines Verstoßes gegen § 10 Abs. 6 des Soldatengesetzes ein Verweis gegen M verhängt wurde.

Aufgabe: Prüfen Sie, ob der Verweis den M in seinem Grundrecht aus Art. 5 Abs. 1 GG verletzt.

Hinweis: Inhalt des § 10 Abs. 6 SG ist, dass Offiziere und Unteroffiziere aufgrund ihrer Stellung als Vorgesetzte außerhalb des Dienstes bei ihren Äußerungen Zurückhaltung zu wahren haben.

Notieren Sie die Lösung auf einem besonderen Blatt.

Freiheit der Kunst **BASISTEXT**

(Art. 5 Abs. 3 S. 1 GG)

Der Mensch unterscheidet sich vom Tier durch seine geistigen Fähigkeiten. Innerhalb der Gesellschaft finden sie ihren Ausdruck in der Kultur. Diese bildet mit Wissenschaft und Technik zugleich die Grundlage der Wirtschaft. Mit der zunehmenden Integration aller gesellschaftlichen Bereiche ist auch die Förderung der Kultur zu einer staatlichen Aufgabe geworden.

Sie ist nicht nur eine finanzielle Frage; von fast noch größerer Bedeutung ist die Schaffung der Voraussetzungen dafür, dass sich alle Bereiche der Kultur entsprechend ihrer ja besonderen Eigengesetzlichkeit entwickeln können. Dies soll (auch) durch die Freiheit der Kunst sichergestellt werden.

Kunst

ist, was sich einem bestimmten Werktyp zuordnen lässt.

Beispiele:

„Kunst" ist danach Malerei, Bildhauerei, Architektur, Theater, Straßenmusik, Dichtkunst, Schriftstellerei, Spielfilm, Happenings.

Das ist zwar eine übliche Definition, letztendlich lässt sich aber gar nicht allgemeinverbindlich in Worte fassen, was nun genau Kunst ist und was nicht. Das BVerfG stellt darauf ab, dass das Wesentliche an der künstlerischen Betätigung die **freie schöpferische Gestaltung** sei, in der Eindrücke, Erfahrungen, Erlebnisse des Künstlers durch das Medium einer bestimmten Formsprache zu unmittelbarer Anschauung gebracht würden.

Gegenbeispiele:

Nicht als Kunst angesehen wurde die vorsätzliche Tötung eines Tieres in einer Theatervorstellung, bei welcher der Darsteller ein Huhn köpfte und sich das Blut über den nackten Oberkörper laufen ließ, um hiermit (angeblich?) gegen die Verletzung von Menschenrechten zu demonstrieren.

Einigkeit besteht letztlich darin, dass durch Art. 5 Abs. 3 GG sowohl der sog. **Werkbereich** als auch der **Wirkbereich** geschützt werden: Während der **Werkbereich** auf die künstlerische Betätigung abzielt, geht es beim **Wirkbereich** um die Darbietung und Verbreitung des Kunstwerkes, insbesondere um die Tätigkeit, die der Öffentlichkeit den Zugang zum Kunstwerk schafft. Die (rein) **wirtschaftliche Verwertung** von Kunstwerken unterfällt allerdings nicht Art. 5 Abs. 3 GG, sondern Art. 14 GG.

Freiheit der Kunst bedeutet, dass

1. die **künstlerische Betätigung** geschützt ist,
2. die **Verbreitung** eines Kunstwerks gesichert wird,
3. der Staat den künstlerischen **Gestaltungsraum** nicht einengen darf und
4. der Staat die Aufgabe hat, ein freiheitliches Kunstleben zu erhalten und zu fördern.

Die Freiheit der Kunst kann gesetzlich **nicht** eingeschränkt werden: Art. 5 Abs. 3 GG enthält keinen Gesetzesvorbehalt. Das bedeutet jedoch nicht, dass die Freiheit der Kunst unbeschränkt gelten würde. Zunächst ergibt sich schon eine Schranke dadurch, dass die Freiheit ausdrücklich auf Kunst beschränkt ist. Unkünstlerisches Tun, das sich als Kunst ausgibt, genießt daher nicht den Schutz des Grundrechts.

Eine wesentliche Einschränkung der Kunstfreiheit ergibt sich dort, wo andere Grundrechte berührt werden. Beschränkungen können sich z. B. aus dem allgemeinen Persönlichkeitsrecht des Art. 2 Abs. 1, 1 Abs. 1 GG (Beleidigung) oder aus Art. 14 GG (Sachbeschädigung) ergeben. Letzteres ist insbesondere beim Sprayen von Graffitis der Fall. Zusammenfassend gestattet Art. 5 Abs. 3 GG dem Künstler nicht schlechthin, sich über Rechte anderer hinwegzusetzen.

Nackte Tatsachen **FALL 12**

Marc Menzel (M) ist Aktionskünstler. Besonderes Aufsehen in der Öffentlichkeit erregte er mit einer Veranstaltung auf dem Marktplatz in Welfenheim. M setzte sich mit dem nackten Gesäß auf ein überdimensionales Stempelkissen und „bedruckte" sodann einen Zeichenkarton. Dasselbe Verfahren wandten auch einige Schaulustige an, die M zu künstlerischer Mitarbeit aufforderte. Der zuständige Mitarbeiter der Stadt Welfenheim will nach einigen Beschwerden die Veranstaltung mit sofortiger Wirkung untersagen und wendet sich an M. Dieser beruft sich darauf, Künstler zu sein.

Aufgabe: Prüfen Sie, ob eine Untersagung verfassungskonform wäre.

Notieren Sie die Lösung auf einem besonderen Blatt.

Versammlungsfreiheit **BASISTEXT**

(Art. 8 Abs. 1 GG)

Art. 8 GG gewährleistet die **Freiheit der kollektiven Meinungskundgabe.** Das Grundrecht enthält damit Elemente der Art. 5 GG und 9 GG. Eine besonders enge Verbindung besteht zu Art. 5 GG, weil hier wie dort die Meinungskundgabe geschützt ist. Art. 8 GG erfasst insoweit eine besondere Form der Meinungsäußerung.

Wenn das BVerfG die Versammlungsfreiheit als konstituierendes Element für eine freiheitlich-demokratische Staatsordnung bezeichnet, wird der große politische Gehalt des Grundrechts deutlich. Im politischen Bereich gilt die Meinung des Einzelnen wenig, die Meinung der Mehrheit hingegen viel. Um diese zu bilden, bedarf es der **Versammlungsfreiheit**.

Versammlung

ist das Zusammenkommen mehrerer Menschen, die einen **gemeinsamen Zweck** verfolgen.

Die Anzahl der erforderlichen Personen ist umstritten: Nach einer Auffassung sind sieben Personen erforderlich (Argument: §§ 56, 73 BGB), nach anderer Meinung drei Personen (Argument: natürlicher Sprachgebrauch), wiederum andere lassen zwei Personen genügen (Argument: Schutz vor Isolierung).

Nach wie vor umstritten sind auch die Anforderungen, die an den gemeinsamen Zweck einer Versammlung zu stellen sind: Nach einer strengen Auffassung soll eine Versammlung nur vorliegen, wenn deren Zweck die Auseinandersetzung über **öffentliche Angelegenheiten** ist.

Die Gegenmeinung lässt **jeden Zweck** zur Zusammenkunft genügen, d. h. mit öffentlicher Fragestellung oder nicht, d. h. verbal oder non-verbal. Die wohl herrschende Meinung liegt „in der Mitte": Danach genügt für eine Versammlung i. S. v. Art. 8 GG die gemeinsame Meinungsbildung und -äußerung **„irgendwelcher"** Angelegenheiten.

Beispiele:

Politische Demonstration, Versammlung eines Vereins.

Gegenbeispiel:

Verweilen mehrerer Schaulustiger nach Verkehrsunfall (nur sog. **Ansammlung**)

FALL 13 Wehret den Anfängen

In dem Veranstaltungsraum der Gaststätte „Zum frohen Jörg" fand kurz vor einer Bundestagswahl die Wahlversammlung einer rechtsgerichteten Partei statt. Jan (J) und eine Gruppe weiterer 15 Personen begehrte kurz vor Beginn vom Vorraum aus den Zutritt zu der Veranstaltung, um durch gezielte Störmaßnahmen die Veranstaltung zu sprengen. Die Polizei schritt gegen J und die übrigen Personen ein und drängte sie aus dem Vorraum heraus. J sieht in dem Vorgehen eine Verletzung seines Grundrechts aus Art. 8 GG.

Aufgabe: Prüfen Sie, ob sich J auf Art. 8 GG berufen kann.

Notieren Sie die Lösung auf einem besonderen Blatt.

BASISTEXT Grenzen der Versammlungsfreiheit

Für Versammlungen **unter freiem Himmel** sieht Art. 8 Abs. 2 GG einen **Gesetzesvorbehalt** vor. Daneben gelten die immanenten Schranken. Für **sonstige** Versammlungen greifen nur diese, wonach **unfriedliche** Versammlungen oder Versammlungen **mit Waffen** verboten sind.

Unfriedlich

ist eine Versammlung, wenn sie einen **gewalttätigen und aufrührerischen** Verlauf nimmt.

Ein Versammlungsteilnehmer verhält sich danach wenigstens dann unfriedlich, wenn er **Gewalttätigkeiten gegen Personen oder Sachen** begeht. Allerdings führen Gewalttätigkeiten einzelner Demonstranten oder einer Minderheit nicht dazu, dass dadurch die gesamte Versammlung als unfriedlich gilt.

Wäre dies der Fall, hätten einige wenige Störer es in der Hand, Demonstrationen umzufunktionieren und entgegen dem Willen der anderen Teilnehmer rechtswidrig werden zu lassen. Ebenso sind bei Störungen, die von außen an die Versammlung herangetragen werden, z. B. von Gegendemonstranten oder Störergruppen, Maßnahmen zunächst gegen diese Störer zu richten. Die Versammlung gilt zunächst weiter als friedlich. Auch die Vermummung oder die passive Bewaffnung erfüllt noch nicht für sich das Merkmal der Unfriedlichkeit.

Waffe

i. S. d. Art. 8 GG ist jeder Gegenstand, der zur Verletzung von Personen und Beschädigung von Sachen geeignet ist und der zu diesem Zweck mitgeführt wird.

Beispiele:

Schuss-, Hieb- und Stoßwaffen, Molotow-Cocktails.

Abgesehen von den immanenten Schranken enthält Art. 8 Abs. 2 GG einen **Gesetzesvorbehalt**, der insbesondere im Versammlungsgesetz verwirklicht worden ist. Hinzuweisen ist auf die **Anmeldepflicht** des § 14 VersG und die Möglichkeit, Versammlungen gem. § 15 VersG **im Vorfeld zu verbieten** oder nach Beginn **aufzulösen**, wenn die öffentliche Sicherheit bei Durchführung der Versammlung unmittelbar gefährdet ist.

Der Zweck der Anmeldepflicht liegt darin, dass die zuständige Behörde rechtzeitig prüft, ob gesetzliche Verbots- oder Einschränkungsmöglichkeiten bestehen, und sie sich auf die erforderlichen behördlichen Begleitmaßnahmen wie Umlenkung des Verkehrs, Begleitung durch Polizeibeamte und ähnliches einstellen kann. Es gibt allerdings Fälle, in denen eine Anmeldung überhaupt nicht oder nicht innerhalb der gesetzlich verlangten Zeit (spätestens 48 Stunden vorher) möglich ist. Nach der Rechtsprechung des BVerfG bedarf es daher dann keiner vorherigen Anmeldung, wenn diese nicht möglich war, weil sich die Versammlung aus aktuellem Anlass heraus spontan gebildet hat (sog. **Spontanversammlung**). Versammlungen wiederum, die geplant sind, bei denen aber die Anmeldefrist ohne Gefährdung des Demonstrationszweckes nicht mehr durchgeführt werden kann (sog. **Eilversammlungen**) bedürfen nur einer zeitlich verkürzten Anmeldefrist, die sich aus der jeweiligen Sachlage ergibt.

Grund für die Erleichterungen bei Spontan- und Eilversammlungen ist, dass nach der Rechtsprechung des BVerfG das Grundrecht aus Art. 8 GG bestmöglich zur Entfaltung gelangen müsse, so dass dessen Ausübung nicht am Formalismus scheitern dürfe.

FALL 14 — Hier sitz ich, hier bleib ich

Moser nimmt an einer Sitzblockade vor der örtlichen Kaserne in der Stadt Welfenheim teil. Die mehrtätige Aktion war zwar nicht angemeldet, aber öffentlich angekündigt worden. Die zuständige Behörde hatte daraufhin eine Verfügung erlassen, die Auflagen nach § 15 Abs. 1 VersG enthielt. Dennoch wurde die Sitzblockade von der Polizei aufgelöst und es wurden die Zufahrten zur Kaserne geräumt. Gegen Moser, der sich trotz der Auflösungsverfügung nicht unverzüglich entfernt, erlässt die Behörde nunmehr einer Bußgeldbescheid wegen Verstoßes gegen § 29 Abs. 1 Nr. 2, Abs. 2 VersG.

Aufgabe: Überprüfen Sie die Verfassungsmäßigkeit des Bußgeldbescheides.

Notieren Sie die Lösung auf einem besonderen Blatt.

BASISTEXT — Berufsfreiheit

(Art. 12 Abs. 1 GG)

Art. 12 Abs. 1 GG garantiert die **Berufsfreiheit.** Die Berufsfreiheit ist ein **Deutschengrundrecht.** Alle Ausländer sind insoweit über Art. 2 Abs. 1 GG geschützt. EU-Ausländer können sich aber auf das vom EuGH entwickelte gemeinschaftliche Grundrecht der Berufsfreiheit berufen. Außerdem werden EU-Ausländer durch das **Diskriminierungsverbot** des Art. 6 EGV geschützt.

Zum Schutzbereich der Berufsfreiheit gehört zunächst einmal, dass es sich bei der in Frage stehenden Tätigkeit um einen **Beruf** handelt.

Beruf

ist jede **auf Dauer** angelegte, der **Schaffung und Erhaltung einer Lebensgrundlage** dienende Tätigkeit, die nicht **gesellschaftlich unwertig** ist.

Der Berufsbegriff umfasst nicht nur traditionelle Berufe wie den eines Handwerkers, sondern ebenso moderne Berufe, die sich vielleicht noch in der Entwicklung befinden, wie den Beruf des Systemanalytikers. Auch Berufe, welche in erster Linie dem Staat vorbehalten sind, wie der Beruf des Beamten und Berufe, die „staatlich gebunden" sind, wie die Tätigkeit eines Notars, fallen unter den Berufsbegriff, wobei hier spezielle Regelungen (Art. 33 GG) zu beachten sind.
Für eine „gesellschaftlich unwertige Tätigkeit" genügt es nicht einfach, dass die Handlungen verboten sind, sondern diese Kategorisierung muss auf gesellschaftlichen Wertungen beruhen.

Beispiel:

Die Tätigkeit eines „Berufskillers" ist sozial unwertig und damit kein Beruf.

Die Berufsfreiheit teilt sich in die **Berufswahl** und die **Berufsausübung.**

Berufswahl

umfasst die Entscheidung, einen bestimmten **Beruf zu ergreifen**, die dazu notwendige Berufsausbildung und die freiwillige oder zwangsweise Aufgabe der bis dahin ausgeübten beruflichen Tätigkeit.

Berufsausübung

sind alle Betätigungen und Verhaltensweisen des Einzelnen, die die Art und Weise, **wie** der Beruf wahrgenommen wird, betreffen.

Die Berufsfreiheit steht nach Art. 12 Abs. 1 S. 2 GG unter einem **einfachen Gesetzesvorbehalt**, d. h. sie kann durch Gesetz oder aufgrund eines Gesetzes eingeschränkt werden.

Die Berufsfreiheit steht nach Art. 12 Abs. 1 S. 2 GG unter einem **einfachen Gesetzesvorbehalt**, d. h. sie kann durch Gesetz oder aufgrund eines Gesetzes eingeschränkt werden. Entgegen dem Wortlaut erstreckt sich dieser Vorbehalt auf den gesamten Bereich der Berufsfreiheit, nicht nur auf die Berufsausübung, sondern auch auf die Berufswahl. Eine Einschränkung „durch ein Gesetz" liegt vor, wenn das Gesetz selbst und unmittelbar die Berufsfreiheit beschränkt, wie dies z. B. eine Ausbildungs- und Prüfungsordnung tut. Eine Einschränkung „aufgrund eines Gesetzes" liegt dann vor, wenn die Verwaltung oder der Richter die Freiheit beschränken, und zwar gem. Art. 20 Abs. 3 GG aufgrund eines Gesetzes als Eingriffsgrundlage.

Das BVerfG verfolgt seit der sog. Apothekenentscheidung (BVerfGE 7, 379 ff.) mit kleineren Änderungen eine feste Rechtsprechung zur Beschränkung der Berufsfreiheit. Es geht darum, dass das Gericht einerseits auf der Ebene des Schutzbereichs drei Bereiche festlegt, deren Einschränkung durch staatliche Maßnahmen stufenweise verschärfend zulässig ist (Drei-Stufen-Lehre). Es empfiehlt sich, zunächst die richtige Stufe aufzusuchen, in die eine staatliche Maßnahme eingreift. Dann sollte anhand der Lehre geprüft werden, ob der Eingriff den für diese Stufe zulässigen Einschränkungen entspricht. Wenn eine Maßnahme in mehrere Stufen eingreift, muss die höhere Stufe gewählt werden, weil diese die schärferen Eingriffsvoraussetzungen enthält.

Übersicht 10 Die Drei-Stufen-Lehre des BVerfG zu Art. 12 Abs. 1 GG

1. *Auf der* ***ersten Stufe*** *sind staatliche Eingriffe in die Berufsausübung angesiedelt. Sie sind zulässig, wenn und soweit vernünftige Erwägungen des Gemeinwohls den Eingriff zweckmäßig erscheinen lassen und der Eingriff in sich verhältnismäßig ist.*

2. *Auf der* ***zweiten Stufe*** *befinden sich diejenigen staatlichen Eingriffe in die Berufswahl, die sich im wesentlichen auf den subjektiven Bereich des einzelnen Grundrechtsträgers beziehen, wie Alter, Schul- und Vorbildung, das Bestehen von Prüfungen und ähnliches. Eingriffe auf dieser Stufe sind im Allgemeinen nur zulässig, wenn und soweit der Schutz eines besonders wichtigen Gemeinschaftsgutes den Eingriff zwingend erfordert. Dazu gehören z. B. die Gesundheitsversorgung der Bevölkerung sowie die Stabilität und die Finanzierbarkeit der gesetzlichen Krankenversicherung.*

3. *Auf der* ***dritten Stufe*** *schließlich liegen diejenigen Eingriffe in die Berufswahl, die einen objektiven Bereich betreffen, d.h. einen Bereich, der außerhalb der persönlichen Einflussnahme des Grundrechtsträgers liegt, wie etwa die Aufstellung von Zulassungsquoten, der Nachweis eines in der Bevölkerung vorhandenen Bedarfs für diese Berufstätigkeit und ähnliches. Solche Eingriffe sind nur ausnahmsweise zulässig, wenn sie der Abwehr nachweisbarer oder höchstwahrscheinlicher Gefahren für ein überragend wichtiges Gemeinschaftsgut dienen und zu deren Schutz zwingend erforderlich sind. Häufig handelt es sich hier um die Einführung von Quoten oder Bedürfnisprüfungen durch den Staat, so z. B. bei Beschränkungen des Güterfernverkehr oder der Bedürfnisprüfung im Taxigewerbe.*

Fall 15 Agent 00nix

Rechtsbeistand Weiß, der sich bisher auf die außergerichtliche Beratung seiner Mandanten beschränkte, beantragt beim Amtsgericht Welfenheim seine Zulassung als Prozessagent. Nach § 157 Abs. 3 ZPO können außer Rechtsanwälten Personen, die die Besorgung fremder Rechtsangelegenheiten geschäftsmäßig betreiben, zum mündlichen Verhandeln vor Gericht zugelassen werden, wenn im Hinblick auf die Zahl der zugelassenen Rechtsanwälte ein Bedürfnis hierfür besteht. Unter Berufung hierauf wird der Antrag von Weiß wegen Fehlens eines Bedürfnisses abgelehnt. Weiß ist der Meinung, dass § 157 Abs. 3 ZPO seine Freiheit der Berufswahl verletzt und verfassungswidrig sei.

Aufgabe: Prüfen Sie, ob Weiß mit seiner Meinung im Recht ist.

Notieren Sie die Lösung auf einem besonderen Blatt.

Übung 20

Kreuzen Sie die richtige(n) Antwort(en) an und begründen Sie Ihre Lösung.
Von den vorgegebenen Antworten können keine, eine, mehrere oder alle richtig sein.

1. Das Grundrecht der Berufsfreiheit steht
   a) nur Deutschen ☐
   b) auch Ausländern ☐
   c) natürlichen Personen ☐
   d) juristischen Personen des Privatrechts ☐
   e) juristischen Personen des öffentlichen Rechts ☐
   zu.

Lösung:

2. Zu den geschützten Berufen i. S. d. Art. 12 Abs. 1 GG zählt die Tätigkeit der
   a) Handwerker. ☐
   b) Notare. ☐
   c) Astrologen. ☐
   d) Prostituierten. ☐
   e) Rechtsanwälte als Vormünder. ☐
   f) Steuerberatungsgesellschaften. ☐

Lösung:

3. Zur Berufsfreiheit gehört auch das Recht
   a) seinen Beruf zu wechseln. ☐
   b) den bisher ausgeübten Beruf aufzugeben. ☐
   c) keinen Beruf zu ergreifen oder auszuüben. ☐
   d) vor dem Wettbewerb der öffentlichen Hand geschützt zu werden. ☐
   e) vor unlauterer Konkurrenz geschützt zu werden. ☐
   f) einen Arbeitsplatz beanspruchen zu können (Recht auf Arbeit). ☐

Lösung:

4. Die Freiheit der Wahl der Ausbildungsstätte gewährt
   a) ein Abwehrrecht gegen staatliche Eingriffe. ☐
   b) den freien Zugang zu öffentlichen Ausbildungsstätten. ☐
   Öffentliche Ausbildungsstätten sind
   c) weiterführende Schulen. ☐
   d) Hochschulen. ☐
   e) Ausbildungsbetriebe großer Konzerne. ☐
   f) der vom Staat eingerichtete Vorbereitungsdienst. ☐

Lösung:

5. Art. 12 Abs. 1 GG garantiert
   a) nur die Ausbildung in einem Beruf. ☐
   b) die Ausbildung in mehreren Berufen. ☐
   c) die Zuteilung von öffentlichen Ausbildungsplätzen. ☐

Lösung:

6. Die folgende Aussage ist zu ergänzen. Verwenden Sie dabei folgende Begriffe:
   Berufsausübung/Berufswahl/Beschränkungen der Berufsausübungsfreiheit/ Verhältnismäßigkeit/objektive Zulassungsvoraussetzungen/steigernde/Stufen/ subjektive Zulassungsvoraussetzungen

   Für Regelungen nach Art. 12 Abs. 1 S. 2 GG gilt in besonderem Maß der rechtsstaatliche Grundsatz der ____________________ . Das Bundesverfassungsgericht hat hierzu die sog. __________ theorie entwickelt. Danach ist die Regelungsbefugnis inhaltlich umso freier, je mehr sie auf Regelungen der ____________ zielt und umso begrenzter, je mehr sie die ______________ berührt. Das Bundesverfassungsgericht unterscheidet danach

   a) ______________________________ ,

b) ______________________________________ und

c) ______________________________________ .

Für jede dieser Stufen gelten besondere, sich in den Anforderungen ____________ Rechtsfertigungsgründe.

7. Bei Beschränkungen der Berufsausübung (Stufe 1)
   a) können Zweckmäßigkeitserwägungen berücksichtigt werden. ☐
   b) hat der Gesetzgeber kein Ermessen. ☐
   c) muss das eingesetzte Mittel geeignet und erforderlich sein, um den angestrebten Zweck zu erreichen. ☐
   d) muss immer diejenige Form des Eingriffs gewählt werden, die das Grundrecht am wenigsten einschränkt. ☐

Lösung:

8. Art. 12 Abs. 2 GG verbietet Arbeitszwang. Daher darf niemand gegen seinen Willen verpflichtet werden,
   a) die Schule zu besuchen, wenn er das Volljährigkeitsalter erreicht hat. ☐
   b) Ehrenämter zu übernehmen. ☐
   c) Lohnsteuer von seinen Arbeitnehmern einzuziehen und an das Finanzamt abzuführen. ☐
   d) eine Steuererklärung abzugeben. ☐

Lösung:

9. Eine Abschaffung der Wehrpflicht ist
   a) nur durch Änderung ☐
   b) ohne Änderung des Grundgesetzes ☐
   c) überhaupt nicht ☐
   möglich.

Lösung:

BASISTEXT **Eigentumsgarantie**
(Art. 14 Abs. 1 S. 1GG)

Art. 14 Abs. 1 S. 1 GG gewährleistet **Eigentum** und **Erbrecht**. **Eigentum** i. S. d. BGB stellt jedes vermögenswerte subjektive Recht dar.

Es muss jedoch berücksichtigt werden, dass dem Grundrecht des Art. 14 GG eine **doppelte Funktion** zukommt: Zum einen wird dem Eigentümer durch die Einräumung von Herrschafts-, Verfügungs- und Nutzungsrechten ein Freiheitsraum im vermögensrechtlichen Bereich zugebilligt und gesichert. Das erst gibt ihm innerhalb unseres Gesellschafts- und Wirtschaftssystems die Möglichkeit zu einer eigenverantwortlichen Gestaltung und Entfaltung seines Lebens. Zum anderen bewahrt die Eigentumsgarantie den konkreten, vor allem den vom Einzelnen durch Arbeit und Leistung erworbenen Bestand an vermögenswerten Gütern vor ungerechtfertigten Eingriffen seitens der öffentlichen Hand. Damit wird sowohl ein **individuelles Grundrecht** als auch eine **Institutsgarantie** festgeschrieben und somit nicht etwa nur ein Bekenntnis zur freien Marktwirtschaft ausgesprochen.

Eigentum

i. S. v. Art. 14 Abs. 1 GG ist die **Summe** dessen, was die **einschlägigen Gesetze** im Rahmen der verfassungsmäßigen Bindungen **als Eigentum gewähren.**

Im Verlauf der Rechtsprechung haben sich bestimmte Positionen herausgebildet, die jeweils nach Maßgabe der einschlägigen gesetzlichen Regelungen als Eigentum im Sinne des Art. 14 GG angesehen werden.

BASISTEXT **Grenzen des Eigentumsrechts**

Eingriffe in den Schutzbereich des Art. 14 GG sind auf zweierlei Weise möglich: In Form einer **Inhalts- und Schrankenbestimmung** nach Art. 14 Abs. 1 S. 2 i. V. m. Abs. 2 GG und in Form einer **Enteignung** nach Art. 14 Abs. 3 GG.

Inhalts- und Schrankenbestimmung

ist jede **Festlegung von Rechten und Pflichten.**

Bei der Inhalts- und Schrankenbestimmung werden die Eigentumsbefugnisse also dadurch eingeschränkt, dass **abstrakt-generell** für die Zukunft Pflichten begründet werden, die für den jeweiligen Eigentümer gelten. Diese Bestimmung des Umfangs und damit des Inhalts des Eigentums stellt keine Enteignung im Sinne von Art. 14 Abs. 3 GG dar. Werden die Grenzen einer Inhaltsbestimmung überschritten, so ist das Gesetz zwar unwirksam, es handelt sich aber deswegen nicht um eine – entschädigungspflichtige – Enteignung.

Enteignung

ist der (vollständige oder teilweise) **Entzug einer Rechtsposition.**

Im Gegensatz zur abstrakt-generellen Inhalts- und Schrankenbestimmung ist die Enteignung darauf gerichtet, **final**, konkret, individuell jemandem das Eigentum **ganz oder teilweise zu entziehen.**

Beispiel:
Eigentumsentziehung eines Grundstücks zwecks Autobahnbau nach § 19 BFernStrG.

Während früher die Abgrenzung der Inhalts- und Schrankenbestimmung von der Enteignung von der Intensität des Eingriffs abhängig gemacht wurde, entscheidet heute eine rein formale Betrachtung, die allein auf die **Intention** des Gesetzgebers abstellt, **zielgerichtet** Eigentumspositionen ganz oder teilweise zu entziehen (= Enteignung) oder ihnen Rechte und Pflichten aufzuerlegen (= Inhalts- und Schrankenbestimmung).

Die **Rechtmäßigkeit einer Enteignung** hängt von verschiedenen Voraussetzungen ab. Nach Art. 14 Abs. 3 GG ist eine Enteignung nur durch formelles Gesetz („Legalenteignung") oder aufgrund eines Gesetzes („Administrativenteignung") zulässig.

Sie hat **„zum Wohle der Allgemeinheit"** zu erfolgen, d.h. zur Verwirklichung eines bestimmten, im öffentlichen Interesse liegenden Zwecks. Dies setzt ein die Enteignung legitimierendes konkretes öffentliches Interesse voraus, das rein fiskalische Interesse an einer Vermehrung des öffentlichen Vermögens genügt nicht.
Weiter ist der **Grundsatz der Verhältnismäßigkeit** zu beachten, hier insbesondere die Erforderlichkeit. Bei Rechtmäßigkeit der Enteignung steht dem Betroffenen eine **Entschädigung** zu, die sich auf den Ersatz des Substanzverlustes und auf unmittelbare Folgeschäden beläuft.

Fall 16 **Moser macht sich breit**

Frau Moser hat eine Sieben-Zimmer-Wohnung an die Eheleute Vorbrod vermietet, welche die Wohnung zusammen mit den Eltern von Herrn Vorbrod bewohnen. Sie selbst lebt mit ihrer dreijährigen Tochter in einer gemieteten Drei-Zimmer-Wohnung. Da ihr dies inzwischen zu eng geworden war, kündigte sie das Mietverhältnis wegen Eigenbedarfs und klagte auf Räumung. Ihre Klage blieb in allen Instanzen erfolglos, da die Zivilgerichte die Ansicht vertraten, die Wohnung sei mit ihren sieben Zimmern und einer Fläche von mehr als 250 qm für zwei Personen zu groß (§ 571 BGB). Frau Moser erhebt Verfassungsbeschwerde und rügt eine Verletzung von Art. 14 GG. Ihre jetzige Wohnung sei für sie zu klein, weil sie als Lehrerin dringend ein separates Arbeitszimmer benötige. Es sei ihre Angelegenheit, ihren Wohnbedarf zu bestimmen. Ihr können nicht zugemutet werden, ihre eigene Wohnung anderen zu überlassen und selbst nur in einer Mietwohnung zu leben.

Aufgabe: Prüfen Sie, ob Frau Moser mit ihrer Verfassungsbeschwerde Erfolg haben wird.

Notieren Sie die Lösung auf einem besonderen Blatt.

Gleichheitsrechte

Basistext **Allgemeiner Gleichheitssatz**

(Art. 3 Abs. 1 GG)

Betrachtet man die Lebenswirklichkeit, so sind weder die Menschen noch die Lebenssachverhalte tatsächlich gleich, sondern unterschiedlich und verschieden. Wenn Art. 3 Abs. 1 GG dennoch formulieren, dass alle Menschen gleich **sind**, dann kann das nur so verstanden werden, dass Menschen gleich sein **sollen.** Es geht also um eine **rechtliche,** nicht um eine **tatsächliche** Gleichheit, oder – der Wortlaut der Norm es selbst ausdrückt – um eine Gleichheit vor dem Gesetz. Das Problem bei den Gleichheitsrechten besteht daher darin, dass bei aller tatsächlichen Unterschiedlichkeit der Menschen und Verschiedenheit der Sachverhalte eine rechtliche Gleichheit hergestellt werden soll. In welcher Weise das versucht wird, soll im Folgenden dargelegt werden.

Nach der **neuen Formel des BVerfG** darf eine Personengruppe im Vergleich zu einer andern nicht unterschiedlich behandelt werden, wenn die Unterschiede eine differenzierte Behandlung nicht rechtfertigen. Anders ausgedrückt: Eine unterschiedliche Behandlung ist nur dann gerechtfertigt, wenn die Unterschiede zwischen den Gruppen so groß oder gewichtig sind, dass eine unterschiedliche Behandlung **gerechtfertigt** erscheint.

Die Vorgehensweise gestaltet sich also wie folgt:
Zunächst sind **behandelte Gruppe** und **Vergleichsgruppe** festzustellen, gleichfalls die Unterschiede in der Behandlung zu benennen. Entscheidend ist dann, ob sich Unterschiede in den Vergleichsgruppen finden, die eine unterschiedliche Behandlung rechtfertigen – oder nicht.

Sachlicher Grund für Ungleichbehandlung

Einen sachlichen Grund für eine Ungleichbehandlung stellen (nur) Differenzierungsgründe von solcher Art und solchem Gewicht dar, die die ungleichen Rechtsfolgen **rechtfertigen** können.

Beispiele:

Maßnahmen der Wirtschaftslenkung, verkehrspolitische Maßnahmen, sozialpolitische Gesichtspunkte, Praktikabilität, Vertrauensschutz.

Dem grundsätzlich weiten Gestaltungsspielraum von Gesetzgeber und Verwaltung bei der Frage nach einer gleichen oder einer differenzierten Behandlung sind dort enge Grenzen gezogen, wo sie sich mittelbar oder unmittelbar auf die Ausübung grundrechtlicher Freiheiten auswirkt.

Beispiel:

Aus diesem Grunde hielt das Transsexuellengesetz der Prüfung des BVerfG nicht stand. Nach § 1 Abs. 1 Nr. 3 dieses Gesetzes war Transsexuellen unter 25 Jahren die Änderung des Vornamens untersagt. Bei der Altersgrenze handelt es sich um eine Differenzierung, die sich erheblich auf das allgemeine Persönlichkeitsrecht auswirkte, gewichtige Gründe für die Ungleichbehandlung konnte das BVerfG nicht finden.

Der Gestaltungsspielraum ist schließlich um so enger, je weniger die Betroffenen in der Lage sind, durch ihr eigenes Verhalten diejenigen Merkmale zu beeinflussen, die der Differenzierung zugrunde liegen.
Die Gleichheitsrechte greifen nicht, wenn unterschiedliche Hoheitsträger in ihrem jeweiligen Zuständigkeitsbereich unterschiedlich handeln.

Beispiel:

Ein Einwohner der Stadt Welfenheim kann sich nicht darauf berufen, dass in der Stadt Hambruch eine andere Regelung über die Haltung von Hunden besteht, da beide Städte jeweils für diese Regelungen zuständig sind.

PRÜFUNGSSCHRITTE 2

Prüfung eines Gleichheitsrechtes

1. **Vergleichsgruppen** bilden.
2. Ermitteln, in welchen Bereichen bzw. in welchem Umfang die Vergleichsgruppen **gleich und/oder ungleich** behandelt werden.
3. Ermitteln unter Abwägung aller Aspekte, ob es **Differenzierungsgründe** gibt, die die ungleichen/ gleichen Rechtsfolgen **rechtfertigen** können.

Beispiel:

Nach wie vor werden pflichtig nur männliche Staatsangehörige zum Wehrdienst eingezogen, weibliche nicht.

1. Vergleichsgruppen = männliche und weibliche Staatsangehörige
2. Behandlung = ungleich hinsichtlich Wehrpflicht
3. Gründe = Frauen erbringen Dienste sozialer Art wie Kindererziehung, Pflege von Angehörigen

ÜBUNG 21

Diskutieren Sie das obige Beispiel.

ÜBUNG 22

Kreuzen Sie die richtige(n) Antwort(en) an und begründen Sie Ihre Lösung.
Von den vorgegebenen Antworten können keine, eine, mehrere oder alle richtig sein.

1. Auf den Gleichheitssatz können sich berufen
   a) Ausländer. ☐
   b) Gebietskörperschaften. ☐
   c) nichtrechtsfähige Vereinigungen. ☐

Lösung:

2. Eine gemeindliche Abgabensatzung verstößt schon dann gegen den Gleichheitssatz, wenn sie
   a) keine schematische, sondern nur eine angemessene Gleichbehandlung vorsieht. ☐
   b) nicht die gerechteste, vernünftigste und billigste Regelung trifft. ☐
   c) Gemeindeangehörige und gemeindefremde Personen unterschiedlich behandelt. ☐

Lösung:

3. Der Gesetzgeber ist durch den Gleichheitssatz
   a) stets in gleicher Weise. ☐
   b) bei der Eingriffsverwaltung stärker als im Rahmen der Leistungsverwaltung gebunden. Dabei haben ☐
   c) hinter der uneingeschränkten Anwendung des Gleichheitssatzes andere Erwägungen zurückzutreten. ☐

Lösung:

4. Dem Gleichheitssatz kommt besonders im Abgabenrecht große Bedeutung zu. Mit dem Gleichheitssatz vereinbar sind
   a) die Steuerprogression bei der Einkommensteuer. ☐
   b) die Zulässigkeit von Wahrscheinlichkeitsmaßstäben für die Gebührenerhebung. ☐
   c) das Ehegatten-Splitting. ☐
   d) die ungleiche Besteuerung von Beamtenpensionen und Arbeitnehmerrenten. ☐
   e) die unterschiedlichen Realsteuerhebesätze in benachbarten Gemeinden. ☐
   f) unterschiedliche Mehrwertsteuersätze. ☐

Lösung:

5. In der Verwaltung kommt dem Gleichbehandlungsgebot besondere Bedeutung zu bei
   a) Ermessensentscheidungen. ☐
   b) der Anwendung von Verwaltungsvorschriften. ☐
   c) der Eingriffsverwaltung, nicht aber der Leistungsverwaltung. ☐

Lösung:

6. Die Verwaltung verstößt gegen den Gleichheitssatz, wenn
   a) sie einen rechtswidrigen Verwaltungsakt nicht wiederholt. ☐
   b) sie bestehende Richtlinien generell nicht beachtet. ☐
   c) verschiedene Behörden bei der Ermessensausübung unterschiedlich verfahren. ☐
   d) Einen Verstoß gegen den Gleichheitssatz stellt es auch dar, wenn verschiedene Gerichte unterschiedliche Strafen für gleiche Vergehen verhängen. ☐

Lösung:

BASISTEXT **Spezielle Gleichheitssätze**

Neben dem **allgemeinen Gleichheitssatz** des Art. 3 Abs. 1 GG enthält das Grundgesetz zahlreiche **spezielle Gleichheitssätze**, so in den Art. 3 Abs. 2 und 3, Art. 6 Abs. 5, Art. 12a Abs. 2 S. 2, Art. 33 Abs. 1 bis 3, Art. 38 Abs. 1 S. 1, Art. 28 Abs. 1 S. 2 GG. Diese haben jeweils einen speziellen Lebensausschnitt zum Regelungsgegenstand.
Auf einige wenige soll im Folgenden eingegangen werden.

1. Nach Art. 3 Abs. 2 S. 1 GG sind **Männer und Frauen** gleichberechtigt. Das ist keine Feststellung, sondern eine **Sollensanordnung.** Männer und Frauen **sollen** also gleichbehandelt werden. Eine ungleiche Behandlung von Männern und Frauen wird allerdings dann zugelassen, wenn sich dies zwingend aus der **biologischen Unterschiedlichkeit** oder aus daraus sich notwendig ergebenden sozialen Unterschieden rechtfertigt, wie z. B. der **Mutterschutz**. Im Einzelnen ist hier Vieles umstritten.

Beispiel„der anderen Art":

Noch im Jahr 1948 gewährte das nordrheinwestfälische Hausarbeitstagsgesetz nur Frauen einen hausarbeitsfreien Tag pro Monat, nicht aber Männern. Ein Krankenpfleger, der an sechs Tagen insgesamt 40 Stunden arbeitete und einen eigenen Hausstand führte, verlangte unter Berufung auf Art. 3 Abs. 2 GG die Einräumung eines Hausarbeitstages, was ihm das BVerfG letztendlich auch zusprach.

Aus der Begründung:

„Es gehört nicht zu den geschlechtsbedingten Eigenheiten von Frauen, Hausarbeit zu verrichten. Wenn in diesem Bereich gleichwohl in erster Linie die Tätigkeit von Frauen erwartet wird, beruht dies allein auf der herkömmlichen Vorstellung, dass es der Frau zufällt, den Haushalt ganz oder zumindest überwiegend zu besorgen. Die bisherige Regelung kann auch nicht mit einer geringeren Leistungsfähigkeit der Frau gerechtfertigt werden. Dabei kann dahinstehen, ob Frauen allgemein gegen körperliche Anstrengungen weniger widerstandsfähig und gesundheitlichen Schädigungen stärker ausgesetzt sind als Männer. Jedenfalls ist es nicht Sinn des Hausarbeitstages, eine etwaige schwächere Konstitution der Frau auszugleichen."

2. Bei den **Diskriminierungsverboten** des Art. 3 Abs. 3 GG geht es darum, dass bestimmte Gesichtspunkte, die vom Gesetz als diskriminierend angesehen werden, einer differenzierenden Regelung oder Handhabung nicht zugrunde gelegt werden dürfen:

Diskriminierungsverbote des Art. 3 Abs. 3 GG

Abstammung ist die biologische Herkunft.
Heimat ist der räumliche Bereich, aus dem jemand stammt.
Der **Glaube** stellt eine persönliche Beziehung zwischen einem Menschen und Gott dar.
Mit der **Weltanschauung** ist eine besonders ausgeprägte persönliche Grundeinstellung in religiösen und politischen Fragen gemeint.
Das **religiöse Bekenntnis** ist der nach außen gezeigte Glaube.
Unter einer **Behinderung** ist ein körperlicher, geistiger oder seelischer Zustand des Menschen zu verstehen, der im Verhältnis zum Durchschnitt als gemindert erscheint und seine Lebensbewältigung erschwert.

Art. 6 Abs. 5 GG enthält einen bindenden Auftrag an den Gesetzgeber, **gleiche Bedingungen** für uneheliche Kinder zu schaffen. Das verbietet nicht unterschiedliche gesetzliche Regelungen, denn nur durch unterschiedliche Vorschriften, die den Besonderheiten Rechnung tragen, können gleiche Bedingungen geschaffen werden.

ÜBUNG 23

Diskutieren Sie, ob Quotenregelungen für den öffentlichen Dienst mit Art. 3 Abs. 2 S. 1 GG vereinbar sind. Beziehen Sie in Ihre Argumentation ein, was Sinn und Zweck einer Quotierung ist.

Notieren Sie die Lösung auf einem besonderen Blatt.

Wissenstest

1. Das Recht auf Leben und körperliche Unversehrtheit steht
   a) allen Menschen ☐
   b) ungeborenen Kindern ☐
   c) noch nicht gezeugten Menschen ☐
   zu. Dieses Recht schließt auch ☐
   d) das Recht zum Selbstmord ein. ☐

Lösung:

2. Das Recht auf körperliche Unversehrtheit verbietet es,
   a) Strafgefangenen eine Glatze zu schneiden. ☐
   b) Soldaten das Tragen überlanger Haare zu verbieten. ☐
   c) Kraftfahrern bei Verdacht auf Trunkenheit eine Blutprobe zu entnehmen. ☐
   d) ein Kernkraftwerk zu genehmigen, wenn nach dem Stand der Wissenschaft und Technik nicht ausgeschlossen werden kann, dass schwerwiegende Schadensereignisse eintreten. ☐

Lösung:

3. In das Recht auf körperliche Unversehrtheit darf eingegriffen werden
   a) durch förmliches Gesetz. ☐
   b) durch Gewohnheitsrecht. ☐
   c) durch Satzungen und Verordnungen. ☐
   Dabei muss
   d) der Grundsatz der Verhältnismäßigkeit ☐
   e) der Gleichheitssatz ☐
   beachtet werden.

Lösung:

4. Lesen Sie folgende Aufgabe mit Lösung aus einem Übungsbuch zum Staatsrecht: Eine Minderheit von Studierenden fordert vom Präsidenten der Hochschule, er solle zum Schutz der Gesundheit aller Studierenden ein Rauchverbot einführen. Der Präsident muss dieser Forderung nachkommen und ein Rauchverbot
   a) in allen Vorlesungsräumen ☐
   b) in allen Aufenthaltsräumen ☐
   c) für das gesamte Hochschulgelände ☐
   erlassen.

Lösung:

04 Oberste Bundesorgane

Die obersten Bundesorgane haben die Aufgabe, die Verfassungsprinzipien des Grundgesetzes umzusetzen. Ihre Rechtsstellung ist im Grundgesetz verankert und wird in verschiedenen Gesetzen näher ausgeformt. Sie repräsentieren das Volk und besitzen damit **demokratische Legitimation**.

ÜBERSICHT 11

Oberste Bundesorgane

- **Bundestag** (Art. 39-49 GG)
- **Bundesrat** (Art. 50-53 GG)
- **Bundespräsident** (Art. 54-61 GG)
- **Bundesversammlung** (Art. 54 GG)
- **Bundesregierung** (Art. 62-69 GG)
- **Bundesverfassungsgericht** (Art. 92-94 GG)
- **Gemeinsamer Ausschuss** (Art. 53 a GG)

Der Bundestag

BASISTEXT

Die Abgeordneten des Deutschen Bundestages werden gem. Art. 38 Abs. 1 GG vom Volk gewählt. Bei allen in der Bundesrepublik Deutschland vorkommenden Wahlen ist die Wahlbeteiligung bei dieser Wahl erfahrungsgemäß am höchsten. Die Wahlbeteiligung bei der letzten Bundestagswahl im Jahre 2009 lag bei 70,8% (2005: 77,7%).

Die Legislaturperiode beträgt gem. Art. 39 Abs. 1 S. 1 GG **vier Jahre.** Eine Verkürzung ist in **zwei Fällen** möglich:

Übersicht 12

Verkürzung der Legislaturperiode durch Auflösung des Bundestages

- **Nicht-Wahl eines Bundeskanzlers** (Art. 63 Abs. 4 S. 3 GG)
- **Fehlende Zustimmung zur Vertrauensfrage** (Art. 68 Abs. 1 S. 1 GG)

In diesen beiden Fällen kann der Bundespräsident den Bundestag auflösen. Die Neuwahl findet dann gem. Art. 39 Abs. 1 S. 4 GG binnen 60 Tagen statt.

Der Bundestag besitzt **kein Selbstauflösungsrecht.** Die Legislaturperiode endet gem. Art. 39 Abs. 1 S. 1 GG erst mit dem Zusammentritt des neu gewählten Bundestages. Sinn dieser Regelung ist es, eine parlamentslose Zeit zu verhindern.

Mit der Beendigung der Legislaturperiode endet auch die Arbeit des Bundestages und seiner Organe. Gem. § 125 GOBT gilt der **Grundsatz der Diskontinuität.**

Grundsatz der Diskontinuität

bedeutet, dass während der Wahlperiode nicht zu Ende beratene Vorlagen – mit Ausnahme von Petitionen – mit Ablauf der Wahlperiode als erledigt gelten.

Übung 24

Der neue Bundestag wurde am 27.09.2009 gewählt. Er tritt erstmalig am 27.10.2009 zusammen. Prüfen Sie, wann die Wahlperiode des alten Bundestages endet.

Lösung:

Basistext — Zusammensetzung und Arbeitsweise des Bundestages

Der Bundestag besteht gem. § 1 BWG aus **598 Abgeordneten.** Diese Zahl kann sich durch **Überhangmandate** erhöhen.

Überhangmandate

entstehen, wenn eine Partei auf einer Landesliste durch die Erststimmen mehr Wahlkreise gewonnen hat als ihr Gesamtsitze nach den Zweitstimmen zustehen.

Beispiel:

Der 17. Deutsche Bundestag (Wahltag 27.09.2009) hat 622 Abgeordnete (24 Überhangmandate: 21 x CDU, 3 x CSU).

Organisation und Geschäftsgang des Bundestages sind gem. Art. 40 Abs. 1 S. 2 GG im Wesentlichen in der **Geschäftsordnung des Bundestages (GOBT)** geregelt. Jeder neu gewählte Bundestag beschließt seine Geschäftsordnung, oft wird die bisherige übernommen.

Die **Sitzungen** des Bundestages sind **öffentlich** (Art. 42 Abs. 1 GG). Die **Beratungen** der Ausschüsse sind grundsätzlich **nicht öffentlich** (§ 69 Abs. 1 GOBT). Der Bundestag ist gem. § 45 Abs. 1 GOBT **beschlussfähig**, wenn mehr als die Hälfte seiner Mitglieder im Sitzungssaal anwesend ist. Allerdings gilt der Bundestag auch bei weniger Anwesenden als beschlussfähig, solange nicht ausdrücklich das Gegenteil (gem. § 45 Abs. 2 und 4 GOBT) festgestellt wird.

ÜBUNG 25

Vervollständigen Sie nachfolgenden Lückentext. Benutzen Sie dabei folgende Begriffe: Zweidrittelmehrheit/ absolute Mehrheit/ Stimmen des Bundesrates/ einfache Mehrheit/ Mitglieder des Bundestages.

Beschlüsse werden – wenn nichts anderes im Grundgesetz bestimmt ist – gem. Art. 42 Abs. 2 GG mit der ____________________ gefasst. Enthaltungen und ungültige Stimmen zählen dabei nicht, Stimmengleichheit bedeutet Ablehnung. Das Grundgesetz bestimmt zum Beispiel bei der Kanzlerwahl gem. Art. 63 Abs. 1 GG, dass für die erfolgreiche Wahl ____________________ (vgl. auch Art. 121 GG) erforderlich ist. Für Grundgesetzänderungen ist gem. Art. 79 Abs. 2 GG eine ____________________ des Bundestages und des Bundesrates erforderlich, d. h. zwei Drittel der ____________________ und zwei Drittel der ____________________.

Übersicht 13

Mehrheiten nach dem Grundgesetz

Einfache (relative) Mehrheit:
Mehrheit der abgegebenen Stimmen (Art. 42 Abs. 2 GG)

Beispiele:
- Konkurrierende Gesetzgebung (Art. 74, 77 Abs. 1 GG)
- Ausschließliche Gesetzgebung (Art. 73, 77 Abs. 1 GG)

Absolute (gesetzliche) Mehrheit:
Mehrheit der gesetzlichen Mitgliederzahl

Beispiele:
- Wahl des Bundeskanzlers (Art. 63 Abs. 2. GG)
- Konstruktives Misstrauensvotum (Art. 67 Abs. 1 GG)
- Vertrauensfrage (Art. 68 Abs. 1 GG)

Zweidrittelmehrheit (qualifizierte) Mehrheit:
Hier kommt es auf die **Bezugsgröße** an.
Entweder
auf die **abgegebenen Stimmen**
z. B. Zurückweisung Einspruch (Art. 77 Abs. 4 S. 2 GG)
oder
auf die **gesetzliche Mitgliederzahl**
z. B. Grundgesetzänderung (Art. 79 Abs. 2 GG)

Merke:

Stimmenenthaltungen und ungültige Stimmen bleiben bei der Ermittlung des Abstimmungsergebnisses unberücksichtigt.

Beispiele:
- 299 Ja-Stimmen, 298 Nein-Stimmen: Antrag ist angenommen
- 1 Ja-Stimme, 0 Nein-Stimmen, 597 Stimmenenthaltungen: Antrag ist angenommen (rein theoretischer Fall)
- 298 Ja-Stimmen, 298 Nein-Stimmen: Antrag ist abgelehnt

ÜBUNG 26

Prüfen Sie, ob die jeweils erforderliche Mehrheit der Stimmen erreicht ist.

Sachverhalt	Lösung
1. Der Bund will durch Gesetz, das der Zustimmung des Bundesrates bedarf, Dieselmotoren für eine bestimmte Zeit von der Kfz-Steuer befreien. Bei einer Abstimmung im Bundestag gibt es 291 Ja-Stimmen, 275 Nein-Stimmen und 29 Enthaltungen.	
2. Die Bundesregierung beantragt die Feststellung des Verteidigungsfalles (Art. 115a Abs. 1 GG). Bei der Abstimmung im Bundestag (Zahl der Mitglieder: 622) über diesen Antrag gibt es 302 Ja-Stimmen, 140 Nein-Stimmen, 35 Enthaltungen.	

Gähnende Leere im Bundestag — FALL 17

Nach der Bundestagswahl am 27.09.2009 beruft der Bundestagspräsident auf Verlangen des Bundeskanzlers den bisherigen Bundestag zu einer wichtigen Sitzung für den 04.10.2009 ein. An der Sitzung nehmen anfangs 325 Abgeordnete teil. In den späten Abendstunden sind nur noch 120 Abgeordnete anwesend. Bei dem Beschluss über die Änderung des Bundes-Immissionsschutzgesetzes stimmen 55 Abgeordnete für, 40 gegen das Gesetz und 25 enthalten sich der Stimme.

Aufgabe: Prüfen Sie die formelle Rechtmäßigkeit des Gesetzes.

Notieren Sie die Lösung auf einem besonderen Blatt.

Übersicht 14

Formen von Abstimmungen und Wahlen

- **Handzeichen** (§ 48 Abs. 1 GOBT)
- **Aufstehen/ Sitzenbleiben** (§ 48 Abs. 1 GOBT)
- **Namentliche Abstimmung** (§ 52 GOBT)
- **Zählung der Stimmen („Hammelsprung")** (§ 52 Abs. 2 GOBT)
- **Geheime Abstimmung** (§ 49 GOBT)

Hintergrund „Hammelsprung"

Der Begriff „Hammelsprung" ist eine Wortschöpfung der parlamentarischen Alltagssprache. Er geht auf ein Intarsienbild aus der griechischen Sage über einer Abstimmungstür (der „Ja-Tür") im Berliner Reichstagsgebäude zurück. Es zeigt den durch Odysseus geblendeten Zyklopen Polyphem, der seine aus der Höhle heraus tretenden Hammel zählt, indem er sie einzeln durch seine Beine treibt und dabei über ihre Rücken streicht. Er glaubt, auf dem Rücken der Hammel sitzend würden Odysseus und seine Gefährten versuchen, ihm zu entkommen. Tatsächlich aber haben diese sich im Fell der Tiere hängend unter den Bäuchen festgeklammert und entkommen so der Gefangenschaft.
Mit der Abstimmung durch den „Hammelsprung" sollen Zweifelsfälle bereinigt werden, etwa dann, wenn das Abstimmungsergebnis im Sitzungsvorstand unterschiedlich beurteilt wird. Dann müssen die Abgeordneten gezählt werden. Sie verlassen den Plenarsaal und kehren durch eine der drei Türen (Ja – Nein – Enthaltung) zurück. Dabei werden sie gezählt. Das Ergebnis teilt der Sitzungspräsident mit.

Quelle: Blickpunkt Bundestag – August 1999

Übersicht 15

Organisation des Bundestages

- **Bundestagspräsident** (Art. 40 Abs. 1 GG, § 7 GOBT)
- **Ältestenrat** (§ 6 GOBT)
- **Schriftführer** (Art. 40 Abs. 1 GG, § 9 GOBT)
- **Ständige Ausschüsse** (§ 54 GOBT)

Der **Bundestagspräsident** leitet die Sitzungen des Bundestages, vertritt den Bundestag und regelt seine Geschäfte. Er hat gem. Art. 40 Abs. 2 GG das Hausrecht und die Polizeigewalt. Der Präsident und seine Stellvertreter **(mindestens ein Vizepräsident je Fraktion, § 2 Abs. 1 S. 2 GOBT)** bilden das Präsidium.

Aufgabe der **Schriftführer** ist es zum Beispiel, die Verhandlungen des Bundestages zu beurkunden oder bei Wahlen die Stimmzettel zu sammeln und zu zählen.

Der **Ältestenrat** besteht aus dem Präsidium und zusätzlichen 23 Abgeordneten (§ 6 Abs. 1 GOBT). Er unterstützt den Präsidenten bei der Führung der Geschäfte.

Der Bundestag setzt **ständige Ausschüsse** (§ 54 GOBT) ein. Aufgabe der ständigen Ausschüsse ist es, die Beschlüsse des Bundestages vorzubereiten. Wenn über umfassende und bedeutsame Sachkomplexe entschieden werden muss, setzt er so genannte **Enquete-Kommissionen** ein (§ 56 GOBT).

Beispiele:

- Enquete-Kommissionen für „Ethik und Recht der modernen Medizin"
- Enquete-Kommissionen für „Kultur in Deutschland"

Gem. § 10 GOBT können sich mindestens 5 % der Mitglieder des Bundestages zu einer **Fraktion** zusammenschließen, die derselben Partei oder Parteien mit gleichen Zielen angehören. Keine Organe des Bundestages sind die Fraktionen. Den Fraktionen stehen zahlreiche Rechte zu, die in der GOBT geregelt sind. Zum Beispiel zählen hierzu die Einbringung von Vorlagen (vgl. §§ 75f. GOBT).

Übung 27

1. Prüfen Sie, welche der nachstehend genannten Aufgaben dem Bundestagspräsidenten obliegen:
   a) Vertretung des Bundestages nach außen. ☐
   b) Leitung der Verhandlungen des Bundestages. ☐
   c) Bestellung der Schriftführer. ☐
   d) Festlegung der Dauer der Wahlperiode. ☐
   e) Einstellung von Bediensteten des Bundestages. ☐

2. Prüfen Sie, für welchen Zeitraum Ausschüsse des Bundestages bestellt werden.
   a) Auf unbestimmte Zeit. ☐
   b) Für eine Legislaturperiode. ☐
   c) Auf vier Jahre. ☐

Erläuterungen zur Lösung:

3. Legen Sie dar, welche Rechte Fraktionen im Bundestag haben.

Lösung:

Übersicht 16

Aufgaben des Bundestages

- **Gesetzgebungsfunktion**
- **Wahlfunktion**
- **Kontrollfunktion**
- **Autonome Rechte**

Übung 28

Vervollständigen Sie nachfolgenden Lückentext. Benutzen Sie dabei folgende Begriffe:

Anzuklagen – Bundeskanzler – Bundestages – Bundestagsabgeordneten – Eigenen Angelegenheiten – Gesetzgebung – Finanzen – konstruktives Misstrauensvotum – Petitionswesen – Untersuchungsausschüsse – Wahlprüfung – wählt – Wehrbeauftragten – Zitierrecht

Die besonders bedeutsame Aufgabe des ________________ ist die ________________ , mittels der er durch allgemeine, rechtsverbindliche Normen die Rechtsordnung gestaltet und politische Ziele durchsetzt. Im Gesetzgebungsverfahren ist der Bundestag zwar nicht das alleinige, aber doch das entscheidende Organ. Kein Gesetz kann ohne die Beschlussfassung des Bundestages zustande kommen (s. Kapitel 05).

Der Bundestag ________________ neben seinen eigenen Organen (Präsident, Ausschüsse etc.) einige Bundesorgane, gem. Art. 63 GG wählt er z. B. den ________________ . Darüber hinaus bestellt der Bundestag gem. Art. 94 Abs. 1 GG die Hälfte der Richter des Bundesverfassungsgerichts. Gem. Art. 45 b GG beruft er schließlich den ________________ . Nach Art. 54 GG wählt die Bundesversammlung, der u. a. alle ________________ angehören, den Bundespräsidenten.

Der Bundestag kann durch die Wahl eines neuen Kanzlers (________________) den amtierenden Bundeskanzler abberufen (Art. 67 Abs. 1 S. 1 GG).

Zur laufenden Überwachung, Aufklärung und Einflussnahme gegenüber der Bundesregierung stehen dem Bundestag neben der Gesetzgebung vor allem das in Art. 43 Abs. 1 GG genannte ________________ , die Interpellationsrechte, die Großen, Kleinen und Mündlichen Anfragen (Fragestunden, §§ 100 ff. GOBT) zur Verfügung.

Weiter sind zu nennen das ________________ (Art. 45 c GG), das Recht zur Einsetzung von Enquete-Kommissionen (§ 56 GOBT) und die ________________ (Art. 41 GG). Zur Aufklärung streitiger Sachverhalte kann der Bundestag ________________ einsetzen (Art. 44 GG).

Ein besonders wichtiges Kontrollinstrument ist das parlamentarische Recht zur Feststellung des Haushaltsplans („Budgetrecht") gem. Art. 110 GG. Hier wird über die Verteilung der ________________ mitbestimmt. Der Bundestag kann so maßgeblichen Einfluss auf Inhalt, Richtung und Prioritäten der Regierungspolitik nehmen.

Darüber hinaus besteht die Möglichkeit, den Bundespräsidenten vor dem Bundesverfassungsgericht ________________ (Art. 61 GG).

Der Bundestag regelt seine ________________ gem. Art. 40 Abs. 1 S. 2 GG in der **Geschäftsordnung des Deutschen Bundestages (GOBT).** Darin sind Organisation, Verwaltung, Geschäftsablauf, aber auch die Bereiche Disziplin, Beschlussfähigkeit und ähnliche Dinge bestimmt.

ÜBUNG 29

Der Bundestag hat seine konstituierende Sitzung nach Art. 39 Abs. 2 GG durchgeführt. Welches ist jetzt seine wichtigste Aufgabe?

Lösung.

BASISTEXT Rechtstellung der Abgeordneten

Die Abgeordneten des Deutschen Bundestages haben ein **freies Mandat** (Art. 38 Abs. 1 S. 2 GG). Im Gegensatz dazu haben die Bundesratsmitglieder ein gebundenes (imperatives) Mandat.

Freies Mandat

bedeutet, dass die Abgeordneten an Aufträge und Weisungen **nicht gebunden** und **nur ihrem Gewissen unterworfen** sind (Art. 38 Abs. 1 S. 2 GG).

Beispiel:

Freie Entscheidung eines Bundestagsabgeordneten bei der Abstimmung über einen Auslandseinsatz von Bundeswehrsoldaten in einem Krisengebiet.

Die Unabhängigkeit des Abgeordneten wird durch die besonderen Schutzrechte der **Indemnität** (Art. 46 Abs. 1 GG) und der **Immunität** (Art. 46 Abs. 2 GG) gesichert.

Indemnität

bedeutet, dass ein Abgeordneter zu keiner Zeit wegen einer Äußerung – mit Ausnahme verleumderischer Beleidigung – oder Abstimmung im Bundestag oder in einem seiner Ausschüsse gerichtlich oder dienstlich verfolgt oder sonst außerhalb des Bundestages zur Verantwortung gezogen werden darf
(Art. 46, Abs. 1 GG).

Ausgeschlossen sind daher nicht nur staatsanwaltliche Verfahren und strafgerichtliche Verfahren wegen Beleidigung oder übler Nachrede (§§ 185, 186 StGB) sondern auch zivilrechtliche Widerrufs-, Unterlassung- und Schadensersatzklagen oder diziplinarrechtliche Maßnahmen. Ziel dieses Privilegs ist es, die freimütige Kritik im Parlament nicht durch straf- oder zivilrechtliche Drohungen oder Konsequenzen zu behindern. Dies gilt nicht für verleumderische Beleidigung gem. §187 StGB.
Der Indemnitätsschutz gilt lebenslang (Verfolgung „zu keiner Zeit"). Ausgeschlossen ist die Verfolgung von Äußerungen „im Bundestag oder in einem seiner Ausschüsse", d. h. in parlamentarischer Funktion. Für Abstimmungen und Äußerungen bei sonstigen Gelegenheiten (Presse, Funk und Fernsehen, Wahlveranstaltungen usw.) ist der Bundestagsabgeordnete zivil- und strafrechtlich voll verantwortlich.

Beispiele:

- In einer Rede im Bundestag über die aktuelle Familienpolitik erklärt Bundestagsabgeordneter Dollmann, die großzügige Unterstützung junger Familien durch die Bundesregierung habe lediglich das Motiv, bei der nächsten Bundestagswahl die Stimmen der jungen Familien zu erhalten. Gleiches habe die Bundesregierung schon im Hinblick auf die kürzlich erfolgte Rentenerhöhung an den Tag gelegt. Die neuerlich drohende Staatsverschuldung interessiere sie dabei offensichtlich überhaupt nicht.

Vielmehr würde die Bundesregierung die Bevölkerung „belügen und betrügen", da sie ihr die wahre Situation der Staatsverschuldung verschweige. Daher sei die Bundesregierung nicht mehr tragbar, der Rücktritt des ganzen Kabinetts ein Gebot der Stunde.
Die Äußerungen könnten eine Beleidigung der Mitglieder der Bundesregierung darstellen. Aufgrund seiner Indemnität kann Dollmann weder gerichtlich noch dienstlich wegen dieser Äußerungen im Bundestag verfolgt werden.

- In aktuellen Presseberichten werden angebliche Verstrickungen des Bundestagsabgeordneten Henning Krause als IM der Stasi gemutmaßt. Einige Bundestagsabgeordnete bezeichnen Krause daraufhin in einer aktuellen Stunde im Bundestag als „Stasi-Spitzel". Krause verlangt Widerruf der Äußerungen und will zugleich mit einer einstweiligen gerichtlichen Untersagung eine Wiederholung dieser Äußerungen im Bundestag verhindern. Dies setzt voraus, dass die Bundestagsabgeordneten eine nachweislich **unwahre Tatsache** behauptet oder verbreitet haben und dass sie die Unwahrheit der Tatsache sicher gewusst haben („wider besseren Wissens"). Beide Voraussetzungen sind nach dem Sachverhalt nicht feststehend:

  Weder ist bewiesen, dass K nicht IM war, noch dass die Bundestagsabgeordneten bewusst lügen, daher kommt allenfalls üble Nachrede (§ 186 StGB)3 in Betracht, was aber, da die Äußerung im Bundestag geschah, dem Indemnitätsschutz unterliegt.

Gegenbeispiel:

Im Münchner U-Bahnhof schlagen zwei jugendliche Ausländer einen pensionierten Lehrer brutal zusammen, nachdem der sie auf das Rauchverbot im U-Bahn-Bereich aufmerksam gemacht hatte. In der anschließenden hitzigen öffentlichen Diskussion über das Verbrechen verlangt Bundestagsabgeordneter Müller in einer Wahlkampfrede, Straftaten Jugendlicher härter zu bestrafen. In einem Zeitungsinterview erwidert der Abgeordnete Schulz, dass Müller die Übergriffe der Jugendlichen gerade recht gekommen seien, damit er sie im Wahlkampf für seine rechtspopulistischen Ziele missbrauchen könne. Schulz hat seine verleumderische Äußerung außerhalb des Bundestages getan. Er ist deshalb nicht nach Art. 46 Abs. 1 GG geschützt. Müller kann Schulz gegebenenfalls zivilrechtlich auf Widerruf bzw. Unterlassung der Behauptung verklagen und zusätzlich Strafantrag wegen übler Nachrede stellen (§ 186 StGB).
Zur strafrechtlichen Verfolgung müsste allerdings der Bundestag Müllers Immunität aufheben.

Immunität

bedeutet, dass ein Abgeordneter wegen einer **strafbaren Handlung** für die Zeit seines Mandats nur mit Genehmigung des Bundestages verfolgt werden kann.

Der Immunitätsschutz gilt nicht erst für das Strafverfahren sondern schon für das polizeiliche und staatsanwaltliche Ermittlungsverfahren.

Beispiel:

> Ein Bundestagsabgeordneter hat in einem Kaufhaus eine Uhr gestohlen. Drei Tage später kann ihm der Diebstahl nachgewiesen werden. Aufgrund seiner Immunität kann er strafrechtlich nur verfolgt werden, wenn der Bundestag die Immunität aufhebt.

Sinn der Schutzrechte ist es, die **Funktionsfähigkeit des Parlaments** zu sichern (keine Beeinträchtigung der Parlamentsarbeit durch den Ausfall von Abgeordneten), aber auch das **Ansehen des Parlaments** zu schützen. Es handelt sich daher um ein **Parlamentsrecht** und nicht um ein Abgeordnetenrecht.

ÜBUNG 30

Kreuzen Sie die richtige(n) Aussage(n) an.

1. Der Abgeordnete Müller hat nach den Ermittlungen der Polizei vor einigen Tagen einen Verkehrsunfall mit fahrlässiger Tötung verursacht und Unfallflucht begangen. Darf die Polizei ihn festnehmen?

   a) Ja, denn jeder „Straftäter" ist zur Verantwortung heranzuziehen. ☐
   b) Nein, denn ein Abgeordneter darf nicht strafrechtlich verfolgt werden. ☐
   c) Ja, wenn der Bundestag die Genehmigung erteilt. ☐

Lösung:

2. Anlässlich einer Debatte über die innere Sicherheit in der Bundesrepublik Deutschland hat der Abgeordnete Schulz der Bundeskanzlerin vorgeworfen, sie tue nichts im Kampf gegen Terroristen und sympathisiere wohl sogar mit diesen, was nachweislich nicht stimmt. Die Kanzlerin nehme sich keine Zeit für wichtige Probleme des Lebens und fahre lieber in Urlaub, um dort zu wandern oder schaue sich eine Oper auf den „Grünen Hügel" an. Überhaupt glänze sie häufig durch Abwesenheit. Kann Schulz für diese Äußerungen zur Rechenschaft gezogen werden?

a) Ja, denn ein solcher Ausspruch ist eine verleumderische Beleidigung. ☐
b) Nein, denn für seine Äußerungen im Bundestag kann der Abgeordnete grundsätzlich nicht zur Rechenschaft gezogen werden. ☐
c) Das kommt darauf an, ob der Vorwurf wahr oder unwahr ist. ☐

Lösung:

BASISTEXT **Rechte und Pflichten der Abgeordneten**

Materiell steht den Abgeordneten eine „angemessene, ihre Unabhängigkeit sichernde Entschädigung" zu (Art. 48 Abs. 3 GG). Da die Mandatsausübung längst ein Vollzeitjob ist, sind die so genannten **Diäten** häufig das wichtigste Einkommen der Abgeordneten. Am 01.01.2009 betrugen die Diäten 7.668,00 **€**.

HINTERGRUND **Diäten**

Der Begriff wird auf das lateinische Wort für „Tag" („dies") zurückgeführt und erinnert daran, dass Volksvertreter ursprünglich für die Zeit, in der sie wegen der Wahrnehmung ihres Mandates ihrem Beruf nicht nachgehen konnten, so genannte „Tagegelder" erhielten. Damit hängt zusammen, dass sich der Begriff „Diäten" in Verfassung und Diätengesetzgebung nicht findet, sondern dort immer nur von „Entschädigung" gesprochen wird. 1975 stellte das Bundesverfassungsgericht jedoch fest, dass die Wahrnehmung des Mandates längst ein Full-Time-Job geworden war. Die Diäten seien daher „nicht mehr bloß eine echte Aufwandsentschädigung", sondern ein „Entgelt für die Inanspruchnahme des Abgeordneten durch sein zur Hauptbeschäftigung gewordenes Mandat". Die Entschädigung sei so zu bemessen, dass sie „eine Lebensführung gestattet, die der Bedeutung des Amtes angemessen ist". Und weil es sich um ein Einkommen handele, sei es auch zu besteuern. Steuerfrei bleiben könne eine daneben bestehende echte Aufwandsentschädigung für den mit dem Mandat verbundenen besonderen Aufwand.

Quelle:
BVerfGE 40, 296, Blickpunkt Bundestag – Ausgabe September 2003

Damit der Abgeordnete effizient arbeiten und seinen parlamentarischen Aufgaben nachkommen kann, erhält er eine **Amtsausstattung,** zu der u. a. die Bereitstellung eines eingerichteten Büros, die freie Benutzung aller staatlichen Verkehrsmittel mit der Deutschen Bahn AG sowie die Benutzung der Fernmeldeanlagen des Bundestages gehören. Darüber hinaus genießt er gem. Art. 48 GG den **besonderen Kündigungsschutz** und besitzt nach Art. 47 GG **ein Zeugnisverweigerungsrecht.** Außerdem erhält er gegen Nachweis eine Mitarbeiterpauschale von aktuell monatlich 13.660 € zur Erledigung der parlamentarischen Arbeit in Berlin und im Wahlkreis. Überdies stehen ihm die Parlaments- und Wissenschaftlichen Dienste des Bundestages zur Verfügung.

Die **Pflichten des Abgeordneten** werden in der Verfassung nicht festgelegt. Sie ergeben sich aus der moralischen Verpflichtung, das Mandat **nach bestem Wissen und Gewissen** zum Wohle des ganzen Volkes auszuüben.

Lediglich die Verhaltensregeln für Mitglieder des Deutschen Bundestages (vgl. § 18 GOBT) verpflichten ihn zur **Teilnahme** an den Arbeiten des Parlaments und zu **ordnungsgemäßem Verhalten** während der Sitzungen.

In der politischen Praxis ist der Abgeordnete politischen Regeln unterworfen, da er nicht als Einzelner, sondern als Vertreter einer Partei in den Bundestag gewählt wurde. Das Grundgesetz schreibt den Parteien ausdrücklich ein Mitwirkungsrecht an der politischen Willensbildung zu (Art. 21 GG) und setzt so dem freien Mandat des Abgeordneten Grenzen.
Diese Grenzen sind unter dem Begriff der **Fraktionsdisziplin,** zusammengefasst, wonach vom Abgeordneten in der Regel eine Unterordnung unter die Interessen der Gesamtfraktion erwartet wird.

Fraktionsdisziplin

bedeutet, dass bei wichtigen Entscheidungen, bei denen aus politischen Gründen eine Geschlossenheit der Fraktion notwendig ist, der Mehrheit der Fraktion das Recht eingeräumt werden muss, eine **loyale Entscheidung** ihrer übrigen Mitglieder erwarten zu dürfen.

Ob der Abgeordnete dieser Auffassung folgt, ist gleichwohl seine eigene Entscheidung. Die Mittel der Fraktion ein bestimmtes Abstimmungsverhalten zu erwirken, sind begrenzt. Vertragliche „Vereinbarungen" (z. B. ein abstraktes Schuldanerkenntnis zur Zahlung eins bestimmten Geldbetrages) scheiden wegen Verstoßes gegen § 134 BGB, Art. 38 Abs. 1 S. 2 GG aus. Als mittelbare Druckmittel bleiben Appelle an die parteipolitische Solidarität, Hinweise auf Nachteile bei der Vergabe von „Posten" oder der Berücksichtigung bei der Kandidatenaufstellung für die nächste Wahl.

Alle weiteren Mittel, ein bestimmtes (Abstimmungs)-verhalten in Form eines Fraktionszwangs zu erwirken, scheitern an Art. 38 Abs. 1 S. 2 GG.

Fraktionszwang

bedeutet, dass auf die Fraktionsmitglieder von der Fraktionsführung und anderen Fraktionsmitgliedern als Mittel des Machterhalts der eigenen Partei Druck ausgeübt wird, um ein **einheitliches Abstimmungsverhalten** aller Fraktionsmitglieder zu erzielen.

FALL 18 „Streitereien ..."

Abgeordneter Zülke ist über die Landesliste seiner Partei in Baden-Württemberg in den Bundestag gewählt worden. Nach und nach vergrößert sich der politische Graben zwischen ihm und der Führung seiner Partei, sowie seiner Fraktion im Bundestag, bis er unüberwindbar geworden ist. Deshalb tritt Z aus seiner Partei aus.
Die Fraktion will ihn ausschließen. Die Partei verlangt, dass Z sein Mandat niederlegt und somit ein Nachrücker an seiner Stelle Abgeordneter wird. Da Z nur über die Landesliste der Partei in den Bundestag eingezogen sei, bedeute es jetzt ein „Verfälschung des Wählerwillens", wenn er nicht mehr mit den Zielen der Partei übereinstimmt, aber gleichwohl sein Bundestagsmandat behalte. Z dagegen will sein Bundestagsmandat behalten und gleichfalls als „Gast" in der Fraktion verbleiben, weil er dadurch Vorteile bei der Gestaltung bei der Arbeit im Parlament hat.

Aufgabe: Prüfen Sie, ob Z mit seinem Anliegen obsiegen wird.

Notieren Sie die Lösung auf einem besonderen Blatt.

In der langjährigen Geschichte von Parteiaustritten bzw. -ausschlüssen, von Fraktionsausschlüssen, von Parteiübertritten usw. haben nur wenige Abgeordnete für sich Konsequenzen gezogen und ihr Mandat niedergelegt. Die meisten sind geblieben, einige sind mit „fliegenden Fahnen" von der einen Fraktion zur anderen gewechselt – nicht so Oswald Metzger!
In einem kurzen Aufriss seiner politischen Karriere soll das Auf und Ab eines Bundestagsabgeordneten aufgezeigt werden:

1. Als Haushaltsexperte zieht Oswald Metzger aus der Landesliste der Grünen in Baden-Württemberg im Jahre 1994 in den 13. deutschen Bundestag ein.
2. Metzger überwirft sich mit seiner Partei, tritt aus, verlässt die Fraktion und legt sein Bundestagsmandat nieder (2002).
3. Metzger tritt im April 2008 in die CDU ein.
4. Metzger bewirbt sich mehrfach als Direktkandidat der CDU, und zwar in den Bundestagswahlkreisen Nr. 293 (Bodensee) und Nr. 294 (Ravensburg). In der Delegiertenversammlung verliert er jeweils die Wahl und wird nicht aufgestellt.

Aufgabe: Informieren Sie sich, wie die politische Laufbahn von Oswald Metzger sich weiter entwickelt hat.

Wahlrechtsgrundsätze — BASISTEXT

Eine Legitimation für die Wahrnehmung politischer Ämter kann nur durch ein Wahlverfahren verliehen werden, in dem sich unter Beachtung **allgemein anerkannter Wahlrechtsgrundsätze** die politische Willensbildung vom Volk zu den Staatsorganen hin vollzieht. Die Wahlrechtsgrundsätze selbst müssen den Anforderungen des demokratischen Rechtstaates entsprechen, wie sie in Art. 38 Abs. 1 S. 1 GG festgelegt sind. Danach werden die Abgeordneten des Deutschen Bundestages in **allgemeiner, un-mittelbarer, freier, gleicher** und **geheimer** Wahl gewählt
Das Wahlverfahren ist gem. Art. 38 Abs. 3 GG im Bundeswahlgesetz und in der Bundeswahlordnung konkretisiert.

Allgemein

> ist eine Wahl, wenn grundsätzlich das ganze Volk wahlberechtigt ist und die Wahlbedingungen vom Bürger erfüllt werden können.

Dies schließt nicht aus, sachlich gebotene Voraussetzungen festzulegen.

Beispiel:
Alle Deutschen ab dem 18. Lebensjahr sind wahlberechtigt (Art. 38 Abs. 2 Hs. 1 GG).

Gegenbeispiel:
Es dürfen nur Männer wählen.

Wahlberechtigt sind gem. § 12 Abs. 1 BWG **alle Deutschen** im Sinne des Art. 116 Abs. 1 GG, die am Wahltag

1. das **18. Lebensjahr** vollendet haben,
2. seit mindestens drei Monaten in der Bundesrepublik Deutschland **eine Wohnung** innehaben oder sich sonst gewöhnlich aufhalten und
3. **nicht** nach § 13 BWG **vom Wahlrecht ausgeschlossen** sind.

Unmittelbar

ist eine Wahl, wenn der Wähler die Kandidaten **direkt wählen** und damit direkt auf das Wahlergebnis **einwirken** kann.

Beispiel:
Amko Dollmann wählt in seinem Bundestagswahlkreis den Kandidaten Harm Bruns.

Gegenbeispiel:
In den Vereinigten Staaten von Amerika wählen die Wahlberechtigten Wahlmänner, die später in Vertretung des Volkes den Präsidenten wählen.

Frei

ist eine Wahl, wenn der Wähler sein Wahlrecht ohne Zwang oder unzulässige Beeinflussung ausüben kann.

Beispiel:
Nach einem harten aber fairen Bundestagswahlkampf entscheidet sich Amko Dollmann, den Kandidaten Harm Bruns von der ökologisch-radikalen Zukunftspartei zu wählen.

Gegenbeispiel:
Für den Fall der Wahl des Harm Bruns und dessen Einzug sowie seiner ökologisch-radikalen Zukunftspartei in den Bundestag hat die im Wahlkreis ansässige und weltweit agierende Steel-World-AG angekündigt, den geplanten Bau einer neuen Gießerei mit Walzstraßen usw. (1800 Arbeitsplätze) im Ausland vorzunehmen.

Gleich

ist eine Wahl, wenn jede Stimme gleich zählt.

Beispiel:
Amko Dollmann wählt den Kandidaten Harm Bruns, die Stimme hat den Zählwert „1".

Gegenbeispiel:

Der gute Steuerzahler Stefan Meier wählt den Kandidaten Harm Bruns, die Stimme zählt doppelt.

Geheim

ist eine Wahl, wenn durch geeignete Maßnahmen (gegen Sicht geschützte Wahlzelle, versiegelte Wahlurne etc.) sichergestellt ist, dass nicht festgestellt werden kann, wie der Einzelne gewählt hat.

Beispiel:

Amko Dollmann kann unbeobachtet seine Stimme abgeben.

Gegenbeispiel:

Amko Dollmann muss seinen Namen auf den von ihm ausgefüllten Stimmzettel schreiben.

Die Wahlgrundsätze lassen sich mit folgendem Akronym gut merken:

A llgemein **U** nmittelbar **F** rei → **A U F**

G leich **G** eheim → **G G**

Wahlsysteme **BASISTEXT**

Für die Bundestagswahl schreibt das Grundgesetz kein Wahlsystem vor. Art. 38 Abs. 1 GG garantiert nur, die Personenwahl und den Abgeordnetenstatus und weist den Parteien eine herausragende Stellung bei den Wahlen zu. Auf dieser Grundlage hat der Gesetzgeber einen Entscheidungsspielraum zwischen dem Modell der Mehrheitswahl und dem Modell der Verhältniswahl. Nach § 1 Abs. 1 BWG werden die Abgeordneten des Deutschen Bundestages sowohl nach dem **Mehrheitswahl- als auch nach dem Verhältniswahlsystem** gewählt (personalisierte Verhältniswahl).

Mehrheitswahlsystem

bedeutet, dass **eine Person** in einem Wahlkreis unter mehreren Kandidaten gewählt wird.

Beispiel:

Wahl des Bewerbers Arno Wiechers im Wahlkreis Nr. 25 – Aurich/ Emden.

Für den Fall, dass ein Parlament nach dem Mehrheitswahlsystem gewählt werden soll, müssen **Wahlkreise** gebildet werden. Beim reinen Mehrheitswahlrecht sind die zu vergebenden Sitze mit der Zahl der Wahlkreise identisch, so beispielsweise in Großbritannien.

Wahlkreis

> ist jener **geografisch zusammenhängende Teilraum** eines Wahlgebietes, in dem die Wahlberechtigten über die konkrete Besetzung eines Sitzes für das zu wählende Organ entscheiden.

Beispiel:
Die Bundesrepublik Deutschland ist bei der Bundestagswahl in 299 Wahlkreise eingeteilt. Wahlkreis Nr. 25 ist der Wahlkreis Aurich-Emden.

Verhältniswahlsystem

> bedeutet, dass kandidierende Parteien ihre Kandidaten anhand einer Liste aufstellen und der Wähler nur zwischen den existierenden Listen wählen kann.

Beispiel:
Der Wahlberechtigte Müller wählt die Liste der A-Partei bei den Stadtratswahlen der Stadt Welfenheim.

Nach dem Verhältniswahlsystem werden die Abgeordnetensitze auf die einzelnen Parteien entsprechend dem Verhältnis der im Wahlgebiet auf ihre Listen abgegebenen Stimmen verteilt. Der prozentuale Stimmenanteil der Parteiliste an der Gesamtzahl der Wählerstimmen entscheidet über die einer Partei zufallenden Mandate.

BASISTEXT **Auszählverfahren Sainte-Laguë/Schepers**

Bisher wurde die Sitzverteilung für den Deutschen Bundestag nach dem Verfahren Hare/Niemeyer berechnet. Seit der Bundestagswahl im Jahre 2009 erfolgt eine Berechnung nach dem Verfahren **Sainte-Laguë/Schepers.** Es stammt von dem Franzosen André Sainte-Laguë und dem Deutschen Hans Schepers.

Bei diesem Auszählverfahren, das auch Divisormethode mit Standardrundung genannt wird, werden die jeweiligen Anzahlen der Zweitstimmen für die einzelnen Parteien durch einen gemeinsamen Divisor geteilt. Die sich ergebenden Quotienten werden standardmäßig zu Sitzzahlen gerundet.

Das bedeutet, dass bei einem Bruchteilsrest von mehr als 0,5 aufgerundet, bei weniger als 0,5 abgerundet wird. Bei einem Rest von genau gleich 0,5 entscheidet das Los. Der Divisor wird dabei so bestimmt, dass die Sitzzahlen in der Summe mit der Gesamtzahl der zu vergebenden Mandate übereinstimmen. Zur Berechnung gibt es drei verschiedene Methoden, die als rechtlich gleichwertig einzustufen sind:

- Höchstzahlverfahren
- Rangmaßzahlverfahren
- Iteratives Verfahren.

Für Bundestagswahlen hat der Gesetzgeber gem. § 6 BWG das Iterative Verfahren gewählt. Danach wird im ersten Schritt eine Näherungszuteilung berechnet, indem die Gesamtanzahl aller zu berücksichtigenden Stimmen durch die Gesamtanzahl der zu verteilenden Sitze geteilt und auf diese Weise ein so genannter vorläufiger Zuteilungsdivisor ermittelt wird. Ergibt die Berechnung, dass zu viele oder zu wenig Sitze verteilt werden, wird dies durch Herauf- oder Herabsetzung des Zuteilungsdivisors korrigiert. Diese Korrektur erfolgt so lange, bis die Sitzzuteilung die Anzahl der zu vergebenden Sitze ergibt. Es gilt folgende Formel:

1. Schritt:

Vorläufiger Zuteilungsdivisor: $$\frac{\text{Gesamtanzahl aller zu berücksichtigenden Zweitstimmen}}{\text{Gesamtanzahl der zu verteilenden Sitze}}$$

2. Schritt:

Sitzanzahl der Partei: $$\frac{\text{Zweitstimmenanzahl der Partei}}{\text{Zuteilungsdivisor}}$$

Beispiel für eine Berechnung nach Sainte-Laguë/Schepers **ÜBERSICHT 17**

Es sind 8 Sitze sind zu verteilen, die Wahl hat folgendes Ergebnis:

Partei	Zweitstimmen
A	20.000
B	12.000
C	3.000

1. Schritt – Ermittlung des vorläufigen Zuteilungsdivisors

$$\frac{35.000}{8} = 4.375$$

2. Schritt – Sitzanzahl der Parteien

Partei	Berechnung	Ergebnis nach Standard-rundung
A	$\frac{20.000}{4.375} = 4{,}57$	5
B	$\frac{12.000}{4.375} = 2{,}74$	3
C	$\frac{3.000}{4.375} = 0{,}68$	1
Sitze insgesamt		**9**

Da mit diesem Zuteilungsdivisor ein Sitz zu viel vergeben wird, aber nur 8 Sitze zu vergeben sind, wird der Zuteilungsdivisor auf 4.500 heraufgesetzt.

Partei	Berechnung	Ergebnis nach Standard-rundung
A	$\frac{20.000}{4.500} = 4{,}44$	4
B	$\frac{12.000}{4.500} = 2{,}66$	3
C	$\frac{3.000}{4.500} = 0{,}66B$	1
Sitze insgesamt		**8**

Übung 31

Nehmen Sie für die folgenden Zahlenangaben die Sitzverteilung nach Sainte-Laguë/Schepers vor.

Es sind 16 Sitze sind zu verteilen, die Wahl hat folgendes Ergebnis:

Partei	**Zweitstimmen**
A	28.000
B	23.000
C	19.000

Notieren Sie die Lösung auf einem besonderen Blatt.

Basistext Sitzverteilung im Deutschen Bundestag

Der Deutsche Bundestag besteht gem. § 1 Abs. 1 BWG aus **598 Abgeordneten.** Die Hälfte der Abgeordneten wird nach dem Mehrheitswahlsystem gewählt. Dazu ist das Gebiet der Bundesrepublik Deutschland in 299 Wahlkreise eingeteilt. Die andere Hälfte wird nach dem Verhältniswahlsystem gewählt.

Übersicht 18 Wahlkreiseinteilung mit Wahlkreisnummern im Bundesland Niedersachsen

Quelle: http://www.nls.niedersachsen.de

<u>Bundestagswahlkreise/Niedersachsen</u>
25 Aurich – Emden/ 26 Unterems/ 27 Friesland – Wilhelmshaven/28 Oldenburg – Ammerland/
29 Delmenhorst – Wesermarsch – Oldenburg-Land/ 30 Cuxhaven – Osterholz/ 31 Stade – Cuxhaven/32 Mittelems/
33 Cloppenburg – Vechta/ 34 Diepholz – Nienburg I/ 35 Rotenburg – Verden/36 Solltau-Fallingbostel – Winsen L/
37 Lüchow-Dannenberg – Lüneburg/ 38 Osnabrück-Land/ 39 Stadt Osnabrück/40 Nienburg II – Schaumburg/
41 Stadt Hannover I/ 42 Stadt Hannover II/ 43 Hannover-Land I/ 44 Celle – Uelzen/45 Gifhorn – Peine/
46 Hameln-Pyrmont – Holzminden/ 47 Hannover-Land II/ 48 Hildesheim/ 49 Salzgitter – Wolfenbüttel/
50 Braunschweig/ 51 Helmstedt – Wolfsburg/ 52 Goslar – Northeim – Osterode/ 53 Göttingen

Bei der Bundestagswahl besitzt jeder Wähler eine **Erststimme** (hier die Direktwahl) und eine **Zweitstimme** (hier die Verhältniswahl).

Erststimme

bezeichnet die Stimme, mit der **der Wahlkreiskandidat** gewählt wird.

Zweitstimme

bezeichnet die Stimme, mit der die **Partei** gewählt, deren Kandidaten von den Parteien **auf einer Landesliste** zusammengestellt werden.

Landesliste

bezeichnet die **Liste der Kandidaten einer Partei** für die Wahl zum Bundestag und einigen Landtagen bei einer so genannten personalisierten Verhältniswahl.

PRAXISMUSTER 1

Stimmzettel

für die Wahl zum Deutschen Bundestag im Wahlkreis 25 Aurich-Emden am 27. September 2009

Sie haben 2 Stimmen

hier 1 Stimme für die Wahl **eines/einer Wahlkreisabgeordneten**

hier 1 Stimme für die Wahl **einer Landesliste (Partei)** - maßgebende Stimme für die Verteilung der Sitze insgesamt auf die einzelnen Parteien -

Muster

Erststimme

1	**Duin,** Garrelt Mitglied des Deutschen Bundestages Hinte Ubbo-Jacobs-Ring 9	**SPD** Sozialdemokratische Partei Deutschlands	◯
2	**Hegewald,** Reinhard Diplom-Kaufmann Emden Korvettenweg 8	**CDU** Christlich Demokratische Union Deutschlands in Niedersachsen	◯
3	**Debus,** Cornelia Diplom-Kauffrau Emden Jachtweg 43	**FDP** [illegible]	◯
4	**Hoppe,** Thilo Mitglied des Deutschen Bundestages Aurich Walterhörn 21	**GRÜNE** [illegible]	◯
5	**Heilemann,** Martin Sozialwissenschaftler (Diplom) Großefehn Lange Reihe 4	**DIE LINKE.** DIE LINKE. Niedersachsen	◯
6	**Wagener,** Horst Kaufmann Westerstede Poststraße 26	**NPD** Nationaldemokratische Partei Deutschlands	◯

Zweitstimme

◯	**SPD**	**Sozialdemokratische Partei Deutschlands** [illegible] Edelgard Bulmahn, Hubertus Heil, [illegible] Meyer, Thomas Oppermann	1
◯	**CDU**	**Christlich Demokratische Union Deutschlands in Niedersachsen** [illegible] von der Leyen, Eckart Peter von Klaeden, Martina Krogmann, Hermann Kues, [illegible]mas Kossendey	2
◯	**FDP**	**Freie Demokratische Partei** [illegible]le, Dr. Claudia Winterstein, [illegible]oldmann, Angelika Brunkhorst, [illegible]ick Döring	3
◯	**GRÜNE**	**BÜNDNIS 90/DIE GRÜNEN** Brigitte Pothmer, Jürgen Trittin, Dorothea Steiner, Thilo Hoppe, Katja Keul	4
◯	**DIE LINKE.**	**DIE LINKE. Niedersachsen** Dr. Jörg-Diether Dehm-Desoi, Dorothée Menzner, Heidrun Dorothea Dittrich, Herbert Karl Schui, Jutta Krellmann	5
◯	**NPD**	**Nationaldemokratische Partei Deutschlands** Ulrich Eigenfeld, Matthias Behrens, Ricarda Riefling, Patrick Kallweit, Malte Holzer	6
◯	**Die Tier-schutz-partei**	**Mensch Umwelt Tierschutz** Herta-Margarete Giese, Martin Bothe, Manuela Jung, Dagmar Girnus, Daniela Seibel	7
◯	**MLPD**	**Marxistisch-Leninistische Partei Deutschlands** Hannes von Pentz, Else Anne Käthe Kleffel, Paul Deutsch, Dorit Emmy Beate von Pentz, Reinhard Funk	8
◯	**DVU**	**DEUTSCHE VOLKSUNION** Hans-Gerd Wiechmann, Karl-Heinz Besemann, Richard Hermann Carls, Dieter August Karl Wiegräfe, Richard Igelmann	9

Die Berechnung der Sitzverteilung erfolgt in drei Schritten. Zunächst wird ermittelt, wie viele Stimmen eine Partei bundesweit erhalten hat. Danach wird ermittelt, wie viele Stimmen eine Partei in den einzelnen Bundesländern erhalten hat. Schließlich werden die mit der Erststimme erworbenen Direktmandate auf die Gesamtzahl der Sitze, die eine Partei nach Zweitstimme erhalten hat, angerechnet.

1. Schritt

Es werden alle **gültigen Zweitstimmen addiert.** Die bundesweit zu vergebenden 598 Sitze werden nach dem Sitzverteilungssystem Sainte-Laguë/Schepers (§ 6 Abs. 2 S. 2-5 BWG) auf die Parteien verteilt.

Dabei ist zu beachten, dass eine Partei nur dann bei der Sitzverteilung berücksichtigt wird, wenn sie gem. § 6 Abs. 6 BWG die **Prozentklausel** oder die **Grundmandatsklausel** erreicht hat. Falls eine Partei eine der beiden Hürden nicht überspringt, bleiben die bundesweit erlangten Zweitstimmen unberücksichtigt.

5%-Klausel

bedeutet, dass eine Partei bei der Sitzverteilung **nur dann** berücksichtigt wird, wenn sie **mindestens 5 %** der im Wahlgebiet abgegebenen gültigen Zweitstimmen erhalten hat (§ 6 Abs. 6 BWG).

Grundmandatsklausel

bedeutet, dass eine Partei mindestens drei Wahlkreise (Direktmandate) gewonnen haben muss (§ 6 Abs. 6 BWG).

Beispiel:

Die PDS gewann bei der Bundestagswahl 2002 nur zwei Direktmandate und hatte nicht 5 % der gültigen Zweitstimmen erhalten. Die zwei Direktmandatsgewinner zogen in den Bundestag, während die PDS bei der Sitzverteilung der Zweitstimmen nicht berücksichtigt wurde.

Des Weiteren ist zu beachten, dass gegebenenfalls die so genannte **Vorabsitzregelung** gem. § 6 Abs. 3 BWG greifen könnte.

Vorabsitz

bedeutet, dass eine Partei, die **mehr als 50 %** der gültigen Zweitstimmen erreicht hat, einen Vorabsitz bei der Stimmenverteilung erhält, wenn sie nach der Berechnung nach Sainte-Laguë/Schepers nicht auch mehr als die Hälfte aller Sitze erhalten würde (vgl. § 6 Abs. 3 BWG).

ÜBERSICHT 19 Vorabsitzregelung

Es werden 16 Sitze nach dem Verfahren Sainte-Laguë-/Schepers verteilt. Die Wahl hat folgendes Ergebnis:

Partei	Zweitstimmen
A	110.000
B	48.000
C	22.000
D	20.000

1. Schritt – Ermittlung des vorläufigen Zuteilungsdivisors

$$\frac{200.000}{16} = 12.500$$

2. Schritt – Sitzanzahl der Parteien

Partei	Berechnung	Ergebnis nach Standardrundung
A	$\frac{110.000}{12.500} = 8,80$	9
B	$\frac{48.000}{12.500} = 3,84$	4
C	$\frac{22.000}{12.500} = 1,76$	2
D	$\frac{20.000}{12.500} = 1,60$	2
Sitze insgesamt		**17**

Da mit diesem Zuteilungsdivisor ein Sitz zu viel vergeben wird, wird der Zuteilungsdivisor auf 13.000 heraufgesetzt.

2. Schritt – Sitzanzahl der Parteien

Partei	Berechnung	Ergebnis nach Standardrundung
A	$\frac{110.000}{13.000} = 8{,}46$	8
B	$\frac{48.000}{13.000} = 3{,}69$	4
C	$\frac{22.000}{13.000} = 1{,}69$	2
D	$\frac{20.000}{13.000} = 1{,}53$	2
Sitze insgesamt		**16**

Es können jetzt zwar 16 Sitze verteilt werden, die Partei A erhält aber nur die Hälfte der Sitze. Sie muss also einen Vorabsitz gem. § 6 Abs. 3 BWG erhalten. Berechnung daher erneut:

A erhält Vorabsitz, Sitze für A daher 9

Die Berechnung erfolgt neu. Es werden nur noch die Stimmen der Parteien B bis D verteilt. Dabei werden 7 Sitze verteilt (vgl. § 6 Abs. 6 BWG).

1. Schritt – Ermittlung des vorläufigen Zuteilungsdivisors

$\frac{90.000}{7} = 12.857$

2. Schritt – Sitzanzahl der Parteien

Partei	Berechnung	Ergebnis nach Standardrundung
B	$\frac{48.000}{12.857} = 3{,}73$	4
C	$\frac{22.000}{12.857} = 1{,}71$	2
D	$\frac{20.000}{12.857} = 1{,}55$	2
Sitze insgesamt		**8**

Da mit diesem Zuteilungsdivisor ein Sitz zu viel vergeben wird, wird der Zuteilungsdivisor auf 13.500 heraufgesetzt.

2. Schritt – Sitzanzahl der Parteien

Partei	Berechnung	Ergebnis nach Standardrundung
B	$\frac{48.000}{13.500} = 3{,}55$	4
C	$\frac{22.000}{13.500} = 1{,}62$	2
D	$\frac{20.000}{13.500} = 1{,}48$	1
Sitze insgesamt		**7**

2. Schritt

Im zweiten Berechnungsschritt wird ermittelt, wie viele Stimmen eine Partei in den einzelnen **Bundesländern** erhalten hat. Dabei wird die unterschiedliche Stimmenverteilung in den Bundesländern berücksichtigt. Hier werden die im ersten Berechnungsschritt für die Partei bundesweit ermittelten Gesamtsitze auf die Bundesländer entsprechend dem Zweitstimmenanteil nach dem Sitzverteilungssystem Sainte-Laguë/Schepers verteilt. Es gilt wieder die **Vorabsitz-Regelung,** jedoch **nicht die Prozenthürde.**

3. Schritt

Im dritten Berechnungsschritt tritt erstmalig die **Erststimme** in Erscheinung. Hier wird in den Wahlkreisen ermittelt, welcher Direktkandidat das Wahlkreismandat gewonnen hat. Für **jedes Bundesland** wird ermittelt, **wie viele Direktmandate** die Parteien in den einzelnen Ländern erringen konnten.

Diese Direktmandate werden auf die Gesamtzahl der Sitze, die der Partei nach dem zweiten Berechnungsschritt in dem Bundesland zustehen, **angerechnet.** Die verbleibenden Sitze erhalten die Kandidaten auf der Landesliste der Partei in dem jeweiligen Bundesland. Bewerber auf der Landesliste, die bereits ein Direktmandat errungen haben, werden auf der Landesliste gestrichen, die nächsten Bewerber „rücken auf".

Erhält eine Partei mehr Direktmandate als ihr insgesamt Sitze nach Zweitstimmenanteil zustehen, bleiben ihr diese zusätzlichen Sitze erhalten. Das sind die so genannten **Überhangmandate** (§ 6 Abs. 5 BWG). Hierdurch erhöht sich die Gesamtzahl der Sitze einer Partei auf der Landesliste und die Gesamtzahl der Sitze im Bundestag.

ÜBUNG 32

Nehmen Sie die Sitzverteilung für Partei A nach § 6 BWG vor. Es sind 16 Sitze zu verteilen. Die Wahl hatte folgendes Ergebnis:

1. Zweitstimmen auf Bundesebene

Partei	Zweitstimmen
A	98.000
B	57.000
C	16.000
D	9.000
E	20.000

2. Zweitstimmen Partei A, Verteilung in den einzelnen Bundesländern

Bundesland	Zweitstimmen
W	8.000
X	18.000
Y	56.000
Z	16.000

3. Direktmandate

Partei	Bundesland			
	W	**X**	**Y**	**Z**
A	1	3	3	0
B	0	0	0	2
C	2	0	0	4
D	2	2	0	0
E	0	0	0	2

Notieren Sie die Lösung auf einem besonderen Blatt.

Basistext **Der Bundesrat**

Durch den Bundesrat wirken die **Länder** bei der Gesetzgebung und Verwaltung des Bundes und in Angelegenheiten der Europäischen Union mit (Art. 50 GG). Der Bundesrat soll zum einen als **Bundesorgan** die Länderinteressen im Bereich des Bundes vertreten, also „Sprachrohr" der Länderinteressen sein. Zum anderen soll er im Rahmen der Gewaltenteilung gewissermaßen ein kontrollierendes, sachverständiges **Gegengewicht zum Bundestag** bilden. Der Bundesrat ist also ein Organ, in dem sich die Mitverantwortung und Mitgestaltung der Länder am Gesamtwohl der Bundesrepublik bündelt und entfaltet. Besondere politische Bedeutung kommt dem Bundesrat dann zu, wenn die Opposition im Bundestag die Stimmenmehrheit im Bundesrat besitzt.

Basistext **Zusammensetzung des Bundesrates**

Der Bundesrat setzt sich aus **Mitgliedern der Landesregierungen** (Ministerpräsidenten, Minister, Senatoren, Oberbürgermeister) zusammen, die sie bestellen und abberufen (Art. 51 Abs. 1 S. 1 GG). Der Bundesrat hat keine Legislaturperiode. Man bezeichnet ihn als **ewiges Organ,** weil er nicht nach einem bestimmten Zeitraum z. B. durch Wahlen als solcher erneuert wird, sondern nur dann und teilweise, wenn es bei Senats- bzw. Landtagswahlen auch einen Regierungswechsel im Land gegeben hat oder wenn ein Mitglied abberufen und eine andere Person neu benannt wird .

Die Verteilung der Stimmen bestimmt sich nach den **Einwohnerzahlen** eines Bundeslandes (Art. 51 Abs. 2 GG), das ist die gesamte Wohnbevölkerung, nicht nur die Zahl der Deutschen. Je nach Einwohnerstärke ergibt sich im Bundesrat ein Stimmrecht von drei bis sechs Stimmen pro Bundesland. So ist gewährleistet, dass auch kleinere Bundesländer im Bundesrat entsprechend mitwirken können. Insbesondere die so genannten Stadt-Staaten erhalten so Einfluss im Bundesrat.

Beispiel:

> Die Stadt Bremen umfasst mit 0,66 Millionen Einwohnern lediglich 0,80 % der Gesamtbevölkerung der Bundesrepublik. Mit drei Stimmen im Bundesrat hat Bremen jedoch rd. 4% der Stimmen im Bundesrat.

Derzeit hat der Bundesrat gem. Art. 51 Abs. 2 GG **69 Mitglieder**. Die Größe des Bundesrates verändert sich, wenn sich für ein **Bundesland** die nach Art. 51 Abs. 2 GG festgelegte Einwohnergrenze ändert. Es ergibt sich folgende aktuelle Stimmenverteilung:

Stimmenverteilung im Bundesrat **ÜBERSICHT 20**

Land	Einwohner in Mio.	Ministerpräsident	Stimmen im Bundesrat	Regierungsparteien
Baden-Würtemberg	10,74	Oettinger	6	CDU/FDP
Bayern	12,50	Seehofer	6	CSU/FDP
Berlin	3,43	Wowereit	4	SPD/Die Linke.
Brandenburg	2,52	Platzeck	4	SPD/Die Linke.
Bremen	0,66	Böhrnsen	3	SPD/Grüne
Hamburg	1,78	von Beust	3	CDU/GAL
Hessen	6,06	Koch	5	CDU/FDP
Mecklenburg-Vorpommern	1,66	Sellering	3	SPD/CDU
Niedersachsen	7,94	Wulff	6	CDU/FDP
Nordrhein-Westfalen	17,90	Rüttgers	6	CDU/FDP
Rheinland-Pfalz	4,02	Beck	4	SPD
Saarland	1,03	Müller	3	CDU/FDP/Grüne
Sachsen	4,18	Tillich	4	CDU/FDP
Sachsen-Anhalt	2,37	Böhmer	4	CDU/SPD
Schleswig-Holstein	2,83	Carstensen	4	CDU/FDP
Thüringen	2,26	Lieberknecht	4	CDU/SPD

Quelle: http://www.bundesrat.de

BASISTEXT — Aufgaben des Bundesrates

Der Bundesrat ist nur für Aufgaben zuständig, die dem Bund selbst zustehen. Er darf deshalb als „Länderkammer" keine Angelegenheiten behandeln, die in der Zuständigkeit der Länder liegen. Seine Zuständigkeit als Bundesorgan ist nur dann gegeben, wenn das Grundgesetz ihm ausdrücklich bestimmte Aufgaben überträgt.

Art. 50 GG beinhaltet keine konkreten Zuständigkeiten und keine Generalklausel. Es ergeben sich folgende Aufgaben und Rechte des Bundesrates:

ÜBERSICHT 21 — Aufgaben des Bundesrates

Aufgaben des Bundesrates

- **Gesetzgebungsfunktion** (Art.50 GG)
- **Verwaltungsfunktion** (Art. 50 GG)
- **Wahl der Hälfte der Richter des Bundesverfassungsgerichts** (Art. 94 Abs. 1 S. 2 GG)
- **Zustimmung zur Ausübung d. Bundeszwangs** (Art. 37 GG)
- **Feststellung d. Verteidigungsfalles** (Art. 115a Abs. 1 S. 1 GG)
- **Präsidentenanklage** (Art. 61 Abs. 1 GG)

ÜBUNG 33

Vervollständigen Sie nachfolgenden Lückentext. Benutzen Sie dazu folgende Begriffe:

Bundesratspräsident/ EU-Angelegenheiten/ Mitwirkung im Gesetzgebungsverfahren/ Oberbürgermeister/ Präsident/ Schriftführer/ Vertreter des Bundespräsidenten/ Zustimmung des Bundesrates

Die bedeutendste Aufgabe des Bundesrates ist seine ______________________ ______________________ gem. Art. 76 ff. GG (vgl. hierzu Kapitel 05 – Gesetzgebung). Darüber hinaus wirkt er durch den 1992 neu in das Grundgesetz eingefügten Art. 23 GG in ______________________ an der Willensbildung des Bundes mit.

Da die Bundesgesetze weitgehend von den Landesverwaltungen ausgeführt werden, ist bei der Festlegung von generellen und verbindlichen Regelungen entweder durch Gesetz (Art. 84 Abs. 1, 85 Abs. 1 GG), Rechtsverordnung (Art. 80 Abs. 2 GG) oder durch Verwaltungsvorschriften (Art. 84 Abs. 2, 85 Abs. 2 GG etc.) die ______________________ des ______________________ erforderlich.

Gemäß Art. 52 Abs. 3 Satz 2 GG regelt der Bundesrat seine Angelegenheiten selbst in einer Geschäftsordnung des Bundesrates (GOBR). Er wählt seine Organe. Hierzu zählen der ______________________ und die Vizepräsidenten (Präsidium), der ständige Beirat, die ______________________ und die Ausschüsse.

Der ______________________ wird gem. Art. 52 Abs. 1 GG auf ein Jahr gewählt. Bundesratspräsident ist der jeweilige Ministerpräsident bzw. bei Stadt-Staaten der ______________________. Hierbei wird nach dem **Königsteiner Abkommen** von 1950 verfahren. Dabei wechselt die Bundesratspräsidentschaft jährlich. Es beginnt das Land mit der höchsten Einwohnerzahl. Weiter geht es dann in absteigender Folge. Die Präsidentschaft läuft vom 01.11. eines Jahres bis zum 31.10. des Folgejahres.

Der Präsident beruft den Bundesrat nach Bedarf oder auf Antrag der Regierung oder von zwei Bundesländern ein (Art. 52 Abs. 2 GG) und ist gem. Art. 57 GG ______________________ ______________________.

Der Bundesrat soll die legislative Staatsgewalt des Bundestages begrenzen, **kontrollieren** und **korrigieren.** Zum anderen soll er aber auch gegenüber der Bundesregierung kontrollierende Aufgaben wahrnehmen (Art. 53 GG).

Der Bundesrat verhandelt gem. Art. 52 Abs. 3 S. 3 GG **öffentlich.** Er ist beschlussfähig, wenn die Mehrheit seiner Stimmen vertreten ist (§ 28 GOBR). Seine Beschlüsse fasst der Bundesrat gem. Art. 52 Abs. 3 S. 1 GG mit der (**absoluten**) **Mehrheit** seiner Stimmen (z. Z. **35 Stimmen)**. Abgestimmt wird durch **Handaufheben** (§ 29 GOBR).

ÜBUNG 34

Die Bundesregierung lädt die Vertreter der Länderregierungen zu einer Bundesratssitzung nach Berlin. Es erscheinen nur die Vertreter von drei Ländern. Sie stimmen mit 2/3-Mehrheit einem Gesetz zu.

Aufgabe: Prüfen Sie, ob der Beschluss mit der erforderlichen Mehrheit zustande gekommen ist.

Lösung:

BASISTEXT Rechtstellung der Bundesratsmitglieder

Die Bundesratsvertreter geben im Bundesrat das Votum des jeweiligen Bundeslandes ab. Sie besitzen keine persönlichen Stimmen und können gem. Art. 51 Abs. 1 GG jederzeit abberufen werden. Die Bundesratsmitglieder handeln nach einer einheitlichen, im Kabinett ihres Landes erarbeiteten Grundlinie. Sie vertreten ihr Land und dürfen ihre Stimmen nur einheitlich abgeben (vgl. Art. 51 Abs. 3 S. 2 GG). In der Praxis erfolgt die Stimmabgabe durch den „Stimmführer" der Mitglieder eines Landes.

Die Bundesratsmitglieder und ihre Stellvertreter haben ein **gebundenes** (**imperatives**) **Mandat** ihrer jeweiligen Landesregierung. Dies folgt aus dem Umkehrschluss zu den instruktionsfreien Ausnahmefällen (Art. 53a Abs. 1 S. 3 und Art. 77 Abs. 2 S. 3 GG).

Gebundenes (imperatives) Mandat

bedeutet, dass **nach Weisung** abgestimmt wird.

Beispiel:

Die Nds. Landesregierung beschließt, dem Bundesgesetzentwurf zur Beschleunigung des Wirtschaftswachstums zuzustimmen und weist die Vertreter des Landes Niedersachsen an, in der Bundesratssitzung dem Gesetzesentwurf zuzustimmen.

Keine Einigkeit in Niedersachsen — FALL 19

Dem Bundesrat liegt ein Gesetzesentwurf zur Erhöhung der Mehrwertsteuer zur Beschlussfassung vor. Die Regierung des Landes Niedersachsen hat zuvor beschlossen, der Mehrwertsteuererhöhung zuzustimmen und ihre Bundesratsmitglieder entsprechend instruiert. Bei der Abstimmung im Bundesrat sprechen sich jedoch nur drei Vertreter des Landes für die Mehrwertsteuererhöhung aus, während die übrigen drei sich enthalten. Die anderen Länder stimmen jeweils einheitlich ab, und zwar insgesamt mit 32 Ja-Stimmen und 31 Nein-Stimmen.

Aufgabe: Prüfen Sie, ob der Bundesrat der Mehrwertsteuererhöhung zugestimmt hat.

Lösung:

ÜBUNG 35

Recherchieren Sie im Internet, ob ein Bundesland im Bundesrat schon einmal uneinheitlich abgestimmt hat.

Lösung:

BASISTEXT Der Bundespräsident

Der Bundespräsident ist das Staatsoberhaupt und steht formell an der Spitze der Bundesrepublik Deutschland. Er besitzt keine starke politische Machtstellung, seine Aufgaben sind hauptsächlich **repräsentativer** Natur. Der Bundespräsident wird von der Bundesversammlung für fünf Jahre gewählt (Art. 54 Abs. 2 S. 1 GG). Eine anschließende Wiederwahl ist nur einmal zulässig (Art. 54 Abs. 2 S. 2 GG).

Bei Amtsantritt leistet der Bundespräsident gem. Art. 56 Abs. 1 GG einen **Amtseid.** Wird der Gewählte in seinem Amt bestätigt, muss er den Amtseid nicht noch einmal ablegen.

Der Bundespräsident wird im Falle seiner Verhinderung vom Bundesratspräsidenten vertreten (Art. 57 GG). Der Bundespräsident besitzt gem. Art. 60 Abs. 4 GG das Recht der **Immunität**, das Indemnitätsrecht (s. Art. 46 Abs. 1 GG) steht ihm nicht zu.

Nach Art. 61 GG ist bei vorsätzlicher Verletzung des Grundgesetzes oder eines anderen Bundesgesetzes durch den Bundespräsidenten eine **Präsidentenanklage** vor dem Bundesverfassungsgericht möglich. Im äußersten Fall kann das Bundesverfassungsgericht den Bundespräsidenten des Amtes für verlustig erklären (Art. 61 Abs. 2 S. 1 GG).

Das Amt des Bundespräsidenten endet ansonsten durch Ablauf der Amtszeit, durch Verzicht oder Tod.

ÜBUNG 36

1. Vervollständigen Sie nachfolgende Tabelle.

Seit Bestehen der Bundesrepublik Deutschland gab es folgende Bundespräsidenten:

Name und Partei	Amtszeit
	13.09.1949 bis 12.09.1959
	13.09.1959 bis 30.06.1969
	01.07.1969 bis 30.06.1974
	01.07.1974 bis 30.06.1979
	01.07.1979 bis 30.06.1984
	01.07.1984 bis 30.06.1994
	01.07.1994 bis 30.06.1999
	01.07.1999 bis 30.06.2004
	seit 01.07.2004

2. Vervollständigen Sie nachfolgenden Lückentext anhand von Art. 54 f. GG.

Zum Bundespräsidenten ist wählbar gem. Art. 54 Abs. 1 S. 2 GG ________________ , der das ________________ zum Bundestag besitzt und das 40. Lebensjahr vollendet hat.

Der Bundespräsident stellt eine ________________ innerhalb der Bundesorgane dar. Er wirkt vermittelnd und ausgleichend zwischen Interessengruppen. Daher sollte sich ein Bundespräsident aus der aktiven Parteipolitik zurückziehen und auch kein politisches Amt in einer Kommune bekleiden (alle bisherigen Amtsinhaber haben ihre Parteimitgliedschaft während ihrer Amtszeit ruhen lassen).

Der Bundespräsident darf gem. Art. 55 Abs. 1 GG weder der ________________ noch der ________________ oder ________________ angehören. Gem. Art. 55 Abs. 2 GG darf er ________________ , ________________ und ________________ ausüben und weder der ________________ noch ________________ eines ________________ ________________ angehören.

Neue Männer braucht das Land — FALL 20

Der Bundespräsident ist verstorben. Bei der Neuwahl wird der Kandidat Holz vorgeschlagen. Holz war bereits zehn Jahre lang Bundespräsident. Er schied vor zwei Jahren aus dem Amt aus. Seitdem ist er Bundesminister, Mitglied des Deutschen Bundestages und Vorsitzender seiner Partei.

Aufgabe: Prüfen Sie, ob Holz die Voraussetzungen zur Wahl zum Bundespräsidenten erfüllt und ob Holz im Falle der Annahme seiner Wahl die o. a. Ämter weiter ausüben darf.

Notieren Sie die Lösung auf einem besonderen Blatt.

FALL 21 „Tooooor"

Der fußballbegeisterte Schulz versuchte jahrelang, für den TSV Welfenheim den Supercup der Stadt Welfenheim zu gewinnen. Immer wieder scheiterte er am Elfmeterschießen. Nachdem Schulz kurz vor dem lang ersehnten Ziel wieder den entscheidenden Elfmeter verschossen hatte, entschied er, die Fußballschuhe an den Nagel zu hängen und sich politisch zu engagieren. Aufgrund seines Eifers kletterte er in der Politik schnell die Karriereleiter herauf.

Mittlerweile – über die Landesgrenzen hinaus bekannt – möchte Schulz nun Bundespräsident werden. Natürlich hat er während der Zeit auch andere Tätigkeiten ausgeübt. So ist er

a) Mitglied der A-Partei,
b) Bundesvorsitzender der A-Partei und
c) Vorsitzender des TSV Welfenheim.
d) Rechtsanwalt in der Kanzlei „Schulz, Mangold & Partner"

Aufgabe: Prüfen Sie, ob Schulz im Falle einer Wahl die o. a. Tätigkeiten weiter ausüben dürfte.

Notieren Sie die Lösung auf einem besonderen Blatt.

BASISTEXT Aufgaben des Bundespräsidenten

Das Grundgesetz enthält für den Bundespräsidenten keine zusammenfassende Zuständigkeitsbestimmung. Neben den ausdrücklich im Grundgesetz genannten Aufgaben und Rechten stehen ihm die sich aus dem Wesen des Staatsoberhauptes ergebenden **Repräsentationsaufgaben** zu. Das bedeutet, dass der Bundespräsident die Bundesrepublik nach innen und außen vertritt. Im Einzelnen ergeben sich folgende Aufgaben:

Im Bereich der Legislative stehen dem Bundespräsidenten die Befugnisse bei der **Einberufung** des Bundestages gem. Art. 39 Abs. 3 GG, der **Auflösung** des Bundestages gem. Art. 63 Abs. 4 S. 3 GG und 68 Abs. 1 S. 2 GG, der **Ausfertigung und Verkündung** der Gesetze gem. Art. 82 Abs. 1 GG sowie der Erklärung des **Gesetzgebungsnotstandes** gem. Art. 81 Abs. 1 GG zu.

Als Exekutivorgan übernimmt der Bundespräsident die **völkerrechtliche Vertretung** der Bundesrepublik gem. Art. 59 Abs. 1 GG zum Beispiel durch Staatsbesuche. Darüber hinaus ernennt und entlässt er die Bundesbeamten, die Offiziere und Unteroffiziere gem. Art. 60 Abs. 1 GG, soweit gesetzlich nichts anderes bestimmt ist. Er ist zuständig für Titel- und Ordensverleihungen und alle übrigen nicht ausdrücklich im Grundgesetz enthaltenen Repräsentationsaufgaben eines Staatsoberhauptes (z. B. „Schirmherrschaften", Eröffnung bedeutender Veranstaltungen, Empfänge).

Des Weiteren hat er das Recht, dem Bundestag gem. Art. 63 Abs. 1 GG vor der Kanzlerwahl einen Kandidaten **vorzuschlagen.** Er ernennt und entlässt den Bundeskanzler und die Bundesminister (Art. 63, 64 Abs. 1 GG). Gegenüber der Bundesregierung hat er ein umfassendes Informationsrecht (§§ 5 und 23 GOBReg).

Im Bereich der Judikativen steht ihm für den Bund gem. Art. 60 Abs. 2 GG das Begnadigungsrecht zu.

Begnadigung **HINTERGRUND**

Bundespräsidenten haben wiederholt „Gnade vor Recht" ergehen lassen. Bei Begnadigungen von Straftätern heben sie die Rechtsfolgen eines Urteils auf oder mildern sie. Dabei handeln sie als „Gnadenherr" nach eigenem Ermessen. Der Antragsteller selbst hat kein Recht auf einen Gnadenerweis.

Das Gnadenrecht des Bundespräsidenten ist auf diejenigen Fälle beschränkt, in denen von der ersten Instanz an ein Bundesgericht geurteilt oder eine Bundesbehörde entschieden hat. In den Ländern ist das Begnadigungsrecht den von den Landesverfassungen bestimmten Organen zugewiesen. Es wird zumeist vom Ministerpräsidenten ausgeübt. Ausnahmen sind Hamburg, Bremen und Berlin. Dort spricht der Senat Begnadigungen aus, im Saarland der Ministerrat.

Die Regelung des Art. 96 Abs. 5 GG stellt sicher, dass auch bei Entscheidungen von Oberlandesgerichten, die in Ausübung von Gerichtsbarkeit des Bundes ergangen sind, das Gnadenrecht dem Bund zusteht. Das Begnadigungsrecht erstreckt sich auf Entscheidungen mit strafrechtlichem oder strafrechtsähnlichem Charakter.

Acht linksextreme Terroristen wurden in Deutschland seit 1988 begnadigt. Das Gnadengesuch des Terroristen Christian Klar wurde im Frühjahr 2007 vom Bundespräsidenten Köhler abgelehnt.

Quelle: http://www.bundestag.de

ÜBUNG 37

Recherchieren Sie im Internet über das Gnadengesuch des ehemaligen RAF-Mitglieds Christian Klar.

Lösung:

BASISTEXT Aufgaben im Gesetzgebungsverfahren

Häufig stellt sich die Frage, ob der Bundespräsident bei seinen Entscheidungen einen **eigenen Entscheidungsspielraum** besitzt.

Gem. Art. 58 S. 1 GG bedürfen „Anordnungen und Verfügungen" der Gegenzeichnung durch den Bundeskanzler oder den zuständigen Minister. Zweck der Gegenzeichnung ist es, die Staatsleitung einheitlich der Bundesregierung zuzuweisen und eine „eigenständige Politik" des Bundespräsidenten auszuschließen. Damit wird zugleich die parlamentarische Verantwortung des Regierungsmitglieds für die konkrete Handlung des Bundespräsidenten begründet.

Anordnungen und Verfügungen

i. S. d. Art. 58 S. 1 GG sind alle **rechtsverbindlichen Präsidialakte**. Dazu gehören nicht nur schriftliche Entscheidungen, sondern nach dem Zweck der Norm fällt darunter jede politisch bedeutsame Amtshandlung.

Beispiele:

- Öffentliche Reden
- Gespräche mit Repräsentanten anderer Staaten

Die Amtshandlungen des Bundespräsidenten bedürfen der **Gegenzeichnung**.

Gegenzeichnung

ist die vorherige (formlose/konkludente) Abstimmung zwischen dem zuständigen Regierungsmitglied und dem Bundespräsidenten über den beabsichtigten Präsidialakt.

Beispiel:

- Der Bundeswirtschaftsminister stimmt einem Gesetz für Förderung energiesparender Maßnahmen gem. Art. 82 GG zu.
- Die Bundeskanzlerin stimmt der Neujahrsansprache des Bundespräsidenten zu.

Die Zuständigkeit des Regierungsmitglieds hängt von der Geschäftsaufteilung innerhalb der Bundesregierung für die konkrete Maßnahme ab (z. B. Maßnahme nach Richtlinienkompetenz, Ressortprinzip, GOBReg). Fehlt die Gegenzeichnung, ist die Maßnahme ungültig und unverbindlich.
Die Gegenzeichnungspflicht gilt nicht für die Ernennung und Entlassung des Bundeskanzlers, die Auflösung des Bundestages gem. Art. 63 GG und das Ersuchen gem. Art. 69 Abs. 3 GG.

Gegenzeichnung **HINTERGRUND**

Das Erfordernis der Gegenzeichnung soll eine einheitliche Staatsführung garantieren. In diesem Sinne ist es nur selbstverständlich, dass der Bundeskanzler den Bundespräsidenten laufend über seine Politik und die Geschäftsführung der einzelnen Bundesminister durch Übersendung der wesentlichen Unterlagen, durch schriftliche Berichte über Angelegenheiten von besonderer Bedeutung sowie nach Bedarf durch persönlichen Vortrag unterrichtet.

In regelmäßigen Abständen empfängt der Bundespräsident den Bundeskanzler zu Gesprächen über aktuelle Fragen seiner Politik. Auch einzelne Bundesminister und Spitzenbeamte werden vom Bundespräsidenten zu Gesprächen empfangen. Der Chef des Bundespräsidialamtes oder sein Vertreter nehmen an den Kabinettsitzungen teil und unterrichten den Bundespräsidenten über deren Verlauf und Ergebnisse. Auch dadurch erhält der Bundespräsident die für seine Amtsführung erforderlichen Informationen.

Quelle: http://www.bundespraesident.de

Gem. Art. 82 Abs. 1 S. 1 GG werden die „nach den Vorschriften dieses Grundgesetzes zustande gekommenen Gesetze" vom Bundespräsidenten nach Gegenzeichnung ausgefertigt und im Bundesgesetzblatt verkündet. Daraus folgt, dass der Bundespräsident die formelle Einhaltung der verfassungsrechtlichen Vorschriften über ein Gesetzgebungsverfahren überprüft.

Formelles Prüfungsrecht

bedeutet, dass der Bundespräsident befugt ist zu prüfen, ob ein Gesetz auf dem **formell vorgeschriebenen Weg**, d. h. nach den Vorschriften des Grundgesetzes und unter Beachtung seiner Zuständigkeitsnormen und damit ordnungsgemäß zustande gekommen ist.

Beispiel:

Der Bundespräsident überprüft u. a., ob der Bundestag der Änderung des Gesetzes über den Verkehr mit Arzneimitteln (Arzneimittelgesetz – AMG) mit der erforderlichen Mehrheit zugestimmt hat.

Darüber hinaus steht dem Bundespräsidenten auch das materielle Prüfungsrecht zu.

Materielles Prüfungsrecht

bedeutet, dass der Bundespräsident befugt ist zu prüfen, ob ein Gesetz **mit der Verfassung inhaltlich vereinbar** ist.

Beispiel:

Der Bundespräsident überprüft, ob das Gesetz zur Verbesserung der Rechte von Verletzten im Strafverfahren (2. Opferrechtsreformgesetz) gegen Grundrechte des Grundgesetzes verstößt.

Das materielle Prüfungsrecht folgt zum einen aus dem Wortlaut des Art. 82 Abs. 1 S. 1 GG zum anderen vor allem aus der sich aus Art. 1 Abs. 3 und Art. 20 Abs. 3 GG ergebenden umfassenden **Rechtsbindung aller Verfassungsorgane**.

Mit dieser grundgesetzlichen Bindung wäre es nicht vereinbar, wenn der Bundespräsident ein Gesetz ausfertigen und verkünden und damit seine Rechtswirkungen in Kraft setzen müsste, das seiner Meinung nach verfassungswidrig ist.
Damit wird die Zuständigkeit des Bundesverfassungsgerichts zur letztverbindlichen Überprüfung von Gesetzen (Normenverwerfungsmonopol, Art. 100 GG) nicht berührt: Die Frage, ob der Bundespräsident die Ausfertigung eines Gesetzes zu Recht verweigert hat, kann vom Bundesverfassungsgericht (z. B. auf Antrag des Bundestages, Art. 93 Abs. 1 Nr. 1 GG) in einem Organstreitverfahren mit endgültiger Verbindlichkeit überprüft werden.

Ausfertigungsverweigerungen durch Bundespräsidenten

ÜBERSICHT 22

Bundespräsident	Jahr	Gesetzesentwurf	Grund der Weigerung
Theodor Heuss	1951	Gesetz über die Verwaltung der Einkommens- und Körperschaftssteuer	Fehlende Zustimmung des Bundesrates
Heinrich Lübke	1960	Gesetz über den Betriebs- und Belegschaftshandel	Unzulässiger Eingriff in die Berufsfreiheit
Gustav Heinemann	1969	Ingenieurgesetz	Keine Gesetzgebungskompetenz des Bundes
Gustav Heinemann	1970	Architektengesetz	Keine Gesetzgebungskompetenz des Bundes
Walter Scheel	1976	Gesetz zur Erleichterung der Wehrdienstverweigerung	Fehlende Zustimmung des Bundesrates
Richard von Weizsäcker	1991	10. Gesetz zur Änderung des Luftverkehrsgesetzes	Verletzung des Art. 87 d, Abs. 1 GG (bundeseigene Verwaltung des Luftverkehrs). Von Weizsäcker unterschrieb erst nach einer Verfassungsänderung, die eine privatrechtliche Organisation erlaubte
Horst Köhler	2006	Gesetz zur Neuregelung der Flugsicherung	Unvereinbarkeit mit Art. 87d Abs. 1 GG
Horst Köhler	2006	Verbraucherinformationsgesetz	Widerspruch zu Art. 84 Abs. 1 S. 7 GG, der es dem Bund verbietet, per Gesetz den Gemeinden Aufgaben zu übertragen.

BASISTEXT **Die Bundesversammlung**

Die Bundesversammlung hat im Normalfall 1196 Mitglieder. Sie setzt sich zur Hälfte aus den Mitgliedern des Bundestages zusammen (598 Abgeordnete, ggf. zuzüglich Überhangmandate). Die andere Hälfte wird von den Volksvertretungen der Länder (Landtage) nach den Grundsätzen der Verhältniswahl gewählt, d. h. unter Wahrung des jeweiligen Parteienproporzes in den Landtagen (Art. 54 Abs. 3 GG).
Jede Landtagsfraktion präsentiert eine Vorschlagsliste. Nach dem Verhältnis der Abgeordneten-Stimmen, die auf diese Listen entfallen, werden dann die Sitze in der Bundesversammlung verteilt. In der Praxis bedeutet das, dass der Wahlakt im Landtag meist nur eine Formsache ist. Die Zahl der Mitglieder, die eine Fraktion für die Bundesversammlung stellt, hängt davon ab, wie stark sie im Vergleich zu den anderen Fraktionen ist. Gerechnet wird nach dem Höchstzahlverfahren **d'Hondt** (Einzelheiten §§ 1-7 BPräsWahlG).

Landesdelegierter in der Bundesversammlung kann jeder werden, der zum Bundestag wählbar ist (§ 15 BWG). Man muss also nicht Landtagsabgeordneter sein. Die Parteien nutzen das, um Alt-Parlamentarier, verdiente Kommunalpolitiker, Funktionäre, Helfer, Prominente oder Gönner mit einem Mandat für die Bundesversammlung zu betrauen.

Es stärkt den repräsentativen Charakter der Bundesversammlung, dass ihr nicht nur Mitglieder des Bundestages und der Landtage angehören, sondern Personen außerhalb der Politik.

Einzige Aufgabe der **Bundesversammlung** ist die Wahl des Bundespräsidenten. Daher tritt sie normalerweise nur alle **fünf Jahre** zusammen. Sie wird vom Bundestagspräsidenten einberufen (Art. 54 Abs. 4 S. 2 GG). Im ersten und zweiten Wahlgang ist gewählt, wer die Mehrheit der Mitglieder der Bundesversammlung erzielt hat. Im dritten Wahlgang genügt die Mehrheit der abgegebenen Stimmen (Art. 54 Abs. 6 GG). Sobald der Bundespräsident gewählt ist, hat die Bundesversammlung ihre Aufgabe erfüllt.

ÜBUNG 38

Vervollständigen Sie nachfolgenden Lückentext anhand von Art. 54 Abs. 6 GG.

Der Bundespräsident ist gem. Art. 54 Abs. 6 GG gewählt, wenn er im ________________ die ________________________________ (vgl. Art. 121 GG), also ________________ ________________________, erhält. Erreicht er diese Mehrheit nicht, findet ein ________________ statt. Auch hier ist die ________________ erforderlich. Sofern der Bundespräsidentschafts-Kandidat im ________________ auch nicht die erforderliche Mehrheit erreicht, erfolgt ein letzter Wahlgang. In diesem dritten Wahlgang ist er gewählt, wenn er die ________________, also ________________, erreicht hat.

Die 13. Bundesversammlung hat am 23. Mai 2009 Horst Köhler zum Bundespräsidenten gewählt. Der Bundesversammlung gehörten 612 Bundestagsabgeordnete und 612 Länderdelegierte an. Horst Köhler wurde bei 1213 abgegebenen Stimmen mit 613 Stimmen im ersten Wahlgang gewählt.

Die Bundesregierung — BASISTEXT

Gem. Art. 62 GG besteht die Bundesregierung aus dem Bundeskanzler und den Bundesministern (Bundeskabinett).

Bildung der Bundesregierung — BASISTEXT

Der Bundeskanzler wird gem. Art. 63 Abs. 1 GG vom Bundestag gewählt. Dies ist zu Beginn einer neuen Wahlperiode zunächst die wichtigste Aufgabe eines neu gewählten Bundestages. Die Wahl des Bundeskanzlers lässt sich in **drei Wahlphasen** (**nicht:** Wahlgängen!) einteilen.

Erste Wahlphase:

Der Bundespräsident schlägt dem Bundestag gem. Art. 63 Abs. 1 GG einen Kandidaten zur Wahl vor. Nur der Bundespräsident ist zu diesem Zeitpunkt berechtigt, einen Kandidaten vorzuschlagen. Über diesen Wahlvorschlag hat der Bundestag **ohne Aussprache** zu entscheiden. Gewählt ist gem. Art. 63 Abs. 2 S. 1 GG, wer die Stimmen der Mehrheit der Mitglieder des Bundestages auf sich vereinigt (sog. Kanzlermehrheit). In einem Bundestag ohne Überhangmandate sind dies 300 Stimmen. Der Gewählte **ist** vom Bundespräsidenten zu ernennen (Art. 63 Abs. 2 S. 2 GG) – ein Ermessen steht ihm nicht zu. Falls der Kandidat die absolute Mehrheit nicht erreicht, kommt es zur zweiten Wahlphase.

Zweite Wahlphase:

Aus der Mitte des Bundestages können nun Kandidaten vorgeschlagen werden (Mindestquorum s. § 4 GOBT). Innerhalb von 14 Tagen (nach Abschluss des 1. Wahlgangs) kann der Bundestag mit mehr als der Hälfte seiner Mitglieder (s. o. absolute Mehrheit) einen Bundeskanzler wählen (Art. 63 Abs. 3 GG). In der zweiten Wahlphase kann es zu mehreren Wahlgängen kommen, bis ein Kandidat die Kanzlermehrheit erreicht hat. Der Gewählte **ist** vom Bundespräsidenten zu ernennen.
Erreicht kein Kandidat innerhalb der 14-Tages-Frist die absolute Mehrheit, kommt es zur dritten Wahlphase (Art. 63 Abs. 4 GG).

Dritte Wahlphase:

Die dritte Wahlphase ist als Notlösung für den Fall vorgesehen, dass sich im Parlament keine eindeutigen Mehrheitsverhältnisse herausgebildet haben. Der Bundestag führt „unverzüglich" nach Ablauf der 14-Tage-Frist einen neuen Wahlgang durch. Das Vorschlagsrecht liegt beim Bundestag (§ 4 GOBT).
Gewählt ist, wer die meisten Stimmen (einfache Mehrheit) erhält (§ 63 Abs. 4 S. 1 GG).

Das Wahlergebnis ist jedoch im Hinblick auf eine Ernennung durch den Bundespräsident von Bedeutung:
Ist der Kandidat mit der **absoluten Mehrheit** gewählt worden, so **muss** der Bundespräsident ihn binnen 7 Tagen nach der Wahl ernennen (Art. 64 Abs. 4 S. 2 GG).
Ist der Kandidat mit der **einfachen Mehrheit gewählt** worden, **hat** der Bundespräsident innerhalb von sieben Tagen entweder den Kandidaten zu **ernennen oder den Bundestag aufzulösen**. Die Entscheidung liegt im politischen Ermessen des Bundespräsidenten.

Im Falle einer Auflösung finden gem. Art. 39 Abs. 1 S. 4 GG innerhalb von 60 Tagen **Neuwahlen** statt.

ÜBERSICHT 23 Kanzlerwahlen in Deutschland seit 1949

Kanzler	Bundes-tag	Wahltag	Ergebnis	gewählt
Konrad Adenauer	1.	15.09.1949	202 von 402 Stimmen	1. Wahlgang
Konrad Adenauer	2.	09.10.1953	305 von 487 Stimmen	1. Wahlgang
Konrad Adenauer	3.	22.10.1957	274 von 497 Stimmen	1. Wahlgang
Konrad Adenauer	4.	07.11.1961	258 von 499 Stimmen	1. Wahlgang
Ludwig Erhard	4.	16.10.1963	279 von 499 Stimmen	1. Wahlgang
Ludwig Erhard	5.	20.10.1965	272 von 496 Stimmen	1. Wahlgang
Kurt G. Kiesinger	5.	01.12.1966	340 von 496 Stimmen	1. Wahlgang
Willi Brandt	6.	21.10.1969	251 von 496 Stimmen	1. Wahlgang
Willi Brandt	7.	14.12.1972	269 von 496 Stimmen	1. Wahlgang
Helmut Schmidt	7.	16.05.1974	267 von 496 Stimmen	1. Wahlgang
Helmut Schmidt	8.	15.12.1976	250 von 496 Stimmen	1. Wahlgang
Helmut Schmidt	9.	05.11.1980	266 von 497 Stimmen	1. Wahlgang
Helmut Kohl	10.	29.03.1983	271 von 498 Stimmen	1. Wahlgang
Helmut Kohl	11.	11.03.1987	253 von 497 Stimmen	1. Wahlgang
Helmut Kohl	12.	17.01.1991	378 von 662 Stimmen	1. Wahlgang
Helmut Kohl	13.	15.11.1994	338 von 672 Stimmen	1. Wahlgang
Gerhard Schröder	14.	27.10.1998	351 von 669 Stimmen	1. Wahlgang
Gerhard Schröder	15.	22.10.2002	305 von 603 Stimmen	1. Wahlgang
Angela Merkel	16.	22.11.2005	397 von 614 Stimmen	1. Wahlgang
Angela Merkel	17.	28.10.2009	323 von 622 Stimmen	1. Wahlgang

Das Amt des Bundeskanzlers endet mit dem Zusammentritt eines neuen Bundestages (Art. 69 Abs. 2 GG), durch Tod, Rücktritt oder Abwahl durch ein konstruktives Misstrauensvotum (Art. 67 Abs. 1 S. 1 GG).

Übersicht 24

Endigungsgründe des Amtes des Bundeskanzlers

- **Zusammentritt eines neuen Bundestages** (Art. 69 Abs. 2 Hs. 1 GG)
- **Konstruktives Mistrauensvotum** (Art. 67 Abs. 1 S. 1 GG)
- **Rücktritt**
- **Tod**

Sobald der Bundestag einen Kanzler gewählt hat, wird dieser gem. Art. 64 Abs. 1 GG dem Bundespräsidenten seine Minister vorschlagen. Der Bundespräsident **muss** die vorgeschlagenen Minister ernennen. Nach der Ernennung ist die Bildung der Bundesregierung abgeschlossen.

Das Amt eines Ministers endet immer dann, wenn der Kanzler **sein Amt verliert**. Darüber hinaus kann ein Minister von sich aus **zurücktreten** oder auf Vorschlag des Kanzlers vom Bundespräsidenten **entlassen werden.** Die Möglichkeit einer **Abwahl eines Ministers** durch den Bundestag sieht das Grundgesetz nicht vor. Es wird deutlich, dass die Minister an das Amt des Kanzlers gebunden sind: Verliert der Kanzler sein Amt, verlieren auch die Minister ihr Amt. Umgekehrt ist dies nicht der Fall.

Übung 39

1. Recherchieren Sie, wer zur Bundesregierung gehört.

Lösung:

2. Vervollständigen Sie nachfolgende Tabelle.

Seit Bestehen der Bundesrepublik Deutschland gab es folgende Bundeskanzler:

Name	**Amtszeit** (Jahreszahlen)
Konrad Adenauer (CDU)	
Ludwig Erhard (CDU)	
Kurt Georg Kiesinger (CDU)	
Willy Brandt (SPD)	
Helmut Schmidt (SPD)	
Helmut Kohl (CDU)	
Gerhard Schröder (SPD)	
Angela Merkel (CDU)	

Nach Art. 65 Abs. 1 S. 1 GG bestimmt der Bundeskanzler die **Richtlinien der Politik** und somit die grundsätzlichen Ziele der Politik. Er übernimmt damit die Führungsrolle im Kabinett.

Der Bundeskanzler bestimmt gem. Art. 64 Abs. 1 GG die personelle Zusammensetzung der Bundesregierung, indem die Bundesminister **auf seinen Vorschlag** vom Bundespräsidenten ernannt und entlassen werden.

Kanzlerprinzip

bedeutet, dass der Bundeskanzler die **grundsätzlichen Ziele** der Regierungspolitik vorgibt.

Beispiel:

Die Bundeskanzlerin gibt das Ziel aus, dass bis 2020 18 % der Gesamtenergie in Form von erneuerbaren Energien erzeugt wird.

Ressortprinzip

bedeutet, dass jeder **Bundesminister** seinen eigenen Bereich selbstständig und unter **eigener Verantwortung leitet.**

Beispiel:

Die Bundesministerin für Familie, Frauen, Senioren und Jugend setzt sich dafür ein, dass Bund, Länder und Kommunen bis zum Jahr 2013 bundesweit für rund ein Drittel der Kinder unter drei Jahren Betreuungsplätze in Kindertageseinrichtungen und in Kindertagespflege zur Verfügung stellen.

Kollegialprinzip

bedeutet, dass die **Bundesregierung** über **Meinungsverschiedenheiten** zwischen den Bundesministern und über wichtige Angelegenheiten **gemeinsam entscheidet.**

Beispiel:

Der Bundesjustizminister legt der Bundesregierung eine Änderung des Strafgesetzbuches vor. In einer Kabinettssitzung entscheidet die Bundesregierung, ob der Gesetzesentwurf gem. Art. 76 GG beim Bundestag eingebracht wird.

ÜBUNG 40

1. Stellen Sie anhand der Vorlage eine mögliche Kanzlerwahl dar. Benutzen Sie dabei folgende Begriffe:

   Bundeskanzler gewählt/ absolute Mehrheit/ unverzüglich/ Kandidatenvorschlag durch Bundespräsidenten/ absolute Mehrheit/ Ermessen des Bundespräsidenten/ Ernennung des Bundeskanzlers/ Auflösung und Neuwahl des Bundestages

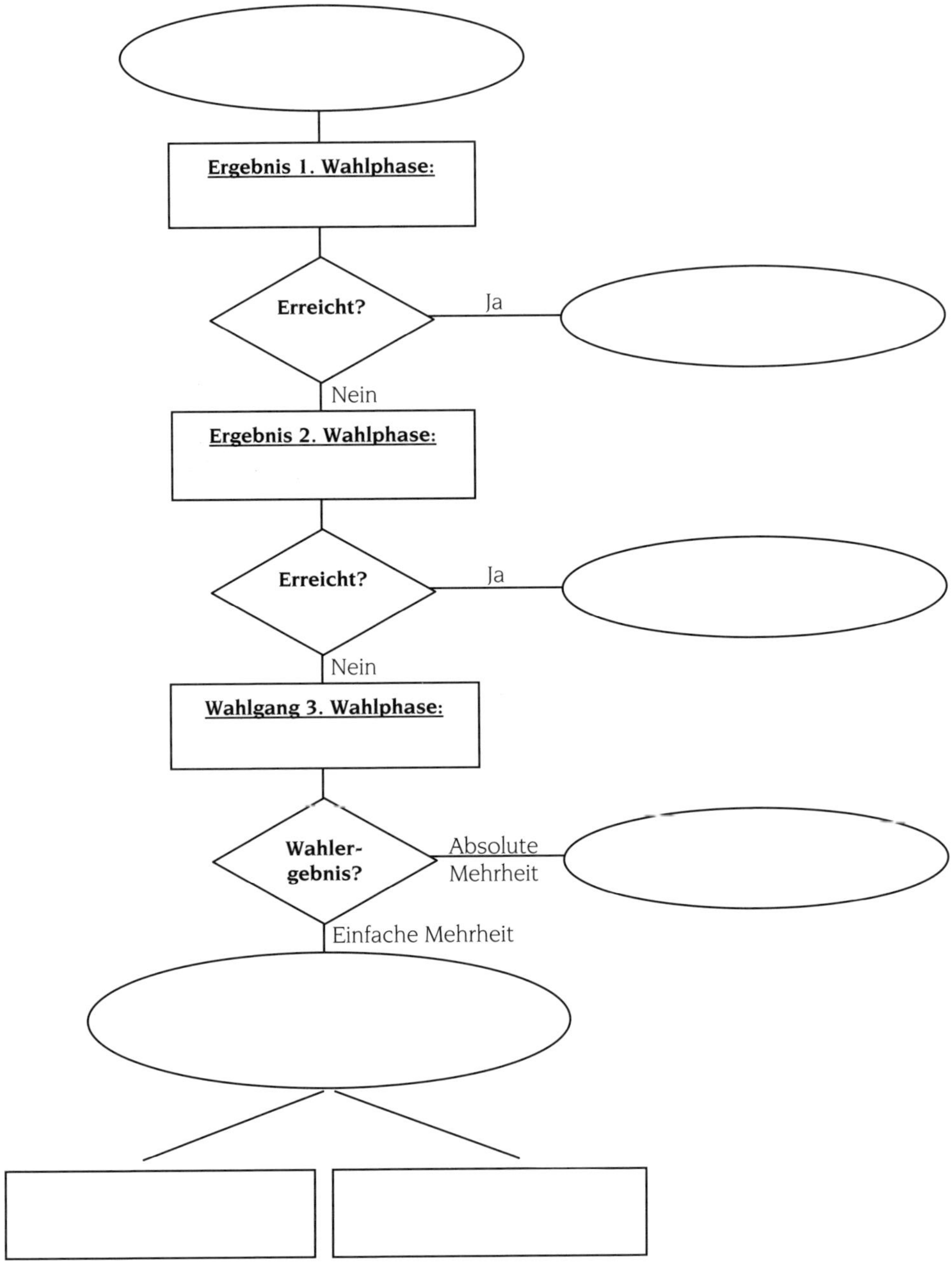

Ergebnis 1. Wahlphase:
Erreicht?
Ja
Nein
Ergebnis 2. Wahlphase:
Erreicht?
Ja
Nein
Wahlgang 3. Wahlphase:
Wahlergebnis?
Absolute Mehrheit
Einfache Mehrheit

2. Erläutern Sie, warum dem Bundespräsidenten in der dritten Wahlphase ein Ermessensspielraum eingeräumt wird.

Lösung:

Zahlenspiel **FALL 22**

Auf der Tagesordnung der Sitzung des neu gewählten Bundestages (622 Abgeordnete) am 28.10.2009 steht als einziger Punkt „Wahl des Bundeskanzlers". Als Kandidat hat der Bundespräsident den Abgeordneten Müller zur Wahl vorgeschlagen. Im 1. Wahlgang erhält Kandidat Müller 251 Stimmen. Daraufhin findet am 12.11.2009 ein zweiter Wahlgang statt, bei dem aus der Mitte des Bundestages mehrere Kandidaten vorgeschlagen wurden: Müller, Franzus und Neckel. Es ergibt sich folgende Stimmenverteilung: Müller 280 Stimmen, Franzus 161 Stimmen, Neckel 159 Stimmen; 22 Abgeordnete haben sich der Stimme enthalten.

Aufgabe: Gehen Sie der Frage nach, ob der Bundespräsident Müller zum Bundeskanzler ernennen muss.

Lösung:

BASISTEXT Unvereinbarkeiten (Inkompatibilitäten)

ÜBUNG 41

Vervollständigen Sie nachfolgenden Lückentext anhand von Art. 66 GG.

Um Kanzler oder Bundesminister werden zu können, muss man nicht Mitglied im Deutschen Bundestag sein. Nach Art. 66 GG dürfen die Regierungsmitglieder während ihrer Amtszeit ____________________ wahrnehmen, ____________________ ausüben, ____________________ ausüben und ____________________ eines auf Erwerb gerichteten ____________________ angehören. Nur mit ____________________ des Bundestages dürfen Regierungsmitglieder dem Aufsichtsrat eines ______________________________ angehören.

Regierungsmitglieder stehen nach § 1 BMinG in einem **öffentlich-rechtlichen** Amtsverhältnis. Sie sind keine Beamten, können nicht **disziplinarrechtlich** belangt werden, sondern unterliegen der parlamentarischen Verantwortlichkeit.

FALL 23 Vielbeschäftigte Ministerin

Im Rahmen einer Regierungsumbildung möchte der Bundeskanzler seine persönliche Beraterin Frau Dollmann in das Amt der Außenministerin berufen. Ihm kommen aber Bedenken, da Frau Dollmann

- als Vorstand der Kreditbank Welfenheim AG tätig ist,
- im Aufsichtsrat der Baumotoren AG sitzt,
- Vorsitzende der D-Partei in Niedersachsen ist und
- keine Abgeordnete des Deutschen Bundestages ist.

Aufgabe: Prüfen Sie,
1. auf welchem Weg ein Außenminister in sein Amt gelangt und
2. ob die Bedenken des Bundeskanzlers gerechtfertigt sind.

Notieren Sie die Lösung auf einem besonderen Blatt.

Aufgaben der Bundesregierung **BASISTEXT**

Im Hinblick auf die Aufgaben der Bundesregierung ist im Grundgesetz keine Generalklausel genannt. Insofern müssen die Aufgaben der Bundesregierung aus dem Gewaltenteilungsprinzip abgeleitet werden. Insbesondere sind dies:

- Zur Kriegsführung bestimmte Waffen dürfen nur mit Genehmigung der Bundesregierung hergestellt, befördert und in Verkehr gebracht werden (Art. 26 Abs. 2 GG)
- Ausübung des Bundeszwangs (Art. 37 GG)
- Einbringen von Gesetzesvorlagen (Art. 76 Abs. 1 GG)
- Erlass von Rechtsverordnungen (Art. 80 bs. 1 GG)
- Aufsicht über die Ausführung von Bundesgesetzen durch die Länder (Art. 84 Abs. 3 GG)

Das konstruktive Misstrauensvotum **BASISTEXT**

Das Grundgesetz ist auf Kontinuität und auf Verlässlichkeit der Regierungsverantwortung bedacht. Deshalb genügt es nicht, nur den alten (unerwünschten) Bundeskanzler abzuwählen. Ein neuer Bundeskanzler kann nur dann ins Amt kommen, wenn die Mehrheit des Bundestages hinter ihm steht. Formal kann der Bundestag dem amtierenden Bundeskanzler das Misstrauen nur dadurch aussprechen, dass er mit der Mehrheit seiner Mitglieder (Kanzlermehrheit) einen Nachfolger wählt (vgl. Art. 67 Abs. 1 GG). „Konstruktiv" nennt man dieses Verfahren, weil der Bundestag den alten Kanzler nur durch die Wahl eines neuen Kanzlers „abwählen" kann. Damit zerstört es nicht nur Altes, sondern baut Neues auf. Auf diese Weise wird die Kontinuität des Amtes des Bundeskanzlers sichergestellt.

Konstruktives Misstrauensvotum

bedeutet, dass der Bundestag dem Bundeskanzler das Misstrauen (nur) dadurch ausspricht, dass er mit der Mehrheit seiner Mitglieder einen **Nachfolger wählt** und den **Bundespräsidenten ersucht**, den **Bundeskanzler zu entlassen** (Art. 67 Abs. 1 S. 1 GG).

Beispiel:

Der Bundestag wählt am 01.10.1982 den Abgeordneten Helmut Kohl (CDU) mit 256:235 Stimmen (gesetzliche Mitgliederzahl des Bundestages damals 497 Abgeordnete) zum neuen Bundeskanzler. Gleichzeitig ist der bisherige Bundeskanzler Helmut Schmidt damit abgewählt.

Der Bundespräsident muss in diesem Fall den „alten" Kanzler entlassen und den „neuen" ernennen.

Übung 42

1. Recherchieren Sie, wann es in Deutschland ein konstruktives Misstrauensvotum gab. Vervollständigen Sie dazu die folgende Tabelle.

Datum	**Heraus-forderer**	**Bundes-kanzler**	**Ges. Mitgl. zahl**	**Ja**	**Nein**	**Ent-haltung**	**Ab-wesend/ ungültig**	**Erfolgreich?**

2. Erläutern Sie, warum der Gesetzgeber die in Art. 67 Abs. 2 GG vorgesehene Frist gesetzt hat.

Lösung:

Basistext Die Vertrauensfrage

Im Gegensatz zum konstruktiven Misstrauensvotum geht die **Initiative** bei der Vertrauensfrage **vom Bundeskanzler** aus. Er will sich vergewissern, ob er noch die Mehrheit der Mitglieder des Bundestages hinter sich hat. Ist dies nicht der Fall, kann der Bundeskanzler dem Bundespräsidenten vorschlagen, den Bundestag aufzulösen und Neuwahlen festzulegen (Art. 68 Abs. 1 S. 1 GG).

Gem. Art. 68 Abs. 2 GG hat der Gesetzgeber auch hier einen 48-stündige Frist zwischen Antrag und Wahl festgelegt.

Vertrauensfrage

ist ein an den Bundestag gerichteter **Antrag des Bundeskanzlers**, ihm das Vertrauen auszusprechen (Art. 68 Abs. 1 S. 1 GG).

Vertrauensfragen im Deutschen Bundestag **ÜBERSICHT 25**

Datum	Bundes-kanzler	Ges. Mitgl. zahl	Ja	Nein	Ent-hal-tung	Abwe-send/ ungültig	Vertrauen?	Fortgang
22.09.1972	Willy Brandt	496	233	248	1	14	Nein	Auflösung des Bundestages
05.02.1982	Helmut Schmidt	497	269	225	0	3	Ja	Fortsetzung der Regierung
17.12.1982	Helmut Kohl	497	8	218	248	23	Nein	Auflösung des Bundestages
16.11.2001	Gerhard Schröder	666	336	326	0	4	Ja	Fortsetzung der Regierung
01.07.2005	Gerhard Schröder	601	151	296	148	6	Nein	Auflösung des Bundestages

„Aus dem Parlament"

Vertrauensfrage des Bundeskanzlers Gerhard Schröder am 1. Juli 2005

Herr Präsident! Meine Damen und Herren! Am Montag dieser Woche habe ich dem Herrn Bundestagspräsidenten mitgeteilt, dass ich es in der gegebenen Situation als meine Pflicht ansehe, im Deutschen Bundestag die Vertrauensfrage zu stellen. Mein Antrag hat ein einziges, ganz unmissverständliches Ziel: Ich möchte dem Herrn Bundespräsidenten die Auflösung des 15. Deutschen Bundestages und die Anordnung von Neuwahlen vorschlagen können.

Der für meine Partei und für mich selber bittere Ausgang der Landtagswahlen in Nordrhein-Westfalen war das letzte Glied in einer Kette zum Teil empfindlicher und schmerzlicher Wahlniederlagen. In der Folge dessen wurde deutlich, dass es die sichtbar gewordenen Kräfteverhältnisse ohne eine neue Legitimation durch den Souverän, das deutsche Volk, nicht erlauben, meine Politik erfolgreich fortzusetzen.

Endgültig mit diesem Ausgang der Landtagswahl am 22. Mai wurden negative Auswirkungen für die Handlungsfähigkeit im parlamentarischen Raum unabweisbar. Die Agenda 2010 mit ihren Konsequenzen schien zum wiederholten Male ursächlich für ein Votum der Wählerinnen und Wähler gegen meine Partei. Wenn diese Agenda fortgesetzt und weiterentwickelt werden soll – und das muss sie –, ist eine Legitimation durch Wahlen unverzichtbar.

Es ist daher ein Gebot der Fairness und der Aufrichtigkeit gegenüber den Bürgerinnen und Bürgern, gegenüber meiner Partei, gegenüber dem Partner in der Koalition, gegenüber dem Hohen Haus und auch gegenüber mir selbst, die Vertrauensfrage zu stellen.

Meine Damen und Herren, alle im Deutschen Bundestag vertretenen Parteien haben sich mit Nachdruck für die Auflösung des Bundestages ausgesprochen. Die Wählerinnen und Wähler unterstützen mit überwältigender Mehrheit meinen Wunsch nach Neuwahlen. Dessen sollten wir uns heute alle bewusst sein.

Quelle:
Plenarprotokoll der 185. Sitzung des Deutschen Bundestages am 1. Juli 2005

Übung 43

Tragen Sie in die offenen Felder die Tatbestandsmerkmale des Art. 68 Abs. 1 S. 1 GG ein.

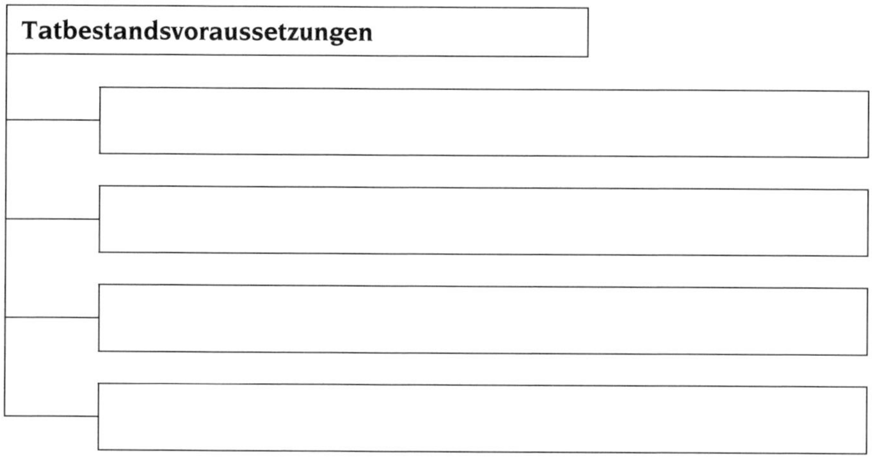

Überläufer — Fall 24

Im Bundestag sind mehrere Abgeordnete der Regierungspartei zur Opposition übergetreten. Grund war die Haltung des Bundeskanzlers zur Frage des Wiedereinstiegs in die Atompolitik. Darüber hinaus hat sich der Bundeskanzler für eine Kürzung des Arbeitslosengeldes ausgesprochen. Der Bundeskanzler stellt die Vertrauensfrage gem. Art. 68 Abs. 1 S. 1 GG. Das Vertrauen wird ihm nicht ausgesprochen.

Aufgabe: Prüfen Sie, welche verfassungsrechtlichen Schritte
1. der Bundeskanzler,
2. der Bundespräsident und
3. der Bundestag vornehmen können.

Lösung:

BASISTEXT Das Bundesverfassungsgericht

Das Bundesverfassungsgericht ist das höchste **Rechtsprechungsorgan** und repräsentiert die Verfassungsgerichtsbarkeit des Bundes (Art. 92 Hs. 2 GG). Es kontrolliert die drei Staatsgewalten im Hinblick auf die Wahrung der verfassungsrechtlichen Vorgaben (Wahrung der Grundrechte, Einhaltung verfassungsrechtlicher Kompetenzen usw.). Das Bundesverfassungsgericht ist als „Hüter der Verfassung" kein Gericht, das zur unmittelbaren Klärung einfach-gesetzlicher Rechtsfragen angerufen werden kann.

Das Bundesverfassungsgericht hat seinen Sitz in **Karlsruhe** und ist in zwei Senate, die mit je acht Richtern besetzt sind, gegliedert. In jedem Senat werden Kammern mit je drei Richtern gebildet, die zur Entlastung der Senate eingerichtet sind. Die Kammern übernehmen beispielsweise Vorprüfungen für Verfassungsbeschwerden.

Die Richter des Bundesverfassungsgerichts werden gem. Art. 94 Abs. 1 S. 2 GG **je zur Hälfte vom Bundestag und vom Bundesrat** gewählt und vom Bundespräsidenten ernannt. Die Richter dürfen gem. Art. 94 Abs. 1 S. 3 GG weder dem Bundestag, dem Bundesrat, der Bundesregierung noch entsprechenden Organen eines Landes angehören. Ihre Amtszeit beträgt zwölf Jahre, eine Wiederwahl ist ausgeschlossen. An der Spitze stehen der **Präsident** und der Vizepräsident. Sie führen den Vorsitz in ihrem Senat.

ÜBERSICHT 26 Organisation des Bundesverfassungsgerichts

1. Senat	2. Senat
Mitglieder Präsident des BVerfG + 7 weitere Richter	**Mitglieder** Vizepräsident des BVerfG + 7 weitere Richter
Entscheidung über ... Verfassungsbeschwerden Normenkontrollen	**Entscheidung über ...** Verfassungsbeschwerden Normenkontrollen alle übrigen Verfahren

BASISTEXT Aufgaben des Bundesverfassungsgerichts

Die Aufgaben des Bundesverfassungsgerichts sind abschließend in Art. 93 GG genannt. Nach Art. 93 Abs. 3 GG kann das Bundesverfassungsgericht ferner in den ihm sonst durch Bundesgesetz zugewiesenen Fällen tätig werden. Die Zuständigkeiten lassen sich in fünf Gruppen einteilen:

ÜBERSICHT 27

Aufgaben des Bundesverfassungsgerichts

Entscheidung über Parteienklagen/ Organstreitverfahren

Beispiel:

Zustimmung des Deutschen Bundestages zum Einsatz deutscher Soldaten in AWACS-Flugzeugen der NATO zur Luftraumüberwachung über dem Hoheitsgebiet der Türkei im Frühjahr 2003 (Entscheidung vom 07.05.2008 - 2 BvE 1/03)

Entscheidung über abstrakte und konkrete Normenkontrollverfahren

Beispiel:

Vereinbarkeit der allgemeinen Wehrpflicht mit dem Grundsatz der Wehrgerechtigkeit (Entscheidung vom 22.07.2009 - 2 BvL 3/09)

Entscheidung über Verfassungsbeschwerden

Beispiel:

Verfassungsbeschwerde gegen die Streitwertfestsetzung in einem Ehescheidungsverfahren (Entscheidung vom 12.10.2009 – BvR 735/09)

Entscheidung über Anklageverfahren/ Richter, Bundespräsident

Das Instrument der Präsidentenanklage ist in der Geschichte der Bundesrepublik Deutschland bisher noch nie angewendet worden.

Entscheidung über sonstige Verfahren

Beispiel:

Vorlageverfahren zur Frage der Verfassungsmäßigkeit des § 1906 Abs. 5 in Verbindung mit Abs. 4 und Abs. 2 BGB (in der Fassung vom 2. Januar 2002, BGBl I S. 42) sowie die des § 67 FGG (in der Fassung vom 25. Juni 1998, BGBl I S. 1580) (Entscheidung vom 07.01.2009 – 1 BvL 2/05)

Bei den Parteienklagen handelt es sich vor allem um **Organstreitigkeiten** auf Bundesebene zwischen obersten Bundesorganen.
Bei einer **abstrakten Normenkontrolle** werden Rechtsnormen generell auf ihre Vereinbarkeit mit übergeordneten Normen geprüft, ohne dass ein konkreter Rechtsstreit vorliegt. Bei der **konkreten Normenkontrolle** hingegen liegt ein konkreter Rechtsstreit vor.

Das Bundesverfassungsgericht entscheidet darüber hinaus über **Verfassungsbeschwerden,** die von jedermann mit der Behauptung erhoben werden können, durch mindestens eine der drei Staatsgewalten in einem seiner Grundrechte oder in grundrechtsähnlichen Rechten verletzt zu sein. Die Verfassungsbeschwerde ist in der Regel erst dann möglich, wenn der komplette Rechtsweg ausgeschöpft worden ist.

Unter die Anklageverfahren fallen die **Anklage des Bundespräsidenten** (vgl. Art. 61 GG), die **Richteranklage** (vgl. Art. 98 Abs. 2 GG) und das **Verbot politischer Parteien** (vgl. Art. 21 GG). Zu dieser Gruppe sind weiter auch die Anklageverfahren zum Schutz vor verfassungsfeindlicher Betätigung zu rechnen. Die Verfahren dienen der Sicherung der freiheitlichen demokratischen Grundordnung

Zu den sonstigen Verfahren zählen die noch verbleibenden Verfahren wie **Beschwerden gegen Bundestagsentscheidungen im Wahlprüfungsverfahren** (vgl. Art. 41 GG).

Entscheidungen des Bundesverfassungsgerichts sind nach § 31 Abs. 1 BVerfGG verbindlich, d. h. die Verbindlichkeit der Entscheidungen ist auf alle Verfassungsorgane des Bundes und der Länder sowie auf alle Behörden und Gerichte angeordnet. Darüber hinaus können Entscheidungen **Gesetzeskraft** erlangen (vgl. § 31 Abs. 2 BVerfGG). Schließlich kann das Bundesverfassungsgericht Gesetze **für nichtig erklären.**

BASISTEXT **Der Gemeinsame Ausschuss**

Der Gemeinsame Ausschuss ist ein **Not- oder Ersatzparlament für den Verteidigungsfall.** Er soll in einer derartigen Situation die parlamentarischen Strukturen und Verfahrensweisen garantieren. Der Gemeinsame Ausschuss ist im „Ernstfall" allerdings nur nachrangig zuständig und grundsätzlich gilt, dass er tätig wird, wenn der Bundestag nicht mehr dazu in der Lage ist (vgl. Art. 115a Abs. 1 und 2 GG).
Nach Art. 53a GG besteht der Gemeinsame Ausschuss zu zwei Dritteln aus **Abgeordneten des Bundestages** und zu einem Drittel aus **Mitgliedern des Bundesrates.** Zurzeit besteht der Gemeinsame Ausschuss aus 48 Mitgliedern. Vorsitzender des Gemeinsamen Ausschusses ist der Präsident des Deutschen Bundestages.
Die Bundesregierung **unterrichtet** den Gemeinsamen Ausschuss über ihre Planungen im Verteidigungsfall, mindestens zweimal jährlich tritt er zu Sitzungen zusammen. Durch die permanenten Informationen soll gewährleistet sein, dass der Gemeinsame Ausschuss für den Notfall gut vorbereitet ist.

ÜBERSICHT 28

Aufgaben des Gemeinsamen Ausschusses

- **Feststellung Verteidigungsfall** (Art. 115a Abs. 2 GG)
- **Wahl des Bundeskanzlers** (Art. 115h Abs. 2 GG)
- **Konstruktives Misstrauensvotum** (Art. 115h Abs. 2 GG)
- **Befugnis zur Gesetzgebung** (Art. 115k Abs. 2 GG)

Dem Gemeinsamen Ausschuss ist es gem. Art. 115e Abs. 2 GG verwehrt, das Grundgesetz zu ändern oder ganz oder teilweise außer Kraft zu setzen. Hiermit soll ein „legaler Staatsstreich" verhindert werden.

05 Gesetzgebung

BASISTEXT

Einleitung

Für einen Staat wie die Bundesrepublik Deutschland sind Gesetze sichtbarer Ausdruck eines demokratischen Rechtsstaates. Das Gesetz bildet ein wichtiges **Steuerungsinstrument** des Rechtsstaates und ist das Ergebnis öffentlicher Entscheidungsprozesse. Die Aufgabe und Kompetenzverteilung der Gesetzgebung ist im Grundgesetz vor allem in den Art. 20, 28, 70 ff. GG umschrieben.

Gesetze

sind in einem förmlichen Gesetzgebungsverfahren getroffene **abstrakt-generelle Regelungen** (formelle Gesetze s. LB AVR/RA)/ **Rechtsnormen.**

Gesetzgebung

ist die **Entscheidung** der dazu **demokratisch legitimierten Staatsorgane** über alle grundsätzlichen Fragen in einem förmlichen parlamentarischen Verfahren, das durch **freie Willensbildung,** umfassende **Öffentlichkeit** und **Transparenz,** durch optimale Berücksichtigung und Ausgleich der **unterschiedlichen Interessen** geprägt ist.

Derzeit gibt es etwa 2.200 Bundesgesetze auf Bundesebene.

Die Gesetzgebungskompetenzen sind aufgrund der im Juni und Juli 2006 vom Bundestag und Bundesrat beschlossenen **Föderalismusreform I** neu geregelt worden. Die **Föderalismusreform I** ist die **umfangreichste Änderung des Grundgesetzes** in der Geschichte der Bundesrepublik Deutschland und ist am 1. September 2006 in Kraft getreten (vgl. Gesetz zur Änderung des Grundgesetzes vom 28. August 2006 (BGBl. 2006, Teil I, Nr. 41, S. 2034) und Föderalismusreform-Begleitgesetz (BGBl. 2006, Teil I, Nr. 42, S. 2098)).

Ziele der Föderalismusreform I

- Beschleunigung des Gesetzgebungsverfahrens
- Verteilung der Gesetzgebungskompetenzen auf Bund und Länder
- Zuständigkeitsverteilung und Mitwirkungsrechte der Länder bei der Gesetzgebung des Bundes
- Regelung der Finanzbeziehungen zwischen Bund und Ländern.

Mit der Föderalismusreform soll das **Gesetzgebungsverfahren beschleunigt** und **transparenter** werden. Dazu soll die Zahl der so genannten Zustimmungsgesetze von derzeit rund 60 % auf etwa 35 bis 40 % aller Bundesgesetze sinken. Grund für die Reduzierung der Zustimmungsgesetze ist insbesondere der Art. 84 Abs. 1 GG a. F. gewesen, wonach die Zustimmung des Bundesrates erforderlich wurde, wenn im Bundesgesetz auch Regelungen zum **Verwaltungsverfahren** enthalten waren. Nun ist dieses Zustimmungserfordernis entfallen; die Länder können dann aber abweichende Verfahrensregelungen treffen. Wenn der Bund im konkreten Fall eine abweichende Landesgesetzgebung ausschließen will, bedarf es dazu der Zustimmung des Bundesrates (Art. 84 Abs. 1 S. 6 GG).

Wesentliche Ergebnisse der Föderalismusreform

- Reduzierung der Zustimmungsgesetze auf ca. 30% aller Bundesgesetze, indem die Länder Verwaltungsverfahren und die Einrichtung der Behörden selbst regeln können.
- Abschaffung der Rahmengesetzgebung
- Neuordnung der konkurrierenden Gesetzgebung

Im Gegenzug für diesen **Verzicht der Länder** auf Mitwirkung im nationalen Gesetzgebungsverfahren haben die Länder nun die ausschließliche Gesetzgebungskompetenz für das Laufbahn-, Besoldungs- und Versorgungsrecht der Landes- und Kommunalbeamten, das Ladenschluss- und Gaststättenrecht, das Strafvollzugsrecht, das Heimrecht und das Presserecht erhalten. Zusätzlich haben die Länder im Bereich des Umwelt- und Bildungsrechts ein so genanntes „Abweichungsrecht", durch das sie von Bundesregelungen abweichende, eigene Gesetze beschließen können.

Der Bund ist nun allein ausschließlich für das Melde- und Ausweiswesen, den „Schutz deutschen Kulturgutes gegen Abwanderung ins Ausland", das Waffen- und Sprengstoffrecht, das Kriegsfolgenrecht sowie für die Kernenergie zuständig.

ÜBERSICHT 29

Zuständigkeit des Bundes

- Melde- und Ausweiswesen (vgl. Art. 73 Abs. 1 Nr. 3 GG)
- Schutz des deutschen Kulturgutes gegen Abwanderung ins Ausland (vgl. Art. 73 Abs. 1 Nr. 5a GG)
- Waffen- und Sprengstoffrecht (vgl. Art. 73 Abs. 1 Nr. 12 GG)
- Kriegsfolgenrecht (vgl. Art. 73 Abs. 1 Nr. 13 GG)
- Kernenergie (vgl. Art. 73 Abs. 1 Nr. 14 GG)

ÜBERSICHT 30

Zuständigkeit der Länder

- Besoldungs-, Laufbahn-, Versorgungsrecht der Landes- und Kommunalbeamten (vgl. Umkehrschluss aus Art. 74 Abs. 1 Nr. 27 GG)
- Ladenschluss- und Gaststättenrecht (vgl. Umkehrschluss aus Art. 74 Abs. 1 Nr. 11 GG)
- Strafvollzugsrecht
- Heimrecht
- Presserecht

BASISTEXT Gesetzgebungskompetenzen

Die bundesstaatliche Grundregel des Art. 30 GG, wonach grundsätzlich die Länder für alle Aufgaben zuständig sind, soweit im Grundgesetz keine anderen Regelungen existieren, wird für den Bereich der Gesetzgebung durch **Art. 70 GG konkretisiert.** Hiernach haben die Länder die **Gesetzgebungskompetenz,** soweit das Grundgesetz nicht dem Bund Kompetenzen verleiht. Die Kompetenzen des Bundes sind in den Art. 71ff. GG geregelt.

ÜBERSICHT 31

Gesetzgebungskompetenzen

- **Ausschließliche Gesetzgebung**
  Beispiel:
  Staatsangehörigkeitengesetz
- **Konkurrierende Gesetzgebung**
  Beispiel:
  Bürgerliches Gesetzbuch

Mit In-Kraft-Treten der Föderalismusreform am 1. September 2006 ist die **Rahmengesetzgebung** nach Art. 75 GG **weggefallen.**

Übung 44

Vervollständigen Sie nachfolgenden Lückentext anhand von Art. 71 bis 74 GG.

Im Bereich der ______________________________ haben die ______________ die Befugnis zur Gesetzgebung gem. Art. 71 GG nur, wenn sie hierzu durch ______________ ausdrücklich ermächtigt sind. Die zugehörigen Bereiche des Bundes sind vor allem, aber nicht nur, in Art. ______________ aufgeführt. Dazu gehören etwa die auswärtigen Angelegenheiten sowie die Verteidigung einschließlich des Schutzes der Zivilbevölkerung, die Staatsangehörigkeit im Bunde, der Luftverkehr, Postwesen und Telekommunikation etc.

Im Bereich der ______________________________ dürfen die Länder nur dann gem. Art. 72 GG gesetzgeberisch tätig werden, solange und soweit der Bund von seiner Gesetzgebungszuständigkeit nicht durch Gesetz Gebrauch gemacht hat. Die Bereiche der konkurrierenden Gesetzgebung sind vor allem in Art. ______________ aufgezählt. Zu ihnen gehören so bedeutende Bereiche wie das Bürgerliche Recht. Vor der Föderalismusreform war die gesamte konkurrierende Gesetzgebungskompetenz an die „Erforderlichkeit" einer bundeseinheitlichen Regelung geknüpft, ursprünglich nur an ein – vom Bundesverfassungsgericht für nicht überprüfbar gehaltenes – „Bedürfnis". Heute unterscheidet man für die konkurrierende Gesetzgebung drei Unterfälle:

1. Nach Art. ______________ kann der Bund grundsätzlich tätig werden, ohne dass zusätzliche Bedingungen erfüllt sein müssen.

2. Auf bestimmten Gebieten hat der Bund gem. Art. 72 Abs. 2 GG das Gesetzgebungsrecht aber nur, wenn und soweit ______________________________ im Bundesgebiet oder ______________________________ eine bundesgesetzliche Regelung erforderlich macht. Hier ist also die bisherige, vom Bundesverfassungsgericht streng ausgelegte Erforderlichkeitsklausel erhalten geblieben. Betroffen sind die Bereiche des Art. 74 Abs. 1 Nr. 4, 7, 11, 13, 15, 19a, 20, 22, 25 und 26 GG.

3. In einem dritten Bereich hat schließlich der Bund zwar die Gesetzgebungskompetenz, doch haben die Länder eine so genannte Abweichungskompetenz gem. Art. 72 Abs. 3 GG. Betroffen sind das ________________, der Naturschutz und die Landschaftspflege, die Bodenverteilung, die Raumordnung, der Wasserhaushalt sowie die Hochschulzulassung und die Hochschulabschlüsse. Diese Abweichungskompetenz gehört zu den großen Neuerungen der ___________________________ . Sie führt dazu, dass in größerem Umfang als bisher Bundesrecht nur in bestimmten Regionen gilt.

Übung 45

1. Listen Sie mindestens jeweils drei Gesetze auf, die Art. 73 und 74 GG zuzuordnen sind.

Lösung:

Basistext — Geltungsbereich der ausschließlichen und der konkurrierenden Gesetzgebung

Während sonst nur Bundes- oder nur Landesrecht kompetenzgemäß erlassen werden kann, kann bei der **konkurrierenden Gesetzgebung** wirksam entstandenes Bundes- und Landesrecht vorhanden sein, etwa weil bei Erlass des Landesgesetzes noch keine bundesrechtliche Regelung vorhanden war. Diese **Normenkollision** wird durch Art. 31 GG **zu Gunsten des Bundesrechts** gelöst, das Landesrecht erlischt also.

Abweichend hiervon bestimmt Art. 72 Abs. 3 S. 3 GG für die **Abweichungskompetenz,** dass nicht etwa das höherrangige Recht das niedrigere bricht, sondern dass „im Verhältnis von Bundes- und Landesrecht das jeweils spätere Gesetz" vorgeht.

Es handelt sich hierbei auch **nicht um einen Geltungsvorrang,** sondern nur um einen **Anwendungsvorrang**, so dass die verdrängte Norm weiter existiert und bei Aufhebung der anderen automatisch wieder anzuwenden wäre. Um Bundesländern Zeit für die Ausarbeitung abweichender Gesetze zu geben, treten Bundesgesetze auf diesen Gebieten **frühestens sechs Monate** nach ihrer Verkündung in Kraft, soweit nicht mit Zustimmung des Bundesrates anderes bestimmt ist.

ÜBUNG 46

Am 01.01.2009 ist ein vom Bund erlassenes Gesetz über das Jagdwesen in Kraft getreten. Am 01.06.2009 erlässt das Land Niedersachsen ebenfalls ein Gesetz über das Jagdwesen. Dieses Gesetz wird am 01.02.2010 außer Kraft gesetzt. Prüfen Sie, welches Gesetz für den Zeitraum vom 01.01.2009 bis zum 01.02.2010 gilt.

Lösung:

Gesetzgebungsverfahren — BASISTEXT

Bundesgesetze werden vom Bundestag und vom Bundesrat beschlossen. Die Gesetzgebung lässt sich in drei Verfahren einteilen: **Einleitungs-, Haupt- und Abschlussverfahren.** Bezogen auf die Mitwirkung des Bundesrates beim Zustandekommen eines Gesetzes sind Bundesgesetze entweder **Einspruchsgesetze** (einfache Gesetze) oder **Zustimmungsgesetze**.

Ein Zustimmungsgesetz

ist ein Bundesgesetz, bei dem das Grundgesetz ausdrücklich die Zustimmung des Bundesrates verlangt. Es kommt nur mit Zustimmung des Bundesrates zustande.

Beispiel:

- Änderung des Art. 16a GG (vgl. Art. 79 Abs. 2 GG)
- Übertragung einer Luftverkehrsverwaltung auf die Länder (vgl. Art. 87d Abs. 2 GG)
- Regelungen der Eisenbahnverkehrsverwaltung (vgl. Art. 87e Abs. 5 GG)

Zustimmungsgesetze sind insbesondere Gesetze, die das **Grundgesetz** selbst ändern (Art. 79 GG) oder nach denen die Bundesrepublik Deutschland **Hoheitsrechte** auf die **Europäische Union** überträgt (Art. 23 Abs. 1. S. 2 GG) oder vor allem solche Gesetze, bei denen die Interessen der Länder berührt sein können, die z. B. das Finanzaufkommen der Länder betreffen (Art. 104a Abs. 3, 4, 5 und 105 Abs. 3 GG).

Merke:

> Entscheidend dafür, ob ein Zustimmungsgesetz vorliegt, ist allein die Benennung des Gesetzes im Grundgesetz als zustimmungsbedürftig.

ÜBUNG 47

Welche der nachfolgenden Gesetze sind Einspruchs- bzw. Zustimmungsgesetze. Begründen Sie Ihre Entscheidung.

Gesetz	Einspruchsgesetz	Zustimmungsgesetz	Begründung
Bundeswahlgesetz	☐	☐	
Einkommensteuergesetz	☐	☐	
Grundgesetz	☐	☐	
Bürgerliches Gesetzbuch	☐	☐	
Umsatzsteuergesetz	☐	☐	
Körperschaftsteuergesetz	☐	☐	
Straßenverkehrsgesetz	☐	☐	
Gaststättengesetz	☐	☐	
Gewerbeordnung	☐	☐	
Bundesimmissionsschutzgesetz	☐	☐	

Der **Weg** eines Einspruchs- bzw. Zustimmungsgesetzes ist im Gesetzgebungsverfahren anders geartet. Generell lässt sich sagen, dass der wesentliche Unterschied zwischen beiden Gesetzen darin besteht, dass der Bundesrat beim Einspruchsgesetz „ausgeschaltet" werden kann, was hingegen beim Zustimmungsgesetz nicht möglich ist.

Einleitungsverfahren (Art. 76 GG) **BASISTEXT**

Das **Einleitungsverfahren** (auch **Gesetzesinitiative)** ist in Art. 76 GG geregelt. Es betrifft das Initiativrecht zur Gesetzgebung. Gesetzesvorhaben können dabei durch die **Bundesregierung, aus der Mitte des Bundestages** oder durch den **Bundesrat** beim Bundestag eingebracht werden. „Aus der Mitte des Bundestages" bedeutet, dass die Gesetzesinitiative (mindestens) von 5 % der Mitglieder des Bundestages, die derselben Partei oder solchen Parteien angehören, die auf Grund gleichgerichtete politischer Ziele in keinem Land miteinander im Wettbewerb stehen, unterzeichnet sein muss. (vgl. § 10 GOBT).

Gesetzesvorlagen des Bundestages werden direkt von ihm beschlossen. Vorlagen der Bundesregierung sind dagegen zunächst dem Bundesrat zur **Stellungnahme** zu geben. Für den Fall, dass der Bundesrat ein Gesetzesvorhaben einreicht, hat die Bundesregierung ebenfalls eine Stellungnahme abzugeben. In diesem Zeitpunkt des Verfahrens ist es unerheblich, ob die Gesetzesvorlage ein späteres Einspruchs- oder Zustimmungsgesetz darstellt. Von der 1. bis zur 16. Wahlperiode wurden am häufigsten Gesetzesvorlagen von der Bundesregierung (57%) eingebracht, gefolgt vom Bundestag (35%) und vom Bundesrat (8%).

Einleitungsverfahren **ÜBERSICHT 32**

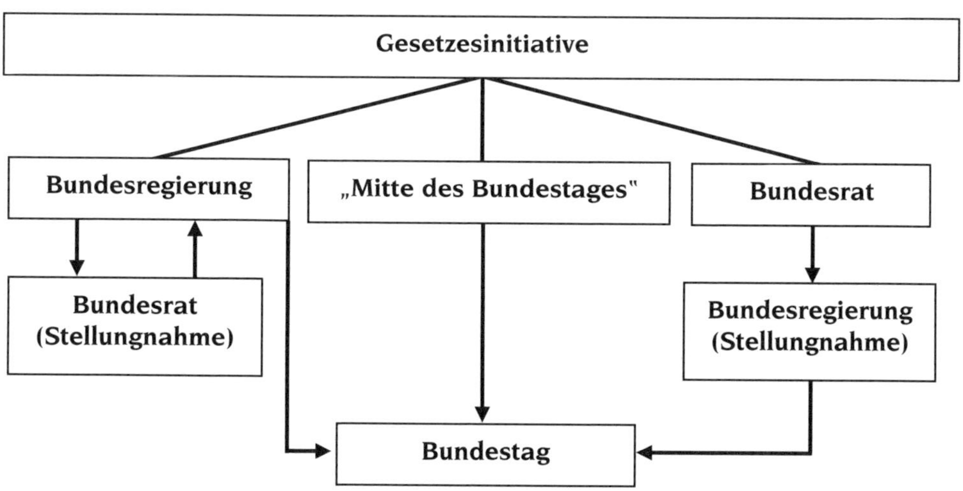

Übung 48

1. Vervollständigen Sie nachfolgenden Lückentext anhand von Art. 76 GG.

Der Bundesrat hat unterschiedliche Fristen zur Abgabe von Stellungnahmen. Grundsätzlich ist der Bundesrat berechtigt, innerhalb von ____________________ zu einer Gesetzesvorlage der Bundesregierung Stellung zu nehmen. Falls der Bundesrat aus wichtigem Grund, insbesondere weil die Gesetzesvorlage sehr umfangreich ist, eine Fristverlängerung beantragt, beträgt die Frist ____________________. Falls die Bundesregierung die Gesetzesvorlage als besonders ____________________ bezeichnet hat, kann sie schon nach ____________________ dem Bundestag die Gesetzesvorlage zuleiten, auch wenn die Stellungnahme des Bundesrates noch nicht bei ihr eingegangen ist. Sobald der Bundesregierung die Stellungnahme des Bundesrates vorliegt, muss sie diese ____________________ dem Bundestag nachreichen.

Für den Fall, dass die Bundesregierung die Gesetzesvorlage als besonders ______________ bezeichnet hat, der Bundesrat aber aus ____________________ eine Fristverlängerung beantragt hat, kann die Bundesregierung die Gesetzesvorlage nach ____________________ dem Bundestag zuleiten. Dies gilt auch, wenn noch keine Stellungnahme des Bundesrates vorliegt. Die Bundesregierung hat die Stellungnahme dem Bundestag auch in diesem Fall ____________________ nachzureichen.

Gesetzesvorlagen des Bundesrates sind der Bundesregierung zuzuleiten. Sie soll ihre Auffassung darlegen. Es gelten die ____________________ wie im vorigen Absatz. Die Organe sind entsprechend auszutauschen.

2. Innenminister Schulz bringt ein Gesetz im Bundestag ein Gesetz zur Änderung des Strafgesetzbuchs ein. Prüfen Sie, ob die Einbringung des Gesetzes ordnungsgemäß erfolgt ist.

Lösung:

Hauptverfahren (Art. 77, 78 GG) BASISTEXT

Wenn die Gesetzesvorlage im Bundestag eingebracht ist, durchläuft sie grundsätzlich **drei Beratungen (Lesungen)** gem. §§ 78 bis 86 GOBT.

In der **ersten Lesung** wird der Gesetzesentwurf vorgestellt. Bei Bedarf kommt es zur allgemeinen Aussprache über die Notwendigkeit und die Ziele einer Vorlage. Dann wird der Gesetzesentwurf zur näheren Prüfung und Bearbeitung an den zuständigen Ausschuss geleitet. In den Ausschüssen des Bundestages werden Gesetzesentwürfe im Detail beraten. Jeder Ausschuss befasst sich mit Entwürfen, die seine Zuständigkeit betreffen. Hier wird der Gesetzesentwurf auf „Herz und Nieren" geprüft. Experten werden angehört (so genannten "Hearings"). Am Ende steht ein schriftlicher Bericht an das Plenum mit einer Beschlussempfehlung. Der Bericht erläutert den Gang der Beratung und legt die Gründe dar, wenn Änderungsvorschläge gemacht werden.

Nach der Arbeit im Ausschuss folgt die **zweite Lesung** im Plenum des Bundestages. Hier debattieren die Abgeordneten über den Bericht und die Änderungsvorschläge des Ausschusses.

Die **dritte Lesung** folgt meist unmittelbar. An ihrem Ende steht die **Schlussabstimmung** (Art. 77 Abs. 1 GG). Die Abstimmung erfolgt nach Maßgabe von Art. 42 Abs. 2 GG, d. h. grundsätzlich gilt die Mehrheit der abgegebenen Stimmen, soweit das Grundgesetz keine andere Mehrheit bestimmt.

Nach dem Beschluss ist die Gesetzesvorlage **unverzüglich** dem **Bundesrat** zuzuleiten (Art. 77 Abs. 1 S. 2 GG). Wenn der Bundesrat dem Gesetzesentwurf zustimmt, ist das Gesetz gem. Art. 78 GG zustande gekommen. Will der Bundesrat dem Gesetzesentwurf allerdings nicht zustimmen, kann er gem. Art. 77 Abs. 2 GG verlangen, dass der so genannte **Vermittlungsausschuss** gebildet wird.

Bei einem **Zustimmungsgesetz** kann auch der **Bundestag** und die **Bundesregierung** die **Einberufung** des Vermittlungsausschusses **verlangen** (Art. 77 Abs. 2 S. 4 GG). Spätestens hier ist also das erste Mal zu unterscheiden, ob es sich bei der Gesetzesvorlage um ein Einspruchs- oder Zustimmungsgesetz handelt.

Der Vermittlungsausschuss

ist ein Gremium des Bundestages und Bundesrates mit der Aufgabe, bei Uneinigkeiten im Gesetzgebungsverfahren zwischen Bundestag und Bundesrat zu vermitteln und eine Einigung, evtl. in Form eines Kompromisses, herbeizuführen.

Beispiel:

Der Vermittlungsausschuss bestätigt das Schulobstgesetz

Der Deutsche Bundestag beschließt in seiner 227. Sitzung am 18. Juni 2009 das Gesetz zur Durchführung gemeinschaftsrechtlicher Vorschriften über das Schulobstprogramm (Schulobstgesetz – SchulObG).

Der Bundesrat beschließt in seiner 860. Sitzung am 10. Juli 2009, zu dem vom Deutschen Bundestag am 18. Juni 2009 verabschiedeten Gesetz zu verlangen, dass der Vermittlungsausschuss gem. Art. 77 Abs. 2 GG einberufen wird.

Der Vermittlungsausschuss beschließt als Einigungsvorschlag in seiner 14. Sitzung am 8. September 2009 zu dem Schulobstgesetz, das Gesetz zu bestätigen.

Der Bundesrat beschließt in seiner 861. Sitzung am 18. September 2009, gegen das vom Deutschen Bundestag am 18. Juni 2009 verabschiedete Gesetz einen Einspruch gem. Art. 77 Abs. 3 GG nicht einzulegen.

Das Gesetz wurde am 24. September 2009 ausgefertigt.

Die Zusammensetzung und das Verfahren im Vermittlungsausschuss ist in der **Geschäftsordnung des Vermittlungsausschusses** (GOVA) geregelt. Der Vermittlungsausschuss besteht aus **16 Bundesratsmitgliedern** – jedes Bundesland entsendet jeweils ein Mitglied – und **16 Bundestagsabgeordneten**. Besonderheit ist hier, dass die **Bundesratsvertreter** im Vermittlungsausschuss gem. Art. 77 Abs. 2 S. 3 GG **nicht weisungsgebunden** sind.

Wenn der Vermittlungsausschuss über die Vorlage berät, gibt es letztlich zwei Möglichkeiten:

1. Er unterbreitet **einen Änderungsvorschlag:** In diesem Fall muss der Bundestag erneut über die Gesetzesvorlage gem. Art. 77 Abs. 2 S. 5 GG beschließen.
2. Er unterbreitet **keinen Änderungsvorschlag:** In diesem Fall muss der Bundesrat über die ursprüngliche Gesetzesvorlage entscheiden.

Dabei ist nun erneut zu bedenken, ob es sich bei der Vorlage um ein Einspruchs- oder Zustimmungsgesetz handelt.

Bei einem **Einspruchsgesetz** kann der Bundesrat entweder der Gesetzesvorlage **zustimmen** (vgl. Art. 78 GG) oder aber **Einspruch** gem. Art. 77 Abs. 3 und 4 GG einlegen.

Übung 49

1. Vervollständigen Sie nachfolgenden Lückentext anhand von Art. 77 Abs. 3 und 4 GG.

Wenn der Bundesrat mit der Gesetzesvorlage nicht einverstanden ist, kann er bei einem Einspruchsgesetz binnen ________________ Einspruch einlegen. Dieser Einspruch kann vom Bundestag zurückgewiesen werden. Dabei ist die ________________ entscheidend, mit der der ________________ eingelegt wurde.

Ist der Einspruch mit der ________________ , also mit aktuell ________________ des Bundesrates beschlossen worden, so kann der Bundestag den Einspruch mit der ________________________________ zurückweisen. Hat der Bundesrat den Einspruch dagegen mit ____, also mindestens ________________ , beschlossen, so bedarf die Zurückweisung durch den Bundestag einer Mehrheit von ________________ der ________________, mindestens aber der ________________________________ .

Wenn der Bundestag den Einspruch zurückweisen kann, ist das Gesetz gem. Art. 78 GG zustande gekommen. Falls er den Einspruch nicht zurückweisen kann, ist das Gesetz gescheitert.

Bei einem **Zustimmungsgesetz** kann der Bundesrat entweder dem Gesetzesentwurf **zustimmen** (vgl. Art. 78 GG) oder den Gesetzesentwurf **ablehnen.** In diesem Fall ist das Gesetz **gescheitert.**

2. Der Bundestag beschließt über die Zurückweisung eines mit 50 Ja-Stimmen eingelegten Einspruches des Bundesrates. 420 Abgeordnete sind anwesend, 60 enthalten sich, 245 stimmen für die Zurückweisung des Einspruches und 115 stimmen gegen die Zurückweisung des Einspruches. Prüfen und begründen Sie, ob die Zurückweisung des Einspruches mit den erforderlichen Mehrheiten nach dem Grundgesetz zustande gekommen ist.

Lösung:

3. Wie verhält es sich, wenn 500 Abgeordnete anwesend sind, 305 Abgeordnete für die Zurückweisung des Einspruches und 195 Abgeordnete dagegen gestimmt haben.

Lösung:

4. Wie verhält es sich, wenn 400 Abgeordnete anwesend sind, 320 Abgeordnete für die Zurückweisung des Einspruches und 80 Abgeordnete dagegen gestimmt haben.

Lösung:

5. Die Bundesregierung bringt ein Gesetz beim Bundestag ein. Darin ist zur Verringerung der Asylsuchenden eine Änderung des Art. 16 GG vorgesehen. Der Bundestag folgt dem Vorschlag der Bundesregierung und beschließt ein entsprechendes Gesetz (349 Ja-Stimmen bei 100 Nein-Stimmen). Der Bundesrat stimmt dem Gesetz mit der erforderlichen Mehrheit zu. Prüfen Sie, ob die Einbringung des Gesetzes ordnungsgemäß erfolgt ist.

Lösung:

Der Gang des Hauptverfahrens

ÜBERSICHT 33

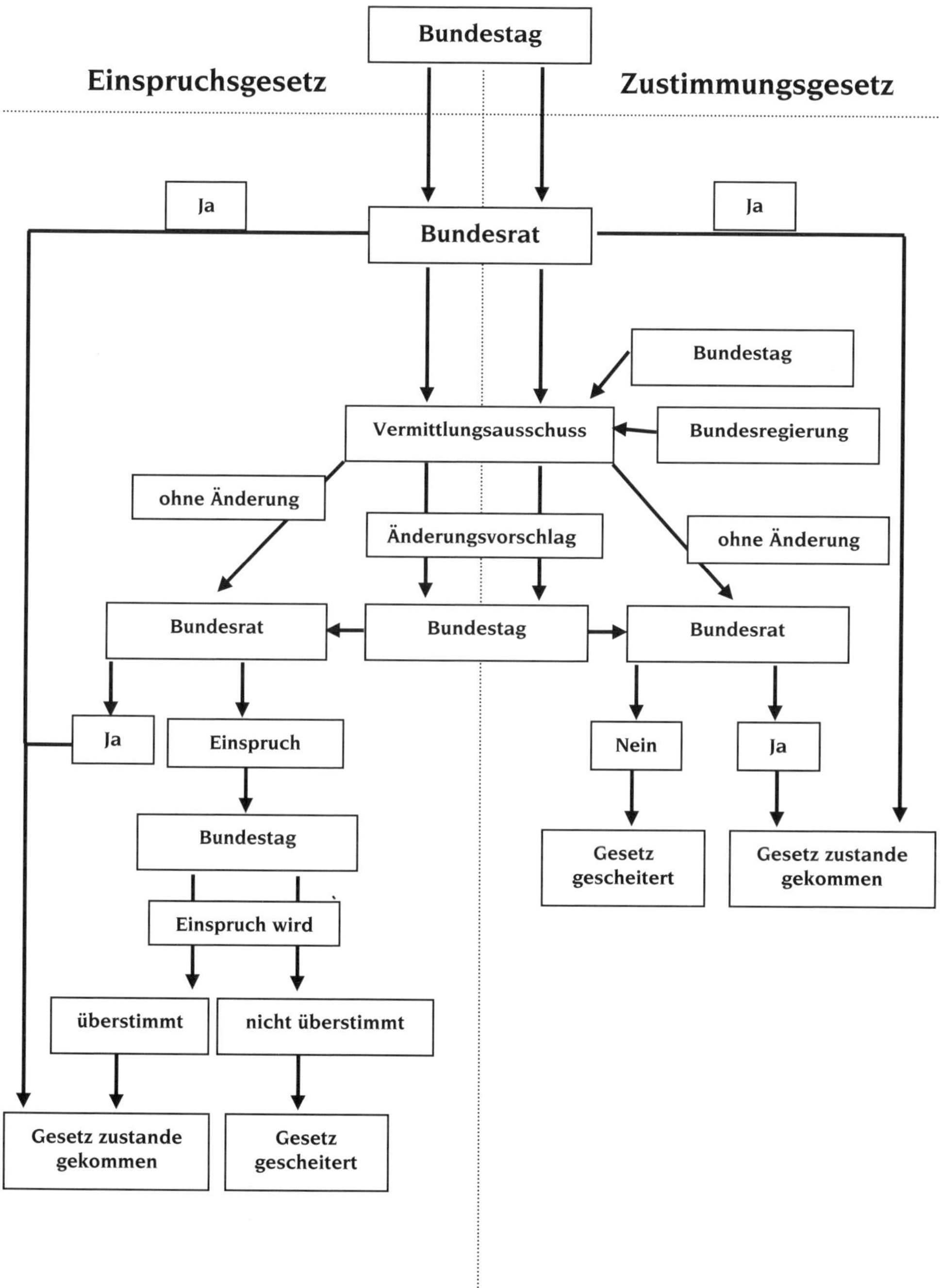

FALL 25 **Immer diese Fristen**

In einer Kabinettssitzung, in der der Bundeskanzler sowie zehn der insgesamt 16 Bundesminister anwesend sind, wird mit einer Mehrheit von 6:5 Stimmen beschlossen, einen Gesetzesentwurf zur Änderung des BGB in den Bundestag einzubringen. Die Gesetzesvorlage wird am 08.01.2010 dem Bundesrat zugeleitet, dessen kritische Stellungnahme am 26.01.2010 bei der Bundesregierung eingeht. Die Vorlage wird nunmehr am 31.01.2010 dem Bundestag zur Beschlussfassung zugeleitet. Der Bundestag behandelt die Gesetzesvorlage in drei Lesungen und nimmt diese mit einer Mehrheit von 250:230 Stimmen an. Der Bundesrat erhält die Vorlage am 12.02.2010 und ruft am 15.02.2010 den Vermittlungsausschuss an. Dieser empfiehlt dem Bundesrat, den Entwurf ohne Änderungen anzunehmen. Der Bundesrat lehnt den Entwurf entgegen der Empfehlung des Vermittlungsausschusses am 22.02.2010 mit 47:22 Stimmen ab.

Aufgabe: Prüfen Sie, ob der Entwurf bis zu diesem Zeitpunkt formell verfassungsgemäß zustande gekommen ist und ob der Entwurf zur Änderung des BGB noch eine Chance hat, zustande zu kommen. Listen Sie auf, welche weiteren Schritte dazu erforderlich sind.

Notieren Sie die Lösung auf einem besonderen Blatt.

BASISTEXT **Abschlussverfahren** (Art. 82 GG)

Wenn dem Gesetz zugestimmt wurde, wird es vom **Bundespräsidenten** gem. Art. 82 Abs. 1 GG nach **Gegenzeichnung** durch den **zuständigen Bundesminister** und **Bundeskanzler,** die damit die politische Verantwortung übernehmen, **ausgefertigt** und im Bundesgesetzblatt verkündet. Bei der Ausfertigung hat der Bundespräsident das Gesetz in formeller und materieller Hinsicht zu prüfen, bevor er es unterzeichnet (zum Prüfungsrecht des Bundespräsidenten siehe Kapitel 04 Oberste Bundesorgane, Aufgabe des Bundespräsidenten im Gesetzgebungsverfahren).

Jedes Gesetz soll gem. Art. 82 Abs. 2 GG den Tag des Inkrafttretens bestimmen. Sofern eine solche Bestimmung fehlt, treten die Gesetze mit dem 14. Tage nach Ablauf des Tages in Kraft, an dem das Bundesgesetzblatt ausgegeben worden ist.

ÜBUNG 50

Der Bundestag beschließt in dritter Lesung mit der erforderlichen Mehrheit eine Änderung des Straßenverkehrsgesetzes. Wegen besonderer Eilbedürftigkeit legt der Bundestagspräsident das Gesetz ohne Beteiligung des Bundesrates dem Bundespräsidenten zur Ausfertigung vor.

Aufgabe: Prüfen Sie, wie sich der Bundespräsident zu verhalten hat.

Notieren Sie die Lösung auf einem besonderen Blatt.

06 Verwaltung, Rechtsprechung, Finanzordnung

Bedeutung und Arten der Verwaltung BASISTEXT

Im modernen Rechtsstaat spielt die Verwaltung eine wesentliche Rolle. Deshalb muss die Verwaltung **funktionsfähig** und **leistungsorientiert** arbeiten. Der einzelne spürt die Tätigkeit der Verwaltung sehr viel umfassender und unmittelbarer als die Tätigkeit anderer staatlicher Funktionsträger. Daher prägt sein Eindruck von der Verwaltung sein Bild vom Staat. Den Rahmen der Verwaltung bilden die Regelungen des Grundgesetzes in den Art. 83 ff. GG.

Die Verschiedenartigkeit der Verwaltungstätigkeiten führen dazu, dass der Begriff „Verwaltung" schwierig zu definieren ist. Von den beiden anderen Gewalten wird sie deshalb negativ abgegrenzt.

Verwaltung

ist die **vollziehende Gewalt (Exekutive)** und damit all das, was nicht Rechtsprechung oder Gesetzgebung ist.

Beispiel:

- Erlass eines Bußgeldbescheides
- Erteilung einer Baugenehmigung
- Ausgabe eines Führerscheins
- Zulassung eines PKW's zum Straßenverkehr
- Festsetzung eines Gewerbesteuerbescheides
- Bewilligung von Elterngeld
- Festsetzung eines Kurbeitrages
- Ausstellen eines Personalausweises
- Standesamtliche Trauung
- Erlass von Benutzungsregeln für den örtlichen Friedhof

Anhand der genannten Beispiele kann man erkennen, dass Verwaltung eine Tätigkeit zur Planung und Gestaltung des allgemeinen Zusammenlebens ist. Sie vollzieht Entscheidungen der demokratischen Willensbildung.

Nachdem ein Gesetzgebungsverfahren abgeschlossen ist, ist es von der Verwaltung auszuführen. Dies gilt nicht bei Gesetzen rein privatrechtlicher Regelungen, z. B. das Bürgerliche Gesetzbuch. Es gilt auch hier die **grundsätzliche Zuständigkeit der Länder,** die in Art. 30 GG allgemein und konkret in Art. 83 GG definiert ist. Danach führen die Länder die Bundesgesetze als eigene Angelegenheit aus, soweit sich aus dem Grundgesetz nichts anderes ergibt.

Während der Vollzug von Landesrecht ausschließlich Sache der Länder ist (vgl. Art. 28 GG und 56 NV), unterscheidet das Grundgesetz für die Ausführung von Bundesrecht zwischen folgenden Arten:

ÜBERSICHT 34

Vollzug des Bundesrechts

- **Bundeseigene Verwaltung**
- **Länderverwaltung im Bundesauftrag**
- **Landeseigene Verwaltung**

Merke:

> Aus dem Katalog der Gesetzgebungszuständigkeiten können grundsätzlich keine Aussagen über die Verwaltungszuständigkeiten hergeleitet werden.

BASISTEXT Bundeseigene Verwaltung

Die bundeseigene Verwaltung ist in den Art. 86 ff. GG geregelt. Soweit ein Gesetz nichts anderes bestimmt, weist Art. 86 GG die Aufgaben der **Behördeneinrichtung** und den **Erlass von Verwaltungsvorschriften** der Bundesregierung zu. Art. 87 Abs. 3 GG schränkt die Errichtung von Bundesbehörden ein. Sie ist nur unter ganz bestimmten Voraussetzungen zulässig. Nach Art. 87 Abs. 3 S. 1 GG können selbstständige Bundesbehörden und neue bundesunmittelbare Körperschaften oder Anstalten des öffentlichen Rechts ohne eigenen Verwaltungsunterbau nur errichtet werden, wenn dem Bund insoweit die **Gesetzgebungskompetenz** zusteht und ein **Errichtungsgesetz** erlassen worden ist. Nach Art. 87 Abs. 3 S. 2 GG müssen dem Bund für die Errichtung von Mittel- und Unterbehörden zusätzlich neue Aufgaben erwachsen sein sowie ein dringender Bedarf für deren Bewältigung bestehen. Liegt ein solcher „Fall" vor, kann eine entsprechende Behörde mit Zustimmung des Bundesrates und der Mehrheit der Mitglieder des Bundestages errichtet werden.

Der Behördenaufbau der bundeseigenen Verwaltung ist wie folgt gegliedert:

Behördenaufbau der bundeseigenen Verwaltung

ÜBERSICHT 35

Oberste Bundesbehörden	Bundeskanzleramt	Bundesministerium für Finanzen	Bundesministerium für Verteidigung
Bundesoberbehörden	Kraftfahrtbundesamt	Bundesamt für Finanzen	Bundesamt für Wehrverwaltung
Bundesmittelbehörden	Grenzschutzdirektionen	Oberfinanzdirektionen	Wehrbereichsverwaltung
Bundesunterbehörden	Grenzschutzämter	Hauptzollämter	Kreiswehrersatzämter

Oberste Bundesbehörden sind das Bundespräsidialamt, das Bundeskanzleramt, die Bundesministerien und der Bundesrechnungshof.

Bundesoberbehörden

sind selbstständige und zentralisierte Behörden, die für das **gesamte Bundesgebiet** zuständig sind und dem zuständigen Ministerium unterstellt sind.

Beispiel:

- Bundeskriminalamt
- Statistisches Bundesamt

Bundesmittelbehörden

stehen zwischen den Ministerien und den Unterbehörden. Sie haben einen **räumlich begrenzten Zuständigkeitsbereich** und sind einem **Ministerium nachgeordnet.**

Beispiele:
- Oberfinanzdirektion
- Wehrbereichsverwaltung

Bundesunterbehörden

sind die **unterste Verwaltungsstufe eines räumlich begrenzten Bundesgeschäftsbereichs,** die der zuständigen Mittelbehörde unterstellt ist.

Beispiele:
- Hauptzollämter
- Kreiswehrersatzämter

Bundesunmittelbare Körperschaften und Anstalten

sind soziale Versicherungsträger, deren Zuständigkeitsbereich sich über das Gebiet eines Landes hinaus erstrecken muss.

Beispiele:
- Versorgungsanstalt des Bundes und der Länder
- Deutscher Wetterdienst

BASISTEXT **Länderverwaltung im Bundesauftrag**

Eine weitere Möglichkeit der Verwaltung von Bundesgesetzen hat Art. 85 GG geregelt. Gem. Art. 85 GG führen die Länder Bundesgesetze **im Auftrag des Bundes** aus. Der Bund besitzt hierbei aber Einflussmöglichkeiten. So kann nur durch ein Bundesgesetz, das der Zustimmung des Bundesrates bedarf, geklärt werden, ob eine Behörde eingerichtet wird. Darüber hinaus kann die **Bundesregierung** bei der Auftragsverwaltung allgemeine Verwaltungsvorschriften erlassen (vgl. Art. 85 Abs. 2 GG). Schließlich ist gem. Art. 85 Abs. 3 und 4 GG neben der Rechtsaufsicht auch eine Fachaufsicht möglich.

Beispiele:
- Verwaltung der Bundeswehr (vgl. Art. 87b Abs. 2 GG)
- Verwaltung der Bundesautobahnen und Fernstraßen (vgl. Art. 90 Abs. 2 GG)

Vollzug von Bundes- und Landesgesetzen BASISTEXT

Wenn keine der beiden vorstehend beschriebenen Verwaltungsformen zutreffen, erfolgt die Ausführung der Landes- und Bundesgesetze nach Art. 83 und 84 GG. Die Länder erfüllen dabei die Aufgaben nach Art. 84 GG in **eigener Kompetenz.** So regeln sie gem. Art. 84 Abs. 1 GG die Einrichtung der Behörden und das Verwaltungsverfahren. Wegen eines besonderen Bedürfnisses kann der Bund in Ausnahmefällen durch ein zustimmungsbedürftiges Bundesgesetz das Verwaltungsverfahren ohne Abweichungsmöglichkeit für die Länder regeln.

Die Bundesregierung kann mit Zustimmung des Bundesrates allgemeine Verwaltungsvorschriften erlassen (vgl. Art. 84 Abs. 2 GG). Sie übt gem. Art. 84 Abs. 3 GG die **Rechtsaufsicht** für den Bereich der Bundesgesetze aus.

Für den Bereich der Landesgesetze bestehen für den Bund grundsätzlich keine Einfluss- und Aufsichtsmöglichkeiten.

Beispiele der landeseigenen Verwaltung:

- Ausländerwesen
- Bauwesen
- Jugendhilfe
- Schulwesen

Die niedersächsische Landesverwaltung ist in drei Ebenen gegliedert.

Behördenaufbau der Landesverwaltung des Landes Niedersachsen ÜBERSICHT 36

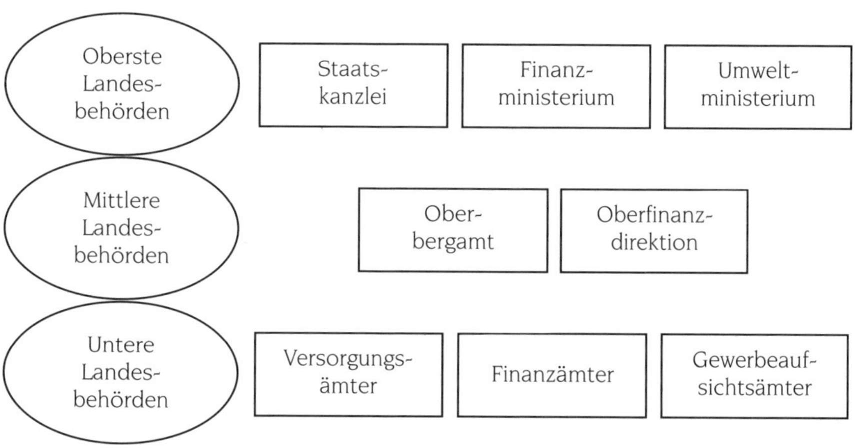

BASISTEXT — Oberste Gerichtshöfe

Die Rechtsprechung (Judikative) ist neben der Gesetzgebung (Legislative) und Verwaltung (Exekutive) gem. Art. 20 Abs. 2 GG der dritte Teil der Staatsgewalt. Die Rechtsprechung ist gem. Art. 30 GG grundsätzlich Sache der Länder. Die Verteilung der Zuständigkeiten zwischen Bund und Ländern regelt Art. 92 GG.

Oberste Instanz der Gerichtsbarkeit bilden fünf Gerichtszweige, die gem. Art. 95 Abs. 1 GG die **obersten Gerichtshöfe des Bundes** sind. Zur besonderen Stellung des Bundesverfassungsgerichts wird auf Kapitel 05 verwiesen.

ÜBERSICHT 37

Oberste Gerichtshöfe des Bundes

- **Bundesgerichtshof (BGH)**
  Sitz: Karlsruhe
- **Bundesverwaltungsgericht (BVerwG)**
  Sitz: Leipzig
- **Bundesfinanzhof (BFH)**
  Sitz: München
- **Bundesarbeitsgericht (BAG)**
  Sitz: Erfurt
- **Bundessozialgericht (BSG)**
  Sitz: Kassel

Der **Bundesgerichtshof** ist das oberste Gericht für das Zivil- und Strafrecht. Der Bundesgerichtshof ist grundsätzlich **Revisionsgericht.**

Revision

ist ein Rechtsmittel gegen Urteile, bei dem nur festgestellt wird, ob das vorinstanzliche Gericht gegen eine gesetzliche Bestimmung (formelle und materielle Fehler) verstoßen hat.

Beispiel:

Horst Rutenberg ist vom Landgericht wegen Mordes zu einer lebenslänglichen Freiheitsstrafe verurteilt worden. Sein Anwalt legt gegen das Urteil Revision ein und begründet diese damit, dass das Landgericht das Geschehen nicht hinreichend aufgeklärt habe und Blutspuren vor Ort, die nicht von Rutenberg stammen, nicht untersucht habe. Außerdem könne auch kein Mordmerkmal vorliegen, da das Opfer provoziert habe.

Der Bundesgerichtshof trifft grundsätzlich **keine eigenen Tatsachenfeststellungen.** Nur wenn die Vorinstanz Fehler im Verfahren gemacht hat, ist er an deren Entscheidung nicht gebunden. Beweisaufnahmen finden beim Bundesgerichtshof generell nicht statt. Eine der wenigen Ausnahmen bildet z. B. der für Patentsachen zuständige X. Zivilsenat des Bundesgerichtshofs, der in Patentnichtigkeitsverfahren als Berufungsgericht tatrichterliche Aufgaben wahrnimmt (§§ 110, 115 PatG).

Das **Bundesverwaltungsgericht** ist wie der Bundesgerichtshof in der Regel Revisionsgericht. Es entscheidet über die richtige Anwendung von Bundesrecht, während über die richtige Anwendung von Landesrecht grundsätzlich die Oberverwaltungsgerichte bzw. die Verwaltungsgerichtshöfe entscheiden.

In einigen Fällen ist das Bundesverwaltungsgericht erste und letzte Instanz, z. B. bei Streitigkeiten zwischen Bund und Ländern sowie zwischen Ländern, für Klagen auf den Gebieten des Vereinsrechts und des Versicherungsaufsichtsrechts sowie vorübergehend auch in Verfahren, die für den Ausbau der Verkehrswege in den neuen Bundesländern bedeutsam sind. In Disziplinar- und Wehrdienstsachen entscheidet das Bundesverwaltungsgericht als Berufungsgericht.

Berufung

ist ein Rechtsmittel gegen ein Urteil, das **sowohl rechtliche als auch tatsachengestützte Streitigkeiten** verfolgt und neue Tatsachen und Beweise anführen kann.

Beispiel:

Das Amtsgericht Welfenheim hat Lena Gericke wegen Diebstahls zu einer Geldstrafe verurteilt. Deren Anwältin legt Berufung ein. Es müssen dann beim Landgericht alle Zeugen erneut gehört, alle Beweismittel erneut untersucht werden.

Der **Bundesfinanzhof** entscheidet letztinstanzlich in Steuer- und Zollsachen. Hierzu zählen Entscheidungen über die Rechtmäßigkeit von Steuerbescheiden oder sonstigen Bescheiden der Finanzämter und Zollbehörden. Für Steuerstrafsachen ist dagegen letztinstanzlich der Bundesgerichtshof zuständig. Der Bundesfinanzhof sorgt mit seinen Entscheidungen dafür, dass das Steuerrecht einheitlich ausgelegt wird.

Das bedeutet, dass der Bundesfinanzhof zwar in Einzelfällen entscheidet, seine Ausführungen aber auf viele Steuerpflichtige anwendbar sind. Deshalb handelt es sich bei den Verfahren oftmals um **Musterprozesse.** Die Ergebnisse werden von den Finanzbehörden regelmäßig für gleichliegende Fälle übernommen.

Das **Bundesarbeitsgericht** urteilt über die Anwendung des deutschen Arbeitsrechts als Revisionsgericht. Es überprüft die Entscheidungen der Landesarbeitsgerichte im Hinblick darauf, ob dort Rechtsnormen verletzt wurden. Eigene tatsächliche Feststellungen trifft es grundsätzlich nicht. Darüber hinaus achtet das Bundesarbeitsgericht auch auf die einheitliche Rechtsprechung auf dem Gebiet des Arbeitsrechts. Soweit der vom Landesarbeitsgericht festgestellte Sachverhalt eine abschließende rechtliche Beurteilung nicht zulässt, wird das Urteil des Landesarbeitsgerichts aufgehoben und der Rechtsstreit an das Landesarbeitsgericht zurückverwiesen.

Das **Bundessozialgericht** entscheidet über Angelegenheiten der Sozialen Sicherheit. Hierzu zählen beispielsweise Entscheidungen auf dem Gebiet der gesetzlichen Sozialversicherungen, Grundsicherung für Arbeitssuchende oder Sozialhilfe. Genau wie die anderen obersten Gerichtshöfe trifft das Bundessozialgericht als Revisionsinstanz keine eigenen Feststellungen, sondern entscheidet nur über Rechtsfragen.

BASISTEXT Gerichtsbarkeit der Länder

Zu der **ordentlichen Gerichtsbarkeit** zählen alle privatrechtlichen Streitigkeiten und alle Straftaten. Zuständige Gerichte sind hier die **Amts-, Land- und Oberlandesgerichte.**
Arbeits- und Landesarbeitsgerichte sind zuständig für Streitigkeiten aus Arbeitsverhältnissen. Verwaltungs- und Oberverwaltungsgerichte bzw. Verwaltungsgerichtshöfe entscheiden über öffentlich-rechtliche Streitigkeiten, soweit diese nicht durch Bundesgesetze anderen Gerichten (z. B. Sozialgerichten) zugewiesen sind.
Sozial- und Landessozialgerichte entscheiden über Angelegenheiten der gesetzlichen Sozialversicherung oder der Bundesanstalt für Arbeit. Finanzgerichte entscheiden über die Abgabenbescheide der Finanz- und Zollbehörden.

Aufbau der Gerichtsbarkeit in Deutschland — ÜBERSICHT 38

Instanz / Gerichtszweig	Erstinstanz	Berufung	Revisionsinstanz
Ordentliche Gerichtsbarkeit	Amtsgerichte Landgerichte	Landgerichte Oberlandesgerichte	Bundesgerichtshof
Arbeitsgerichtsbarkeit	Arbeitsgerichte	Landes-arbeitsgerichte	Bundes-arbeitsgericht
Verwaltungs-gerichtsbarkeit	Verwaltungsgerichte	Oberverwaltungs-gerichte/ Verwaltungs gerichtshöfe	Bundes-verwaltungsgericht
Sozialgerichtsbarkeit	Sozialgerichte	Landes-sozialgerichte	Bundes-sozialgericht
Finanzgerichtsbarkeit	Finanzgerichte		Bundesfinanzhof

Die Länder haben jeweils einen Verfassungsgerichtshof.

Beispiel:

- Staatsgerichtshof Niedersachsen in Bückeburg,
- Staatsgerichtshof Hessen in Wiesbaden,
- Staatsgerichtshof Baden-Württemberg in Stuttgart.

Die Gerichtsbarkeit der Länder lässt sich wie folgt einteilen:

Gerichtsbarkeit der Länder — ÜBERSICHT 39

Staatsgerichtshof

Ordentliche Gerichtsbarkeit

Arbeitsgerichtsbarkeit

Verwaltungsgerichtsbarkeit

Sozialgerichtsbarkeit

Finanzgerichtsbarkeit

BASISTEXT — Finanzordnung

Der Staat gibt viel Geld aus – „wofür?" fragt man sich oft. In der nachfolgenden Übersicht werden die Einnahmen und Ausgaben des Bundeshaushaltes 2009 (Nachtrag) dargestellt.

ÜBERSICHT 40 — Einnahmen und Ausgaben des Bundeshaushaltes 2009 (Nachtrag)

	Einnahmen in 1.000 €	Ausgaben in 1.000 €
Bundespräsident und Bundespräsidialamt	93	27.626
Deutscher Bundestag	1.511	677.086
Bundesrat	80	21.283
Bundeskanzlerin und Bundeskanzleramt	3.166	1.805.625
Auswärtiges Amt	124.672	3.027.998
Bundesministerium des Innern	384.084	5.620.446
Bundesministerium der Justiz	383.407	500.501
Bundesministerium der Finanzen	890.457	4.868.303
Bundesministerium für Wirtschaft u. Technologie	414.179	6.133.352
Bundesministerium für Ernährung, Landwirtschaft und Verbraucherschutz	128.664	5.290.893
Bundesministerium für Arbeit und Soziales	6.581.590	126.349.560
Bundesministerium für Verkehr, Bau und Stadtentwicklung	6.703.797	26.690.242
Bundesministerium der Verteidigung	300.814	31.179.477
Bundesministerium für Gesundheit	66.164	7.626.357
Bundesministerium für Umwelt, Naturschutz und Reaktorsicherheit	1.027.672	1.418.451
Bundesministerium für Familie, Senioren, Frauen und Jugend	62.691	6.389.226
Bundesverfassungsgericht	36	22.934
Bundesrechnungshof	714	116.641
Bundesministerium für wirtschaftliche Zusammenarbeit und Entwicklung	725.901	5.813.779
Bundesministerium für Bildung und Forschung	175.896	10.204.214
Bundesschuld	38.366.436	43.902.499
Allgemeine Finanzverwaltung	241.274.976	9.930.507
Gesamtsumme	**297.617.000**	**297.617.000**

Quelle: Bundesfinanzministerium

Im Bereich der allgemeinen Finanzverwaltung resultieren die Einnahmen aus Steuern und anderen Abgaben. Die Ausgaben in den jeweiligen Bereichen werden verwendet für Personalkosten, sächlichen Verwaltungsaufwand, Beschaffungen und Anlagen, Schuldendienst und Zuweisungen und Zuschüsse.

Wie aus der Übersicht ersichtlich ist, finanziert der Staat seine Ausgaben mit einem Anteil von über **80 % aus Steuern und anderen Abgaben.** Die wesentlichen Steuereinnahmen des Bundes aus dem Jahr 2008 lassen sich wie folgt darstellen:

Wesentliche Steuereinnahmen des Bundes im Jahre 2008 **ÜBERSICHT 41**

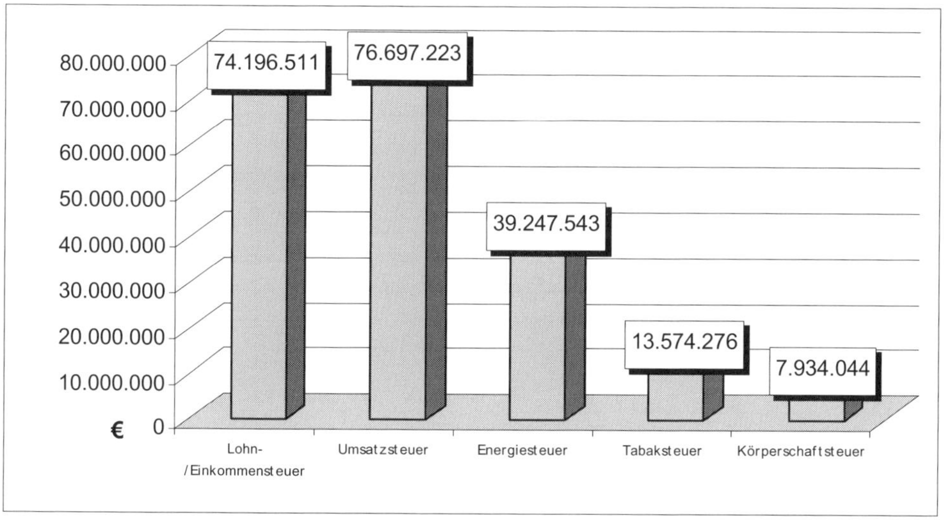

Quelle: Bundesfinanzministerium

Gem. Art. 104a Abs. 1 GG tragen der Bund und die Länder gesondert die Ausgaben, die sich aus der Wahrnehmung ihrer Aufgaben ergeben, soweit das Grundgesetz nichts anderes bestimmt. Dieses Prinzip nennt man auch den **Grundsatz der Konnexität.**

Nach Art. 106 GG steht das Aufkommen der Steuern entweder dem Bund (Art. 106 Abs. 1 GG) oder den Ländern (Art. 106 Abs. 2 GG) oder den Gemeinden (Art. 106 Abs. 6 GG) zu (Trennsystem).

Übung 51

Ermitteln Sie, welche Steuer gem. Art. 106 GG welchem Rechtsträger zusteht.

Steuerart	Bund	Länder	Gemeinden	Rechtsgrundlage Art. 106 GG
Zölle	☐	☐	☐	
Verbrauchssteuern	☐	☐	☐	
Vermögenssteuer	☐	☐	☐	
Einkommenssteuer	☐	☐	☐	
Straßengüterverkehrsteuer	☐	☐	☐	
Kraftfahrzeugsteuer	☐	☐	☐	
Körperschaftssteuer	☐	☐	☐	
Kapitalverkehrssteuer	☐	☐	☐	
Umsatzsteuer	☐	☐	☐	
Erbschaftssteuer	☐	☐	☐	
Abgaben im Rahmen der EU	☐	☐	☐	
Wechselsteuer	☐	☐	☐	
Abgabe von Spielbanken	☐	☐	☐	
Gewerbesteuer	☐	☐	☐	
Biersteuer	☐	☐	☐	
Versicherungssteuer	☐	☐	☐	
Grundsteuer	☐	☐	☐	

Das Aufkommen der Einkommen-, Körperschafts- und Umsatzsteuer stehen dem Bund und den Ländern und im Hinblick auf die Einkommen- und Umsatzsteuer den Gemeinden nach dem so genannten **Verbundsystem** gemeinsam zu (Art. 106 Abs. 3 GG). Dabei werden diese Steuern nach bestimmten Verteilungsschlüsseln aufgeteilt.

Der jeweilige Länderanteil an der Einkommen- und Körperschaftsteuer wird nach dem örtlichen Aufkommen in den Ländern verteilt. Dabei erfolgt ein Ausgleich im Hinblick auf finanzstarke und finanzschwache Länder gem. Art. 107 GG (Länderfinanzausgleich).

07 Europäische Union

Von der EWG über die EG zur EU: Entstehung der Europäischen Union

BASISTEXT

Um die Ziele der Europäischen Union zu verstehen und ihre Vorteile bewerten zu können, ist ein Blick auf die Entstehungsgeschichte und die Entwicklung der Europäischen Union hilfreich.

Die Idee zur Gründung der Europäischen Union resultierte aus den Erfahrungen zahlreicher Kriege, die für Millionen von Toten und Verwundeten, für Leid und Zerstörung in Europa gesorgt und ihren traurigen Höhepunkt im Zweiten Weltkrieg gefunden hatten. Durch eine engere Zusammenarbeit europäischer Staaten sollte eine Wiederholung solcher Ereignisse verhindert und der Grundstein für ein dauerhaft friedliches Europa gelegt werden.

Nachdem **Winston Churchill** in seiner „Züricher Rede" am 19.09.1946 von den „Vereinigten Staaten von Europa" gesprochen hatte, thematisierte auch der nach dem französischen Außenminister **Robert Schuman** benannte „Schuman-Plan" vom 09.05.1950 die Bedeutung einer europäischen Einigung. Danach sollte es – vor dem Hintergrund des Zweiten Weltkrieges – Ziel einer europäischen Einigung sein, die (auch militärisch) bedeutende deutsche Kohle- und Stahlindustrie unter internationale Kontrolle zu stellen.

Im Jahre 1951 schlossen sich sechs europäische Staaten – die Bundesrepublik Deutschland, Frankreich Italien, Belgien, die Niederlande und Luxemburg (sog. „Sechsergemeinschaft") – zur **Europäischen Gemeinschaft für Kohle und Stahl (EGKS)** zusammen, die sog. **Montanunion**. Der am 24. Juli **1952 in Kraft** getretene und auf 50 Jahre befristete Vertrag ist am 23. Juli 2002 ausgelaufen.

Dieselben Staaten gründeten **1957** die **Europäische Wirtschaftsgemeinschaft (EWG) und die Europäische Atomgemeinschaft (EAG)** in Rom (daher die Bezeichnung „Römische Verträge"). Die EWG hatte im Wesentlichen drei Ziele:

1. Abschaffung der Handelsbarrieren zwischen den Mitgliedstaaten
2. Einführung gemeinsamer Zölle für Importe aus Staaten außerhalb der EWG in die Mitgliedstaaten
3. Gemeinsame Politik zur Förderung der Entwicklung der Landwirtschaft.

Die drei Europäischen Gemeinschaften EGKS, EWG und EAG schlossen sich durch den Fusionsvertrag vom 08.04.1965 zu einem gemeinsamen Rat und einer gemeinsamen Kommission unter dem Dach der **Europäischen Gemeinschaft** (EG) zusammen.

Im Jahre **1973** traten das **Vereinigte Königreich, Irland und Dänemark** der EG bei (1. Erweiterung, sog. „Norderweiterung"), während die Bevölkerung Norwegens sich 1972 (und ebenso ein zweites Mal 1995) gegen eine Mitgliedschaft seines Landes ausgesprochen hatte.

Griechenland trat der EG im Jahr **1981** bei (2. Erweiterung, „Süderweiterung"). Um die Pläne für den Binnenmarkt zu verwirklichen, insbesondere die Handelsbarrieren abzuschaffen, sollte auch die politische Einigung vorangetrieben werden. Problematisch, war insofern das **Prinzip der Einstimmigkeit von Entscheidungen des Ministerrats.** Auf diese Weise konnte jeder Staat durch ein Veto die Handlungsfähigkeit und damit den politischen Prozess der Europäischen Gemeinschaft bremsen. Um diese Probleme zu verringern, wurde im Jahr 1985 die **Einheitliche Europäische Akte (EEA)** beschlossen, die **1987 in Kraft** trat. Diese stellte die vertragliche Grundlage für die Europäische Politische Zusammenarbeit (EPZ) dar. Während vor Inkrafttreten der EEA der Ministerrat nur einstimmig entscheiden konnte, führte die EEA die Möglichkeit von Mehrheitsentscheidungen ein.

Für den weiteren Weg der europäischen Einigung waren ein von der „Sechsergemeinschaft" am **14.06.1985** in der luxemburgischen Stadt Schengen geschlossener Vertrag (sog. **„Schengener Abkommen")** und das am **19.06.1990** unterzeichnete **Schengener Durchführungsübereinkommen** wichtig. Durch diese Vereinbarungen wurden die **Grenzkontrollen an den Binnenmarktgrenzen** der 28 Unterzeichnerstaaten, davon 25 EU-Mitgliedstaaten sowie Island, Norwegen und die Schweiz, **abgeschafft**. Hierdurch kann die **Personenverkehrsfreiheit** in der Europäischen Union besser verwirklicht werden. Gleichzeitig wurde damit die Kontrolle an den Außengrenzen eine gemeinsame Angelegenheit der Mitgliedstaaten. Außerdem wurde eine Zusammenarbeit zwischen den Vertragsparteien in den Bereichen Polizei und Justiz vereinbart.

Die EG erlebte im Jahr **1986** durch die **Beitritte** von **Spanien und Portugal** ihre 3. Erweiterung (2. Süderweiterung).

Ein bedeutender Schritt der europäischen Einigung war der am **07.02.1992** unterzeichnete **EU-Vertrag**, auch **Unionsvertrag von Maastricht** genannt, durch den die **Gründung der Europäischen Union (EU)** vereinbart wurde. Diese ist nach h. M. nur ein **Staatenverbund,** kein Europäischer Bundesstaat. Der Binnenmarkt der Europäischen Gemeinschaften trat am 01.01.1993 in Kraft. Im selben Jahr, am 01.11.1993, trat der EU-Vertrag zur Gründung der Europäischen Union in Kraft.

Durch den **Beitritt Österreichs, Schwedens und Finnlands** im Jahr **1995** (4. Erweiterung, 2. Norderweiterung) wuchs die EU auf 15 Mitgliedstaaten.

Am **02.10.1997** wurde der **Vertrag von Amsterdam** unterzeichnet, der am **01.05.1999 in Kraft** trat. Dieser stärkte die Gemeinsame Außen- und Sicherheitspolitik. Weiterhin wurden die Innen- und Justizpolitik reformiert und die Artikel des EU- und des EG-Vertrags neu nummeriert. Außerdem erhielt das Europäische Parlament mehr Mitbestimmungsrechte.

Durch den vom Europäischen Rat am **11.12.2001** beschlossenen **Vertrag von Nizza** (nach Ratifizierung durch die Mitgliedstaaten **am 01.02.2003 in Kraft getreten**) sollte vor allem effizientes Handeln der EU und ihrer Institutionen nach den bevorstehenden Erweiterungen gewährleisten.

Dazu wurden das **Mehrheitsprinzip bei Entscheidungen** des Rats der EU **ausgeweitet** und die Stimmgewichtung im Rat und die Zahl der Sitze im Europäischen Parlament und der Zusammensetzung der Europäischen Kommission neu geregelt.

Durch die **Einführung des Euro** als Währung der Europäischen Währungsunion zum 1. Januar **2002** (inzwischen in 21 europäischen Staaten, davon 15 Staaten der EU) erhielt die EU in weiten Teilen nun auch eine einheitliche Währung.

Am **01.05.2004** traten **Polen, Ungarn, Tschechien, Slowakei, Slowenien, Estland, Lettland, Litauen, Zypern und Malta** der EU bei (5. Erweiterung, 1. Osterweiterung).

Im **Oktober 2004** wurde in Rom der Vertrag über eine **Verfassung für Europa** unterzeichnet. Die Schaffung einer Verfassung scheiterte jedoch schließlich daran, dass sich nach in den Niederlanden und Frankreich durchgeführten Referenden nicht alle Mitgliedstaaten zur Ratifizierung des Verfassungsvertrags bereit erklärten.

Mit dem Beitritt **Bulgariens** und **Rumäniens** zum 1. Januar **2007** (6. Erweiterung, 2. Osterweiterung) wuchs die EU auf insgesamt 27 Mitgliedstaaten mit ca. 490 Millionen Einwohnern an.

Umfassende Veränderungen enthält der **Änderungsvertrag von Lissabon**. Dieser war noch von den Mitgliedstaaten zu ratifizieren und wurde zunächst noch in Irland durch eine durch die nationale Verfassung erforderliche Volksabstimmung im Jahr 2008 abgelehnt. In einer im Jahr 2009 in Irland stattfindenden zweiten Volksabstimmung wurde dem Vertrag von Lissabon schließlich zugestimmt. Er trat am 1. Dezember 2009 in Kraft. Hierdurch wird der EG-Vertrag in „Vertrag über die Arbeitsweise der Europäischen Union" (AEUV) umbenannt und die „Europäische Gemeinschaft" durch die „Europäische Union" ersetzt. Weitere Änderungen des Vertrags von Lissabon sind – neben vielen anderen – die weitere Stärkung des Europäischen Parlaments, die Ausweitung von Mehrheitsentscheidungen, die Einführung eines Präsidenten des Europäischen Rates und eines Hohen Vertreters für Außen- und Sicherheitspolitik.

Es lässt sich feststellen, dass die europäische Einigung einen bereits Jahrzehnte andauernden und noch immer nicht abgeschlossenen Prozess darstellt. Doch bereits jetzt sind viele Ziele und sich daraus ergebende Vorteile verwirklicht worden, insbesondere durch den Wegfall von (Handels-) Barrieren zwischen den Mitgliedstaaten.

ÜBERSICHT 42 Staaten der Europäischen Union

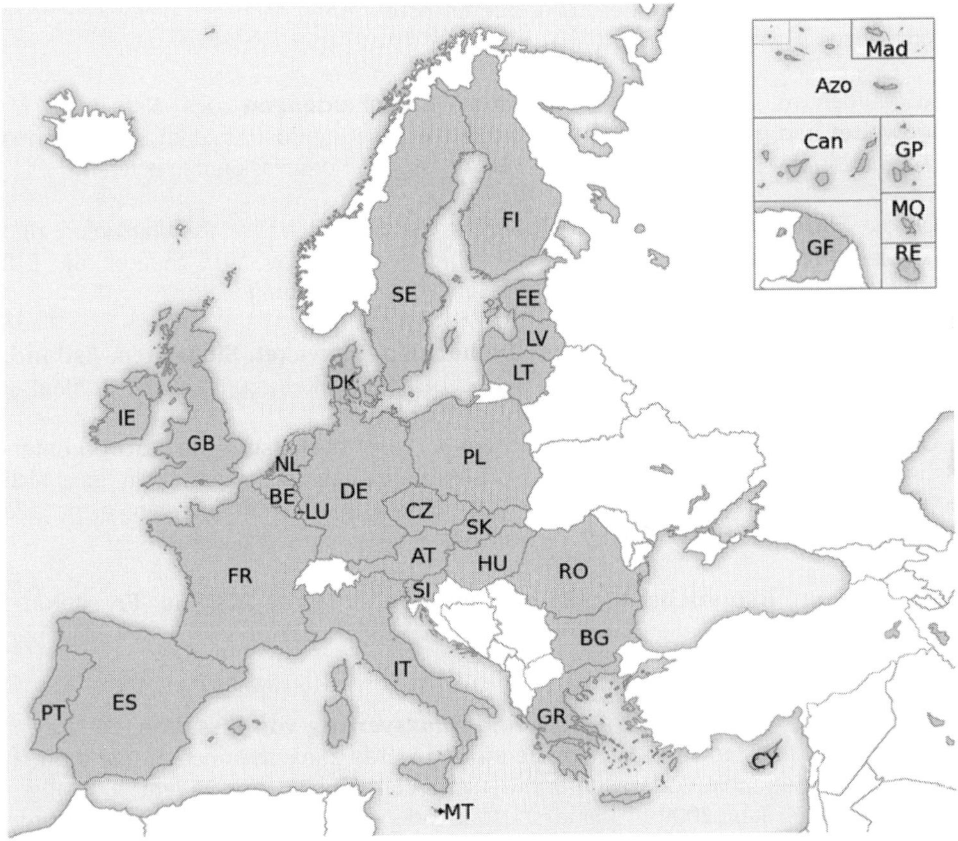

Azo = Azoren (Portugal)/ **Can** = Kanaren (Spanien)/ **GF** = Französisch-Guayana (Frankreich)/ **GP** = Guadeloupe (Frankreich)/ **MQ** = Martinique (Frankreich)/ **RE** = Réunion (Frankreich)/ **Mad** = Madeira (Portugal)

ÜBUNG 52

Tragen Sie zu den nachfolgend aufgeführten Ereignissen jeweils das zutreffende Jahr ein.

1. Erweiterungen

Nach der im Jahr 1957 erfolgten Gründung der EWG als Vorläufer der EU auf Basis der Römischen Verträge durch die Gründerstaaten (sog. „Sechsergemeinschaft") Belgien, die Bundesrepublik Deutschland, Frankreich, Italien und Luxemburg erfolgten die folgenden Erweiterungen:

Beitrittsjahr	**Beitrittsstaaten**	**Mitgliederzahl**
	Vereinigtes Königreich, Irland, Dänemark	9
	Griechenland	10
	Spanien, Portugal	12
	Österreich, Schweden und Finnland	15
	Polen, Ungarn, Tschechien, Slowakei, Slowenien, Estland, Lettland, Litauen, Zypern, Malta	25
	Bulgarien, Rumänien	27

2. Wesentliche Verträge, Reformen und sonstigen Maßnahmen der EU (incl. Vorläufer)

Jahr	**Maßnahme**
	Inkrafttreten des Vertrages der EGKS
	Entstehung der Europäischen Atomgemeinschaft (EAG)
	Fusion der EKGS, EWG und der EAG zur EG
	Inkrafttreten der Einheitlichen Europäischen Akte
	Unterzeichnung des Schengener Durchführungsübereinkommens
	Inkrafttreten des EU-Vertrags
	Inkrafttreten des Vertrags von Amsterdam
	Einführung des Euro für den Bargeldverkehr
	Inkrafttreten des Vertrags von Nizza
	Inkrafttreten des Vertrags von Lissabon

Übung 53

Beantworten Sie die folgenden Fragen und begründen Sie Ihre Lösung.
Kreuzen Sie die richtige(n) Antwort(en) an. Von den vorgegebenen Antworten können keine, eine, mehrere oder alle richtig sein.

1. Welches sind die Gründerstaaten der Europäischen Gemeinschaft?

☐ Spanien	☐ Griechenland
☐ Bundesrepublik Deutschland	☐ Luxemburg
☐ Italien	☐ Frankreich
☐ Österreich	☐ Großbritannien
☐ Belgien	☐ Niederlande

2. Welche Staaten sind Mitglied der Europäischen Union?

☐ Schweiz	☐ Zypern
☐ Dänemark	☐ Norwegen
☐ Österreich	☐ Slowenien
☐ Kroatien	☐ Slowakei
☐ Litauen	☐ Türkei

3. Der primäre Zweck der Einheitlichen Europäischen Akte war die Verbesserung
   a) der polizeilichen Zusammenarbeit der EG-Staaten. ☐
   b) der politischen Zusammenarbeit der EG-Staaten. ☐
   c) der kulturellen Zusammenarbeit der EG-Staaten. ☐
   d) der wirtschaftlichen Zusammenarbeit der EG-Staaten. ☐

Lösung:

Übung 54

Sammeln Sie Informationen zum EU-Vertrag von Maastricht und beantworten Sie die folgende Frage. Notieren Sie Ihre Ausführungen und Gesetzesangaben in folgenden Kasten.

Was bewirkte der Vertrag von Maastricht?

a) Eine engere Zusammenarbeit bei der Außen- und Sicherheitspolitik. ☐
b) Eine engere Zusammenarbeit bei der Justiz- und Innenpolitik. ☐
c) Die Gründung der Europäischen Union. ☐
d) Die Schaffung eines europäischen Binnenmarktes. ☐

Lösung:

Übung 55

Informieren Sie sich über das Schengener Abkommen, insbesondere über seine Chancen und Risiken, und legen Sie die Vor- und Nachteile dieses Abkommens für Deutschland dar.

Lösung:

BASISTEXT Rechtsquellen der Europäischen Union

Die Rechtsquellen der Europäischen Union bestehen im Wesentlichen aus dem Recht der damaligen Europäischen Gemeinschaft. Dieses besteht aus dem **Primärrecht** und dem **Sekundärrecht**. Das Primärrecht existiert zum einen in geschriebener Form und zum anderen in ungeschriebener Form.

Geschriebenes Primärrecht

umfasst die **Verträge** zur Gründung der EGKS und der EAG und den EG-Vertrag.

Ungeschriebenes Primärrecht

umfasst das **Gewohnheitsrecht, allgemeine Rechtsgrundsätze und Unionsgrundrechte**.

Sekundärrecht

ist das von den **Organen der EU** nach Maßgabe des EUV und des AEUV.

Die Rechtsquellen des Sekundärrechts sind in Art. 288 AEUV benannt.

ÜBUNG 56

Ordnen Sie den Sekundärquellen die jeweiligen Artikel des AEUV zu.

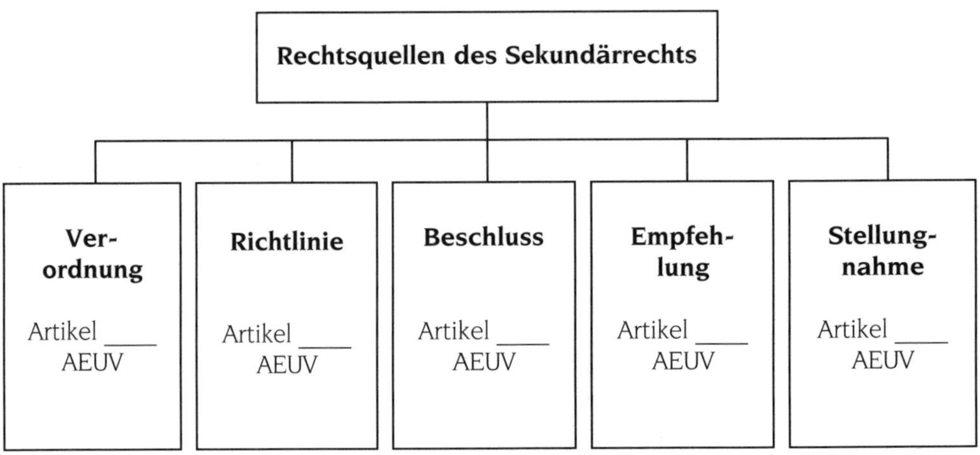

Verordnung **BASISTEXT**

Die Verordnung ist definiert in Art. 288 Abs. 2 AEUV. Aus dieser Norm ergibt sich die folgende Definition:

> Eine **Verordnung**
>
> hat **allgemeine Geltung**, ist **in allen Teilen verbindlich** und **gilt unmittelbar** in jedem Mitgliedstaat.

Beispiele:

- Verordnung (EWG) Nr. 1677/88 zur Festsetzung von Qualitätsnormen für Gurken,
- Verordnung (EG) Nr. 258/97 über neuartige Lebensmittel und neuartige Lebensmittelzutaten.

Dies bedeutet, dass Verordnungen zu ihrer Geltung nicht erst in nationales Recht umgesetzt werden müssen. Durch die unmittelbare Wirkung der Verordnung ist gesichert, dass insoweit in allen Mitgliedstaaten das gleiche Recht gilt.

Ausgerechnet Bananen **FALL 26**

Die EU-Kommission beabsichtigt, die Vermarktung der in Staaten der Europäischen Union und in Afrika, dem Karibik- und Pazifikraum angepflanzten Bananen zu fördern und gegen den Import der von US-Unternehmen in Südamerika geernteten Bananen zu schützen. Daher beschließt sie eine Verordnung, die als „Bananenmarktordnung" bekannt wird. In dieser Verordnung wird geregelt, dass die Produktion der aus der Europäischen Union stammenden Bananen durch Beihilfen gefördert wird. Außerdem werden durch die Verordnung Importzölle auf solche Bananen festgelegt, die nicht aus den in der Verordnung aufgeführten geförderten Regionen, sondern aus so genannten Drittstaaten stammen.
Ein deutscher Importeur, der bisher vorwiegend Bananen aus Drittstaaten nach Deutschland eingeführt hatte, wendet sich gegen diese Regelung. Der Importeur darf sich gegen diese Verordnung nur dann mit einer Verfassungsbeschwerde wenden, wenn er unter anderem durch die Verordnung selbst und unmittelbar betroffen ist.

Aufgabe: Prüfen Sie, ob diese Voraussetzungen erfüllt sind.

Notieren Sie die Lösung auf einem besonderen Blatt.

BASISTEXT **Richtlinie**

Die Richtlinie ist definiert in Art. 288 Abs. 3 AEUV.

Eine **Richtlinie**

ist für jeden Mitgliedstaat, an den sie gerichtet ist, **hinsichtlich des zu erreichenden Ziels verbindlich**, überlässt jedoch den innerstaatlichen Stellen die **Wahl der Form und der Mittel**.

Beispiele:

- Richtlinie 93/13/EWG über missbräuchliche Klauseln in Verbraucherverträgen,
- Richtlinie 2003/33/EG zur Angleichung der Rechts- und Verwaltungsvorschriften der Mitgliedstaaten über Werbung und Sponsoring zugunsten von Tabakerzeugnissen.

Die Richtlinie wendet sich also nicht an den Einzelnen, sondern an die Mitgliedstaaten, die die Richtlinien innerhalb der **Umsetzungsfrist** in nationales Recht umzusetzen haben.

Nach der Rechtsprechung des Europäischen Gerichtshofs haben die Mitgliedstaaten bei der Umsetzung von Richtlinien diejenige innerstaatliche Handlungsform zu wählen, die für den „effet utile" (bedeutet „Effizienzgebot") am besten geeignet ist.

Das Prinzip des „Effet utile"

beinhaltet den völkerrechtlichen Grundsatz, einen Vertrag in der Weise auszulegen, dass sein **Ziel am besten und effizientesten** erreicht werden kann.

Beispiel:

Eine Richtlinie wird von einem Mitgliedstaat nicht in nationales Recht umgesetzt, weil der Mitgliedstaat der Auffassung ist, eine Umsetzung sei wegen einer bestehenden Verwaltungspraxis, die bereits den Inhalten der Richtlinie entspricht, nicht erforderlich. Diese Auffassung ist unter dem Gesichtspunkt des Effizienzgebotes unzutreffend. Die Umsetzung einer Richtlinie muss den Ansprüchen der Rechtsklarheit und Rechtssicherheit genügen. Hiermit ist es nicht vereinbar, dass ein Mitgliedstaat die Umsetzung mit dem Verweis auf eine bereits bestehende Verwaltungspraxis verweigert. Diese lässt sich nämlich beliebig verändern, so dass die Effizienz des Europarechts nicht gegeben wäre.

Im Europarecht bedeutet dieses Gebot, dass bei mehreren Auslegungsmöglichkeiten für nationales Recht diejenige zu wählen ist, bei der sich das Europäische Unionsrecht am besten durchsetzt. Enthalten ist dieses Prinzip in Art. 4 Abs. 3 EUV.

Außerdem führt der „effet utile" dazu, dass unter bestimmten Umständen eine Richtlinie, die zu ihrer Wirksamkeit grundsätzlich einer Umsetzung durch die Mitgliedstaaten in nationales Recht bedarf, **ausnahmsweise unmittelbare Wirkung** entfaltet. Dies ist nach ständiger Rechtsprechung des EuGH dann der Fall, wenn die folgenden Voraussetzungen gegeben sind:

1. Die Umsetzungsfrist ist verstrichen und die Richtlinie wurde nicht oder nur unzureichend umgesetzt,
2. die Regelungen der Richtlinie sind inhaltlich unbedingt und hinreichend genau und
3. die Bestimmungen der Richtlinie verleihen dem Einzelnen Rechte.

ÜBUNG 57

Kreuzen Sie die richtige(n) Antwort(en) an und begründen Sie Ihre Lösung.
Von den vorgegebenen Antworten können keine, eine, mehrere oder alle richtig sein.

1. Unmittelbare Wirkung in den Mitgliedstaaten
   a) hat nur die Verordnung. ☐
   b) hat nur die Richtlinie. ☐
   c) haben sowohl die Verordnung als auch – ausnahmsweise – die Richtlinie. ☐
   d) hat nur die Entscheidung. ☐

Lösung:

2. Eine Direktwirkung einer Richtlinie in einem Mitgliedstaat setzt voraus, dass
   a) der Mitgliedstaat die Umsetzungsfrist absichtlich hat verstreichen lassen. ☐
   b) die Richtlinie nicht umgesetzt wurde. ☐
   c) die Richtlinie Verbraucher schützend ist. ☐
   d) dem Einzelnen durch die Richtlinie Rechte verliehen werden. ☐

Lösung:

3. Die Verordnung ist
   a) hinsichtlich ihres Inhalts weitgehender als eine Richtlinie. ☐
   b) dem Sekundärrecht zuzuordnen. ☐
   c) in den Mitgliedstaaten unmittelbar geltendes Recht. ☐
   d) Teil des nationalen Rechts. ☐

Lösung:

FALL 27 Einer muss doch wohl haften!

Die Europäische Union erlässt eine Richtlinie, die bis zum 31.12.2011 in nationales Recht umzusetzen ist. Mit der Richtlinie soll das Recht der Produkthaftung in den Mitgliedstaaten geändert werden. Das Ziel dieser Richtlinie ist es, den Umfang der Haftungsansprüche Einzelner gegen Hersteller zu erweitern. Der deutsche Staatsbürger Bernd Bellheim hat nach deutschem Recht einen Haftungsanspruch gegen einen Hersteller. Bei Geltung der Richtlinie wäre der Umfang seines Anspruchs deutlich höher. Herr Bellheim beruft sich auf die in der Richtlinie enthaltene Regelung. Allerdings hat Deutschland diese Richtlinie noch nicht in nationales Recht umgesetzt. Herr Bellheim meint, er könne sich dennoch auf diese Richtlinie berufen, da diese unmittelbar gelte. Er sei ansonsten gegenüber Bürgern anderer Staaten, in denen die Richtlinie bereits umgesetzt worden sei, zu Unrecht benachteiligt. Des Weiteren führt er an, dass es gerade der Zweck der europäischen Einigung sei, auch durch Richtlinien eine einheitliche Rechtsordnung herbeizuführen.

Aufgabe: Prüfen Sie, ob die Rechtsauffassung des Herrn Bellheim zutrifft.

Notieren Sie die Lösung auf einem besonderen Blatt.

Richtlinienkonforme Auslegung **BASISTEXT**

Eine Richtlinie bezweckt, dass die Mitgliedstaaten ihr jeweiliges nationales Recht entsprechend den Regelungen der Richtlinie ändern. Dadurch verliert die in nationales Recht umgesetzte Richtlinie aber nicht ihre Bedeutung, denn die aufgrund der Richtlinie geschaffene nationale Regelung ist entsprechend der Richtlinie, also **richtlinienkonform**, auszulegen. Basis einer europarechtskonformen Auslegung nationalen Rechts ist das bereits oben dargestellte Prinzip des „effet utile". Dieses ist nicht nur bei der Umsetzung einer Richtlinie in nationales Recht zu beachten, sondern auch bei der Auslegung des durch die Umsetzung geschaffenen nationalen Rechts.

Bei der Auslegung von Richtlinien sind die allgemein für Rechtsnormen geltenden Auslegungsregeln anzuwenden. Dies sind die wörtliche, die systematische, die historische und die teleologische Auslegung.

ÜBUNG 58

Füllen Sie den folgenden Lückentext zur Bedeutung der allgemeinen Auslegungsmethoden für die Auslegung von Richtlinien aus.

Die ______________________________ ist bei der Richtlinie in der Regel von geringer Bedeutung, wenn die Richtlinie keine lange Entstehungsgeschichte hat. Bei der ______________________________ sind die Zielbestimmungen und die Begründungserwägungen der Richtlinie heranzuziehen. In der Regel kommt es bei der ______________________________ wegen der unterschiedlichen Sprachen innerhalb der Europäischen Union zu Problemen. Die grundsätzlich wichtigste Methode ist die ______________________________ , bei der der Zweck der Richtlinie auch im Hinblick auf den „effet utile" heranzuziehen ist.

Nichtumsetzung von Richtlinien **BASISTEXT**

Da die Europäische Union mit einer Richtlinie die Mitgliedstaaten verpflichtet, dass diese innerhalb einer bestimmten Frist in das jeweilige nationale Recht umzusetzen, stellt sich die Frage, welche Konsequenzen es hat, wenn ein Mitgliedstaat dieser Umsetzungspflicht nicht rechtzeitig nachkommt.

In solchen Fällen besteht nach der Rechtsprechung des Europäischen Gerichtshofes (EuGH) ein **Schadensersatzanspruch des Einzelnen** gegen den betreffenden Mitgliedstaat, wenn drei Voraussetzungen erfüllt sind:

1. Die nicht rechtzeitig umgesetzte Richtlinie bezweckt, dem **Einzelnen Rechte zu verleihen**,
2. der **Inhalt dieser Rechte** ist aus der Richtlinie **erkennbar**,
3. zwischen der Nichtumsetzung und dem entstandenen Schaden besteht ein **unmittelbarer Kausalzusammenhang**.

FALL 28 **Verraten und verkauft**

Die Europäische Union beschließt eine Richtlinie, mit der Arbeitnehmer im Falle der Zahlungsunfähigkeit ihrer jeweiligen Arbeitgeber ein Insolvenzgeld aus einer Einrichtung erhalten, in die finanzielle Mittel durch die öffentliche Hand und der Arbeitgeber fließen. Italien lässt die Umsetzungsfrist verstreichen, ohne in dieser Zeit die Richtlinie in nationales italienisches Recht umzusetzen.

Italienische Arbeitnehmer, Andrea Francovich, und Danila Bonifaci, erleben und erleiden die Zahlungsunfähigkeit ihrer Arbeitgeber:
Andrea Francovich hatte für die italienische Firma CDN Elettronica SnC in Vicenza gearbeitet, dafür aber nur gelegentlich Abschlagszahlungen auf seinen Lohn erhalten. Er erhob deshalb Klage vor der Pretura Vicenza, die die beklagte Firma zur Zahlung von rund 6 Millionen LIT verurteilte. Im Rahmen der Zwangsvollstreckung nahm der Gerichtsvollzieher des Tribunale Vicenza ein Protokoll über eine fruchtlose Pfändung auf. Der Kläger verlangte daraufhin vom italienischen Staat die in der Richtlinie 80/987 vorgesehenen Garantien, hilfsweise Schadensersatz.
Danila Bonifaci und 33 andere Arbeitnehmerinnen der Firma Gaia Confezioni Srl erhoben vor der Pretura Bassano del Grappa Klage. Sie führten aus, als Arbeitnehmerinnen für die Firma tätig gewesen zu sein, über deren Vermögen am 5. April 1985 der Konkurs eröffnet worden war. Zum Zeitpunkt der Auflösung der Arbeitsverhältnisse hatten die Kläger-innen Anspruch auf einen Betrag von mehr als 253 Millionen LIT, der in die Schuldenmasse der in Konkurs geratenen Firma aufgenommen worden war. Mehr als fünf Jahre nach dem Konkurs hatten sie noch kein Geld erhalten. Der Konkursverwalter hatte ihnen mitgeteilt, dass eine auch nur quotenmäßige Befriedigung völlig unwahrscheinlich sei.
Sie erhoben deshalb gegen die Italienische Republik Klage mit dem Antrag, die Beklagte angesichts ihrer Verpflichtung zur Anwendung der Richtlinie 80/987 ab dem 23. Oktober 1983 zu verurteilen, das ihnen zustehende rückständige Arbeitsentgelt, zumindest in Höhe der letzten drei Monatslöhne, zu zahlen, hilfsweise, ihnen Schadensersatz zu leisten.
Die für solche Fälle aufgrund der Richtlinie zu gründende Einrichtung besteht jedoch wegen der nicht erfolgten Umsetzung nicht. Daher wenden sich die Arbeitnehmer sich nun gegen den Staat Italien und fordern von diesem Schadensersatz.

Aufgabe: Prüfen Sie, ob die Arbeitnehmer einen Anspruch auf Schadensersatz haben.

Notieren Sie die Lösung auf einem besonderen Blatt.

Sonstige Rechtsquellen

BASISTEXT

Gegenüber den oben dargestellten Rechtsquellen der Verordnung und der Richtlinie haben die **sonstigen Rechtsquellen des Sekundärrechts** eine geringere Bedeutung.

Sonstige Rechtsquellen sind gemäß Art. 288 Abs. 4 AEUV die **Beschlüsse** und nach Art. 288 Abs. 5 AEUV die **Empfehlungen** und die **Stellungnahmen**.

Beschlüsse

sind Rechtsquellen, die sich **mit verbindlicher Wirkung** an einen Adressaten wenden, wobei als Adressat einzelne oder mehrere Personen sowie einzelne oder mehrere Mitgliedstaaten in Betracht kommen.

Ein Beschluss kann durch den Rat (Art. 74, 77 Abs. 3, 86 Abs. 2 AEUV) oder durch die Kommission (Art. 95 Abs. 4, 96 Abs. 2 AEUV) ergehen.

Empfehlungen

dienen dazu, dem Adressaten ein bestimmtes Verhalten **ohne Bindungswirkung** nahe zu legen.

Eine Empfehlung kann durch den Rat (Art. 121 Abs. 2, Art. 126 Abs. 7, AEUV) oder durch die Kommission (Art. 60 Abs. 2, 97 Abs. 3, 117 Abs. 1 AEUV) ergehen.

Stellungnahmen

sind Rechtsquellen, die es dem erklärenden Organ ermöglichen, ohne Bindungswirkung **seine Meinung** zu einer bestimmten Initiative **zu erklären**.

Eine Stellungnahme kann durch die Kommission (Art. 126 Abs. 5, Art. 156 Abs. 3 AEUV, oder durch das Parlament (Art. 218 Abs. 6 b AEUV) ergehen.

ÜBUNG 59

Kreuzen Sie die richtige(n) Antwort(en) an und begründen Sie Ihre Lösung.
Von den vorgegebenen Antworten können keine, eine, mehrere oder alle richtig sein.

1. Eine Entscheidung
   a) ist – wie auch die Verordnung – abstrakt-generell. ☐
   b) ist anders als die Empfehlung rechtlich verbindlich. ☐
   c) entfaltet anders als die Richtlinie unmittelbare Wirkung. ☐
   d) ist nur durch den Europäischen Gerichtshof möglich. ☐

Lösung:

2. Eine Empfehlung
   a) ist nur in Ausnahmefällen verbindlich. ☐
   b) darf nur durch das Europäische Parlament abgegeben werden. ☐
   c) darf auch durch den Rat der Europäischen Union abgegeben werden. ☐

Lösung:

3. Eine Stellungnahme
   a) darf nur durch das Europäische Parlament abgegeben werden. ☐
   b) hat dieselbe unverbindliche Wirkung wie eine Richtlinie. ☐
   c) des Europäischen Parlaments ist unverbindlich. ☐

Lösung:

Grundfreiheiten der Europäischen Union **BASISTEXT**

Nach Art.3 Abs. 2 EUV hat sich die Europäische Union zum Ziel gesetzt, einen **Raum ohne Binnengrenzen** zu schaffen. Dementsprechend stellte Art. 14 Abs. 1 EGV a. F. die Verpflichtung auf, einen solchen Binnenmarkt bis zum 31.12.1992 schrittweise zu verwirklichen.
Eine nähere Beschreibung des Binnenmarktes enthält Art. 26 Abs. 2 AEUV. In einem Raum ohne Binnengrenzen sind **vier Grundfreiheiten** gewährleistet:

- **Warenverkehrsfreiheit** (Art. 28 ff. AEUV)
- **Personenverkehrsfreiheit**, umfasst
  Arbeitnehmerfreizügigkeit (Art. 45 ff. AEUV) und
  Niederlassungsfreiheit (Art. 49 ff. AEUV)
- **Dienstleistungsfreiheit**
- (Art. 56 ff. AEUV)
- **Kapital- und Zahlungsverkehrsfreiheit** (Art. 63 ff. AEUV).

Die Grundfreiheiten haben zunächst für sich genommen einen hohen Stellenwert für die Verwirklichung des Binnenmarktes. Steht in einem Mitgliedstaat eine Regelung im Widerspruch zu mindestens einer dieser Grundfreiheiten, so hat die **nationale Regelung** wegen des Anwendungsvorrangs des Unionsrechts gegenüber der ihr widersprechenden Grundfreiheit **zurückzutreten**.

Des Weiteren kann den Grundfreiheiten auch in einem Einzelfall eine große Bedeutung zukommen. Ein durch sie Begünstigter darf sich vor Gerichten und der Verwaltung auf sie berufen, da es sich bei den Grundfreiheiten um einen Teil des AEUV und damit um primäres Unionsrecht handelt.

ÜBUNG 60

Lesen Sie die im AEUV enthaltenen Regelungen zu den Grundfreiheiten und füllen Sie den folgenden Lückentext aus.

Die ____________________ umfasst nur selbstständige Tätigkeiten, während die zur ____________________ gehörende ____________________ nur für abhängig Beschäftigte gilt.

Die Warenverkehrsfreiheit umfasst gemäß ____________________ das Verbot von ____________________ und das Verbot mengenmäßiger Beschränkungen gemäß ____________________ .

Dagegen ermöglicht die Freiheit des ____________________ gemäß ____________________ und ____________________ , dass grenzüberschreitende Waren oder Dienstleistungen auch ungehindert gezahlt werden dürfen.

Die Freiheit des ____________________ gemäß ____________________ ermöglicht es, dass sowohl Immobilien als zum Beispiel auch Wertpapiere ohne Beschränkungen grenzüberschreitend transferiert werden dürfen.

FALL 29 **Likör aus dem Süden**

Die Rewe-Gruppe importiert aus der französischen Stadt Dijon den Johannisbeer-Likör „Cassis" nach Deutschland, wo er im Einzelhandel verkauft werden soll. Die Bundesmonopolverwaltung für Branntwein verbietet der Rewe einen weiteren Import dieses französischen Likörs mit der Begründung, dass dieser nicht den in Deutschland für Liköre vorgeschriebenen Mindestbranntweinanteil von 25% aufweise.
Gegen diese Entscheidung wehrt sich Rewe. Der Rechtsstreit war zunächst beim Hessischen Finanzgericht anhängig, das diese Angelegenheit im Wege einer Vorabentscheidung dem Europäischen Gerichtshof vorlegte.
Rewe beruft sich vor dem Europäischen Gerichtshof darauf, dass die Entscheidung der Bundesmonopolverwaltung für Branntwein mit dem Europarecht nicht vereinbar sei.

Aufgabe: Prüfen Sie, ob ein Verstoß gegen das Europarecht gegeben ist.

Notieren Sie die Lösung auf einem besonderen Blatt.

„Cassis-Formel"

„Hemmnisse für den Binnenhandel der Gemeinschaft, die sich aus den Unterschieden der nationalen Regelungen ergeben, müssen hingenommen werden, soweit diese Bestimmungen notwendig sind, um den zwingenden Erfordernissen gerecht zu werden."

Quelle: EuGH, Rs. 120/81, Cassis de Dijon, EuGH, Slg. 1979, 649 (662)

BASISTEXT **Warenverkehrsfreiheit**

Zwingende Erfordernisse im Sinne der „Cassis-Formel" sind zum Beispiel der Schutz der öffentlichen Gesundheit oder der Verbraucher. Zu beachten ist allerdings, dass bei der Einschränkung der Warenverkehrsfreiheit durch staatliche Maßnahmen die **„Cassis-Formel"** nur dann anwendbar ist, wenn **einheimische und eingeführte Waren gleichermaßen** betroffen sind, wie dies zum Beispiel bei Reinheitsgeboten für Nahrungsmittel der Fall ist.

Wird die Warenverkehrsfreiheit dagegen **nur für eingeführte Waren** eingeschränkt, ist die Rechtmäßigkeit dieser Einschränkung an **Art. 36 AEUV** zu messen.

Übung 61

Welche der folgenden Aussagen hinsichtlich der Arbeitnehmerfreizügigkeit sind zutreffend, wenn die in Turin wohnhafte Italienerin Angelosi an einer Stellenausschreibung in Deutschland interessiert ist? Begründen Sie Ihre Entscheidung.

1. Die Arbeitnehmerfreizügigkeit
   a) erlaubt es Angelosi, sich für die ausgeschriebene Stelle zu bewerben. ☐
   b) gilt nicht, wenn sich Angelosi als Angestellte bei der Stadt Florenz bewirbt. ☐
   c) verbietet jede Einschränkung der Stelle zu Lasten von Angelosi. ☐
   d) erlaubt es Angelosi, zu einem Bewerbungsgespräch anzureisen. ☐

Lösung:

2. Der Deutsche Bernhard Domen ist selbstständiger Programmierer und Computerfachmann. Er möchte für einen Besteller in Valencia ein Computerprogramm erstellen. In diesem Fall ist die Dienstleistungsfreiheit nicht anwendbar, wenn
   a) Domen in der Schweiz ansässig ist. ☐
   b) der in Valencia ansässige Besteller ebenfalls Deutscher ist. ☐
   c) Domen die Tätigkeit von Deutschland aus via Internet ausübt. ☐
   d) die Tätigkeit Domens nur ein Freundschaftsdienst für den Besteller ist. ☐

Lösung:

3. Die Niederlassungsfreiheit bezieht sich auch auf
   a) die Bildung von Zweigniederlassungen. ☐
   b) Gesellschaften und nicht nur auf natürliche Personen. ☐
   c) ein nur vorübergehendes Tätigwerden in einem anderen Mitgliedstaat. ☐

Lösung:

BASISTEXT — Organe der Europäischen Union

Welches die Organe der Europäischen Union hat, ergibt sich aus Art. 13 Abs. 1 EUV. Die Existenz und die Zusammensetzung der Organe der Europäischen Union trägt der Organisation der EU Rechnung. Einerseits müssen nämlich die Interessen der Mitgliedstaaten und andererseits auch die Interessen der Europäischen Union in die Entscheidungsprozesse einbezogen werden.

ÜBERSICHT 43

Organe der Europäischen Union

- **Europäisches Parlament,** (Art. 223 – 234 AEUV)
- **Europäischer Rat** (Art. 235 – 236 AEUV)
- **Europäische Kommission** (Art. 244 – 250 AEUV)
- **Gerichtshof der EU** (Art. 251 – 281 AEUV)
- **Rechnungshof** (Art. 285 – 287 AEUV)
- **Rat der Europäischen Union** (Art. 237 – 243 AEUV)
- **Europäische Zentralbank** (Art. 282 – 284 AEUV)

Neben diesen Organen gibt es gemäß Art. 300 ff. AEUV den **Wirtschafts- und Sozialausschuss** sowie den **Ausschuss der Regionen,** die aber nicht zu den Organen gehören, aber beratende Einrichtungen der Union darstellen.

Europäisches Parlament **BASISTEXT**

Das Europäische Parlament hat gemäß Art. 14 Abs. 2 S. 1 EUV **maximal 751 Abgeordnete**.

Diese sind nicht mehr – wie es vor dem Vertrag von Lissabon der Fall war – Vertreter der Völker der Mitgliedstaaten. Vielmehr besteht das Europäische Parlament gemäß Art. 14 Abs. 2 S. 1 EUV künftig aus **Vertretern der Unionsbürgerinnen und Unionsbürger**. Sie werden gemäß Art. 14 Abs. 3 EUV in **allgemeiner, unmittelbarer, freier und geheimer Wahl auf fünf Jahre** gewählt. Die Anzahl der Abgeordneten aus jedem Mitgliedstaat ist durch Art. 14 Abs. 2 S. 3 ansatzweise beschrieben und durch Art. 14 Abs. 2 S. 4 EUV auf maximal 96 begrenzt. Eine genauere Aufschlüsselung ergibt sich gemäß Art. 14 Abs. 2 S. 5 EUV durch einen Beschluss des Europäischen Rates mit Zustimmung des Europäischen Parlaments. Diese Zuordnung der Anzahl der Parlamentarier bietet nicht selten Anlass zur Auseinandersetzung, insbesondere weil die bevölkerungsreicheren Mitgliedstaaten im Verhältnis zu ihrer Einwohnerzahl verhältnismäßig wenige Abgeordnete stellen.

Die **Bedeutung** des Europäischen Parlaments ist deutlich geringer als die der Parlamente der Mitgliedstaaten. Insbesondere besitzt es bei der Rechtsetzung und der Kontrolle nicht in vergleichbarem Ausmaße die Kompetenzen, die die nationalen Parlamente in den Mitgliedstaaten haben. Vor allem fehlt es dem Europäischen Parlament an einem Initiativrecht zur Rechtsetzung. Daher wird häufig von einem **„Demokratiedefizit"** in der Europäischen Union gesprochen. Dieser Kritik wurde teilweise durch die Stärkung der Position des Rates durch den Vertrag von Lissabon begegnet.

Auf die Beteiligung des Europäischen Parlaments an der Rechtsetzung wird unten näher eingegangen.

ÜBUNG 62

Kreuzen Sie die richtige(n) Antwort(en) an und begründen Sie Ihre Lösung.
Von den vorgegebenen Antworten können keine, eine, mehrere oder alle richtig sein.

Das Europäische Parlament

a) ist das Hauptrechtsetzungsorgan in der Europäischen Union. ☐
b) wird auf vier Jahre gewählt. ☐
c) hat lediglich das Initiativrecht zur Schaffung von Verordnungen. ☐
d) hat das Initiativrecht zur Schaffung von Richtlinien. ☐

Lösung:

BASISTEXT **Der Rat der Europäischen Union**

Der Rat der Europäischen Union ist das Organ mit der insgesamt **größten Kompetenz**. Er ist das **Hauptrechtsetzungsorgan** der Europäischen Union und hat sowohl **exekutive als auch legislative Aufgaben**.

Der Rat der Europäischen Union besteht gemäß Art. 16 Abs. 2 EUV aus **jeweils einem Vertreter eines jeden Mitgliedstaats auf Ministerebene**, der befugt ist, für die Regierung des Mitgliedstaats verbindlich zu handeln. Auf diese Weise bildet der Rat der Europäischen Union ein Bindeglied zwischen der Europäischen Union und den Mitgliedstaaten. Letztere können mit Hilfe des Rats der Europäischen Union Einfluss nehmen. Die Vertreter der Mitgliedstaaten sind einerseits an die ihren durch die Mitgliedstaaten erteilten Weisungen gebunden, aber andererseits durch Art. 4 Abs. 3 EUV verpflichtet, den Rat der Europäischen Union in einem funktionsfähigen Zustand zu halten.

Der Rat der Europäischen Union

ist ein **Organ** der Europäischen Union, das aus **je einem Vertreter** eines jeden Mitgliedstaats auf Ministerebene besteht, Art. 16 Abs. 2 EUV. Seine Aufgabe ist – gemeinsam mit dem Europäischen Parlament – die Gesetzgebung und die Ausübung der Haushaltsbefugnisse sowie die Festlegung der Politik und die Koordinierung nach Maßgabe der Verträge, Art. 16 Abs. 1 EUV

Zur besseren terminologischen Unterscheidung gegenüber mit dem Europäischen Rat und dem Europarat, die beide kein Organ der Europäschen Union sondern Staatenkonferenzen sind, wird der **Rat der Europäischen Union auch Ministerrat genannt**.

Gleichwohl kann der Rat der Europäischen Union auch in der Zusammensetzung des Europäischen Rats tagen.

Der Europäische Rat

setzt sich zusammen aus den **Staats- und Regierungschefs der Mitgliedstaaten** sowie dem Präsidenten des Europäischen Rates und dem Präsidenten der Europäischen Kommission, Art. 15 Abs. 2 S. 1 EUV.

Der Europarat

ist eine **Staatenkonferenz** zum **Schutz der Menschenrechte** nach der Europäischen Menschenrechtskonvention (EMRK).

Um den Begriff des Rates der Europäischen Union deutlicher von den beiden übrigen Begriffen abzugrenzen, wird er auch als Ministerrat bezeichnet. Dieser kann auch in der Zusammensetzung des Europäischen Rats tagen.

ÜBUNG 63

Nehmen Sie die Abgrenzung der Begriffe voneinander durch Ausfüllen des folgenden Lückentextes vor. In die Lücken kann passend eingefügt werden „Rat der Europäischen Union", „Europäischer Rat" oder „Europarat".

Während sich der ____________________ aus den Staats- und Regierungschefs der Mitgliedstaaten zusammensetzt, sind im ____________________ Minister der Mitgliedstaaten vertreten. Bei dem ____________________ und dem ____________________ handelt es sich jeweils nicht um ein Organ der Europäischen Union, sondern um eine Staatenkonferenz. Der ____________________ wird von Art. 15 EUV und Art. 235, 236 AEUV erfasst. Der ____________________ wird in Art. 165 Abs. 3, 167 Abs. 3 und 220 AEUV erwähnt und der ____________________ in Art. 16 EUV und in Art. 237 – 243 AEUV. Der ____________________ kann auch in der Zusammensetzung des ____________________ tagen.

ÜBUNG 64

Kreuzen Sie die richtige(n) Antwort(en) an und begründen Sie Ihre Lösung.
Von den vorgegebenen Antworten können keine, eine, mehrere oder alle richtig sein.

Der Rat der Europäischen Union
a) ist nicht nur ein Legislativorgan. ☐
b) ist ausschließlich ein Exekutivorgan. ☐
c) ist das Hauptrechtsetzungsorgan der Europäischen Union. ☐
d) hat nur in besonderen Fällen ein Initiativrecht bei der Rechtsetzung. ☐

Lösung:

BASISTEXT **Europäische Kommission**

Die Europäische Kommission verfügt über ein **alleiniges Initiativrecht** für Rechtsetzungsakte in der Europäischen Union. Außerdem gilt sie als **„Hüterin der Verträge"**. Diese Bezeichnung wurde ihr deswegen gegeben, weil sie gemäß Art. 258 AEUV eine begründete Stellungnahme abgeben und unter Umständen auch den Europäischen Gerichtshof anrufen darf, wenn nach ihrer Auffassung ein Mitgliedstaat gegen die Verträge verstoßen hat.

Zur Europäischen Kommission gehört gemäß Art. 17 Abs. 4 EUV **ein Staatsangehöriger jedes Mitgliedstaats**.
Das Verfahren, nach dem die Mitglieder der Kommission bestimmt werden, ist in Art. 17 Abs. 5 EUV geregelt. Die Zeit, für die sie bestimmt werden, beträgt gemäß Art. 17 Abs. 3 EUV **fünf Jahre**.

ÜBUNG 65

Kreuzen Sie die richtige(n) Antwort(en) an und begründen Sie Ihre Lösung.
Von den vorgegebenen Antworten können keine, eine, mehrere oder alle richtig sein.

Ein Kommissionsmitglied
a) darf keiner entgeltlichen Nebentätigkeit nachgehen. ☐
b) darf keine unentgeltliche Nebentätigkeit ausüben. ☐
c) darf eine Anweisung aus einem Mitgliedstaat entgegennehmen. ☐
d) darf bei schweren Verfehlungen seines Amtes enthoben werden. ☐

Lösung:

Europäischer Gerichtshof **BASISTEXT**

Die Rechtsprechung der EU wird vom Europäischen Gerichtshof und dem Gericht erster Instanz wahrgenommen. Sie sichern im Rahmen ihrer jeweiligen Zuständigkeiten die Wahrung des Rechts bei der Auslegung und Anwendung der Verträge (Art. 19 Abs. 1 EUV).
Der Europäische Gerichtshof besteht **aus einem Richter je Mitgliedstaat** (Art. 19 Abs. 2 S. 1 EUV). Er wird von **acht Generalanwälten** unterstützt (Art. 252 Abs. 1 S. 1 AEUV). Die Richter und die Generalanwälte werden nach Art. 253 Abs. 1 AEUV von den Regierungen der Mitgliedstaaten in gegenseitigem Einvernehmen auf sechs Jahre ernannt. Sie genießen die volle **richterliche Unabhängigkeit**.

Die Zuständigkeiten der Gerichte sind in den Verträgen im Einzelnen und abschließend geregelt. Die einzelnen Verfahrensarten ergeben sich aus Art. 226 ff. AEUV.

ÜBUNG 66

Füllen Sie den folgenden Lückentext mit den passenden Vorschriften aus dem AEUV aus.

Der Europäische Gerichtshof ist zuständig für das Vertragsverletzungsverfahren gemäß ____________________, für die Nichtigkeitsklage gemäß ____________________ , die Untätigkeitsklage gemäß ____________________, das Vorabentscheidungsverfahren gemäß ____________________ und die Amtshaftungsklage gemäß ____________________.

Bier her! **FALL 30**

Braunstedt importiert aus Mais hergestellte Biersorten aus Belgien nach Deutschland und beliefert damit die Gastronomie. Das Gesundheitsamt fordert ihn schriftlich auf, den Import einzustellen. Es begründet sein Verlangen mit der Befürchtung, das nicht nach deutschem Reinheitsgebot gebraute Bier könne gesundheitliche Schäden hervorrufen.
Braunstedt möchte sich dagegen wehren, da er insbesondere der Meinung ist, das Verbot verstoße gegen die Warenverkehrsfreiheit.

Aufgabe: Prüfen Sie, auf welche Weise Braunstedt den Europäischen Gerichtshof veranlassen kann, sich mit dieser Angelegenheit zu befassen.

Lösung:

Übung 67

Legen Sie vor dem Hintergrund Ihrer Kenntnisse über die Organe der Europäischen Union dar, inwieweit bei der EU Kriterien einer demokratischen Organisation erfüllt sind und welche Defizite demokratischer Legitimation zu beklagen sind. Zeigen Sie auf, welche Maßnahmen erforderlich wären, um die Europäische Union demokratischer auszugestalten.

Notieren Sie die Lösung auf einem besonderen Blatt.

Basistext — Rechtsetzung

Die Rechtsetzung der Europäischen Union wird **durch die Organe der Europäischen Union** ausgeübt.
Hierbei sind im konkreten Rechtsetzungsfall folgende Fragen zu unterscheiden:

1. Ist **die EU** zuständig oder sind es die **Mitgliedstaaten**?
2. Falls die EU zuständig ist:
   a) welches **Organ der EU** ist zuständig?
   und
   b) wie sind die **Mitgliedstaaten zu beteiligen?**

Bei der Beantwortung dieser Fragen sind folgende Zuständigkeiten zu unterscheiden: ausschließliche, konkurrierende, parallele und ergänzende Zuständigkeit der EG und ausschließliche Zuständigkeit der Mitgliedstaaten.

Zu beachten ist hierbei insbesondere das Subsidiaritätsprinzip.

Das Subsidiaritätsprinzip

besagt ganz allgemein, dass eine höhere allgemeine Ebene nur dann tätig werden darf, wenn eine niedrigere spezielle Ebene nicht tätig wird oder werden kann. Dieses Prinzip stellt also den **Vorrang einer niedrigeren Ebene vor einer höheren Ebene** fest.

Auf das Europarecht bezogen bedeutet dies, dass die EU bei der Rechtsetzung in Fällen, die ihr nicht schon im Rahmen der ausschließlichen Kompetenz zugewiesen sind, nur dann tätig werden darf, wenn die Mitgliedstaaten die mit der Rechtsetzung beabsichtigten Ziele nicht ausreichend erreichen können.

Übersicht 44

Rechtsetzungszuständigkeiten in der Europäischen Union

- Ausschließliche Zuständigkeit
- Geteilte Zuständigkeit
- Koordinationszuständigkeit
- Ergänzende Maßnahmen

Übung 68

Informieren Sie sich über die Zuständigkeiten der Europäischen Gemeinschaft und kreuzen Sie die richtige(n) Lösungen an. Kreuzen Sie die richtige(n) Antwort(en) an und begründen Sie Ihre Lösung. Von den vorgegebenen Antworten können keine, eine, mehrere oder alle richtig sein.

1. Beantworten Sie, was man unter dem „Prinzip der begrenzten Einzelermächtigung" versteht.
   a) Die EU darf nur dann in einem Bereich Recht setzen, soweit ein Mitgliedstaat diesen Bereich nicht bereits geregelt hat. ☐
   b) Die EU ist nur dann zur Rechtsetzung berufen, wenn die Verträge ausdrücklich eine Ermächtigung hierzu enthalten. ☐
   c) Die Zuständigkeit der EU zur Rechsetzung ist nur dann gegeben, wenn die Parlamente der Mitgliedstaaten in jedem Einzelfall zustimmen. ☐

Lösung:

2. Das „Prinzip der begrenzten Einzelermächtigung" ist
   a) durch die Rechtsprechung entwickelt, aber (noch) nicht kodifiziert. ☐
   b) durch die Rechtswissenschaft entwickelt, aber (noch) nicht kodifiziert. ☐
   c) im EUV und im AEUV enthalten. ☐
   d) eine Forderung der Mitgliedstaaten, der die Rechtsprechung aber nicht nachkommt und die der EUV nicht vorsieht. ☐

Lösung:

3. In den Ermächtigungsnormen des AEUV zur Rechtsetzung ist die Handlungsform
   a) immer ausdrücklich vorgeschrieben. ☐
   b) immer dem Ermessen der EU-Organe überlassen. ☐
   c) in einigen Fällen ausdrücklich vorgeschrieben und in einigen Fällen dem Ermessen der EU-Organe überlassen. ☐

Lösung:

BASISTEXT Ausschließliche Zuständigkeit der EU

In Bereichen der ausschließlichen Zuständigkeit der EU sind gemäß Art. 2 Abs. 1 AEUV die **Kompetenzen vollständig auf die Europäische Union übertragen**. Dementsprechend sind die Mitgliedstaaten in diesen Bereichen grundsätzlich nicht handlungsbefugt. Sie dürfen aber ausnahmsweise handeln, wenn sie hierzu ermächtigt werden oder als Sachwalter nach Konsultation der Europäischen Kommission unter Beachtung der Interessen der Europäischen Union tätig sind.
Ob es sich im Einzelfall um einen solchen Bereich handelt, ließ sich vor Inkrafttreten des Vertrags von Lissabon nicht aus den EU-Verträgen entnehmen. Nunmehr sind die Fälle der ausschließlichen Zuständigkeit in Art. 3 Abs. 1 AEUV aufgeführt.

ÜBUNG 69

Kreuzen Sie die richtige(n) Antwort(en) an und begründen Sie Ihre Lösung.
Von den vorgegebenen Antworten können keine, eine, mehrere oder alle richtig sein.

1. Im Bereich der ausschließlichen Kompetenz der EU dürfen die Mitgliedstaaten
   a) in keinem Fall rechtsetzend tätig werden, da die Kompetenz hierfür auf die EU übergegangen ist. ☐
   b) ebenso wie die EU rechtsetzend tätig werden, wobei es im Falle der Überschneidung der rechtlichen Regelung einen Vorrang der EU-Regelung gibt. ☐
   c) grundsätzlich nicht rechtsetzend tätig werden, sondern nur noch in Ausnahmefällen. ☐

Lösung:

2. Zur ausschließlichen Gesetzgebung gehört
   a) die Festlegung des gemeinsamen Zolltarifs, Art. 31 AEUV. ☐
   b) der Umweltschutz, Art. 191 ff. AEUV. ☐
   c) die Kultur, Art. 167 AEUV. ☐
   d) die Währungspolitik, Art. 127 ff. AEUV. ☐

Lösung:

Geteilte Zuständigkeit

BASISTEXT

Bei der geteilten Zuständigkeit ist gemäß Art. 2 Abs. 2 AEUV **grundsätzlich die Europäische Union** ermächtigt, Recht zu setzen. Solange jedoch die EU nicht Recht setzend tätig geworden ist, darf jeder einzelne Mitgliedstaat Recht setzen. Hat dagegen die EU einen Bereich abschließend geregelt, dürfen die Mitgliedstaaten in diesem Bereich grundsätzlich nicht mehr rechtsetzend tätig werden. Welche Fälle der geteilten Zuständigkeit zuzurechnen sind, ergibt sich aus Art. 4 Abs. 2 AEUV.

ÜBUNG 70

Kreuzen Sie die richtige(n) Antwort(en) an und begründen Sie Ihre Lösung.
Von den vorgegebenen Antworten können keine, eine, mehrere oder alle richtig sein.

1. Ein Beispiel für die geteilte Zuständigkeit ist
   a) die Handelspolitik mit Drittstaaten, Art. 207 AEUV. ☐
   b) die Agrarpolitik, Art. 38 ff. AEUV. ☐
   c) die Freizügigkeit des Personen- und Kapitalverkehrs, Art. 45 ff. AEUV. ☐
   d) das Recht des Verbraucherschutzes, Art. 169 AEUV. ☐

Lösung:

2. Das Subsidiaritätsprinzip besagt, dass
   a) die Mitgliedstaaten gegenüber der EU bei der Rechtsetzung nur subsidiär tätig werden dürfen. ☐
   b) die EU nur in den im AEUV geregelten Fällen Recht setzend tätig werden darf. ☐
   c) die EU bei der Rechtsetzung in Bereichen, die nicht schon in ihre ausschließliche Zuständigkeit fallen, nur dann tätig werden darf, soweit die Ziele der in Betracht gezogenen Maßnahmen auf Ebene der Mitgliedstaaten nicht ausreichend erreicht werden können. ☐
   d) die EU bei der Rechtsetzung auf die Subsidiarität bestimmter Rechtsakte zu achten hat, also zum Beispiel eher eine Richtlinie zu erlassen hat als eine Verordnung. ☐

Lösung:

3. Das Subsidiaritätsprinzip ist ein
   a) im EUV und AEUV geregelter Grundsatz. ☐
   b) (noch) nicht geregelter Grundsatz, aber herrschende Rechtsprechung. ☐
   c) wichtiger und (noch) nicht geregelter Grundsatz der Rechtswissenschaft. ☐

Lösung:

4. Der Verhältnismäßigkeitsgrundsatz ist
   a) auch im Europarecht relevant und im EUV geregelt. ☐
   b) auch im Europarecht relevant, aber nicht ausdrücklich im EUV enthalten. ☐
   c) im Europarecht entgegen einer Mindermeinung nicht relevant. ☐
   d) weder im EUV geregelt noch relevant für die Rechtsprechung des Europäischen Gerichtshofs. ☐

Lösung:

Koordinationszuständigkeit der EU — BASISTEXT

Gemäß Art. 2 Abs. 3 AEUV koordinieren die Mitgliedstaaten ihre Wirtschafts- und Beschäftigungspolitik von Regelungen nach Maßgabe dieses Vertrags, für deren Festlegung die EU zuständig ist. Auf welche Weise die EU diese Festlegung vornehmen darf, ergibt sich aus Art. 5 AEUV.

Ergänzende Maßnahmen der EU — BASISTEXT

Eine weitere Art der Zuständigkeit der EU beinhaltet gemäß Art. 2 Abs. 5 AEUV ihr Recht, in bestimmten Bereichen Maßnahmen zur Unterstützung, Koordinierung oder Ergänzung der Maßnahmen der Mitgliedstaaten durchzuführen. Hierbei erfolgt aber keine Harmonisierung der Rechtsvorschriften der Mitgliedstaaten durch verbindliche Rechtsakte der EU. Welche Bereiche dieser Art der Zuständigkeit zuzuordnen sind, geht aus Art. 6 AEUV hervor.

Beispiele:

Allgemeine Bildung und Jugend, Art. 165 AEUV
Berufliche Bildung, Art. 166 AEUV
Kultur, Art. 167 AEUV
Gesundheitspolitik, Art. 168 AEUV
Verbraucherschutz, Art. 169 AEUV

Organkompetenz — BASISTEXT

Wenn ermittelt worden ist, dass nicht die Mitgliedstaaten für die Rechtsetzung zuständig sind, sondern dass es sich um eine Aufgabe der EU handelt, ist zu klären, welches Organ für die Erledigung dieser Aufgabe zuständig ist. Das ergibt sich **aus der einschlägigen Ermächtigungsgrundlage**.

ÜBUNG 71

Listen Sie Normen des AEUV auf, aus denen sich Zuständigkeiten der Organe der EU ergeben.

Organ	**Zuständigkeitsnormen**
Europäisches Parlament	
Rat der Europäischen Union	
Europäischer Rat	
Europäische Kommission	
Europäischer Gerichtshof	
Europäischer Rechnungshof	
Europäische Zentralbank	

ÜBUNG 72

Die folgenden Aussagen sind zu ergänzen.

Bei der Rechtsetzung in der EG gelten grundsätzlich die folgenden Regeln:

a) Das Vorschlagsrecht liegt in der Regel bei ______________________ .

b) Die Beschlussfassung erfolgt in der Regel durch ______________________ und ______________________ .

Lösung:

Bisheriges Verfahren der Rechtsetzung

Basistext

Ist geklärt, dass die Rechtsetzung auf der Ebene der EU stattfinden darf und ist auch ermittelt, welches Organ zuständig ist, muss das Verfahren der Rechtssetzung bestimmt werden.

Vor dem **Inkrafttreten des Vertrags von Lissabon** war zwischen **vier verschiedenen Arten** von Verfahren zu unterscheiden. Diese Aufteilung ergab sich aus der unterschiedlich großen Möglichkeit der Beteiligung des Europäischen Parlaments.
Beim Verfahren der Anhörung gemäß Art. 250 EGV a. F. durfte das Europäische Parlament lediglich eine unverbindliche Stellungnahme abgeben.
Das Verfahren der Zusammenarbeit gemäß Art. 252 EGV a. F. erlaubte dem Europäischen Parlament, einen vom Rat beschlossenen Rechtsakt abzulehnen, so dass dieser nur durch einen einstimmigen Beschluss des Rats zustande kommen kann.
Beim Verfahren der Mitentscheidung gemäß Art. 251 EGV a. F. konnte das Europäische Parlament einen Ratsbeschluss ablehnen und Änderungen vorschlagen, so dass beim Zustandekommen des Rechtsakts eine inhaltliche Mitwirkung des Europäischen Parlaments möglich war.
Das Verfahren der Zustimmung z.B. gemäß Art. 161 EGV a. F. kam ein Rechtsakt nur mit der Zustimmung des Europäischen Parlaments zustande. Allerdings durfte das Europäische Parlament im Verfahren der Zustimmung nicht durch Änderungsvorschläge unmittelbar mitgestalten.

Übersicht 45

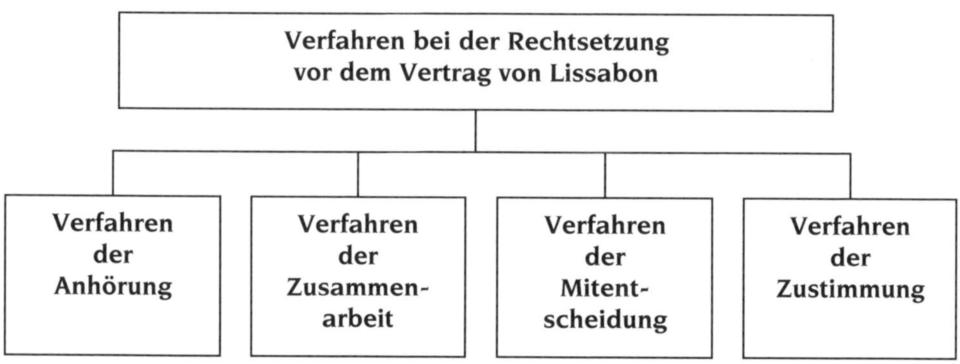

Übung 73

Begründen Sie, warum die Einführung des Verfahrens der Mitentscheidung durch die Einheitliche Europäische Akte die Stellung des Europäischen Parlaments gestärkt hat.

Lösung:

Basistext Neu geregeltes Verfahren der Rechtsetzung

Durch das Inkrafttreten des Vertrags von Lissabon traten an die Stelle der vier Arten der Gesetzgebung zwei Verfahrensarten, das ordentliche Gesetzgebungsverfahren gemäß Art. 294 AEUV und das besondere Gesetzgebungsverfahren, das in Einzelvorschriften enthalten ist, z.B. Art. 135 Abs. 3, 182 Abs. 4, 192 Abs. 3, 226, 228 Abs. 4, 308, 311 AEUV.

Das ordentliche Gesetzgebungsverfahren besteht gemäß Art. 289 Abs. 1 AEUV in der gemeinsamen Annahme einer Verordnung, einer Richtlinie oder eines Beschlusses durch das Europäische Parlament und den Rat. Diese Neuregelung sorgte für eine weitere Stärkung der Mitwirkungs-rechte des Europäischen Parlaments. Das Verfahren der Mitentscheidung, welches nach bisherigem Recht die für das Europäische Parlament die stärkste Mitwirkung ermöglichte, wurde leicht modifiziert und nun als ordentliches Gesetzgebungsverfahren zum Regelfall.

Das besondere Gesetzgebungsverfahren erfolgt gemäß Art. 289 Abs. 2 AEUV in bestimmten, in den Verträgen vorgesehenen Fällen, indem die Annahme einer Verordnung, einer Richtlinie oder eines Beschlusses, indem das Europäische Parlament mit Beteiligung des Rates oder der Rat mit Beteiligung des Europäischen Parlaments tätig wird.

Neu geregelte Verfahren der Rechtsetzung **ÜBERSICHT 46**

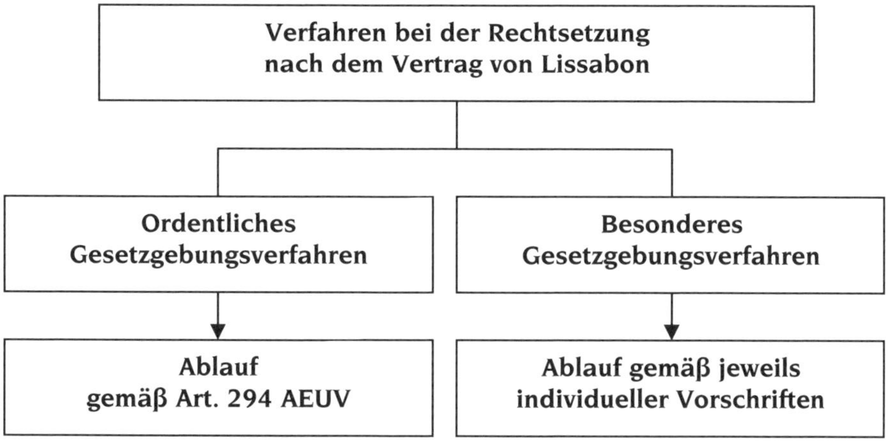

Ordentliches Gesetzgebungsverfahren **BASISTEXT**

Das ordentliche Gesetzgebungsverfahren entspricht im Wesentlichen dem **„Verfahren der Mitentscheidung"**, das durch den Unionsvertrag von Maastricht eingeführt wurde. Die Umbenennung erfolgte durch den Vertrag von Lissabon. Bei diesem Gesetzgebungsverfahren hat das **Europäische Parlament** ein **echtes Vetorecht**, so dass ein Rechtsakt gegen den Willen des Europäischen Parlaments nicht zustande kommt (Art. 294 AEUV). Es ist anzuwenden, wenn die anwendbare Ermächtigungsnorm darauf verweist

ÜBUNG 74

Nennen Sie Beispiele für Ermächtigungsnormen, die auf das ordentliche Gesetzgebungsverfahren verweisen.

Lösung:

Übung 75

Kreuzen Sie die richtige(n) Antwort(en) an und begründen Sie Ihre Lösung.
Von den vorgegebenen Antworten können keine, eine, mehrere oder alle richtig sein.

1. Beim ordentlichen Gesetzgebungsverfahren hat das Europäische Parlament gegenüber dem damaligen Verfahren der
   a) Zusammenarbeit ein stärkeres Beteiligungsrecht. ☐
   b) Zusammenarbeit ein ebenso starkes Beteiligungsrecht. ☐
   c) Zusammenarbeit ein schwächeres Beteiligungsrecht. ☐
   d) Anhörung ein stärkeres Beteiligungsrecht. ☐

Lösung:

2. Der im ordentlichen Gesetzgebungsverfahren vorgeschlagene Rechtsakt kommt zwingend nicht zustande, wenn
   a) der Rat den Standpunkt des Europäischen Parlaments nicht billigt. ☐
   b) sich das Europäische Parlament zum Standpunkt des Rates binnen drei Monaten nach der Übermittlung nicht äußert. ☐
   b) ein vom Vermittlungsausschuss gebilligter gemeinsamer Entwurf nicht innerhalb von sechs Wochen ab dieser Billigung vom Europäischen Parlament oder vom Rat erlassen wird. ☐

Lösung:

Form der Rechtsakte — BASISTEXT

Die von den zuständigen Organen im ordnungsgemäßen Verfahren verabschiedeten Rechtsakte sind an bestimmte Formen gebunden (Art. 296, 297 AEUV).
Nach Art. 296 AEUV sind die Rechtsakte **mit einer Begründung zu versehen** und haben auf die in den Verträgen vorgesehenen Vorschläge, Initiativen, Empfehlungen, Anträge oder Stellungnahmen Bezug zu nehmen. Die in Art. 296 AEUV vorgeschriebene Begründungspflicht soll zum einen dazu dienen, demjenigen, der von einem Rechtsakt betroffen ist, die Gründe für den Erlass dieses Rechtsaktes darzulegen. Zum zweiten soll die Begründungspflicht dem Europäischen Gerichtshof die Möglichkeit geben, die Rechtskontrolle besser ausüben zu können.
Wie ausführlich die Begründung zu sein hat, ist abhängig von dem jeweiligen Rechtsakt. Je detaillierter der Rechtsakt ist, desto ausführlicher hat in der Regel auch die Begründung zu sein. So ist eine Entscheidung in der Regel ausführlicher zu begründen als eine Verordnung oder eine Richtlinie. Eine **unzureichende Begründung kann** als „Verletzung wesentlicher Formvorschriften" im Sinne des Art. 263 Abs. 2 AEUV angesehen werden und somit **zur Nichtigkeit des Rechtsaktes führen**.
Gemäß Art. 297 AEUV sind die **Rechtsakte** der EU nach Unterzeichnung zu **veröffentlichen und bekannt zu geben**.

Verhältnis des EU-Rechts zum nationalen Recht — BASISTEXT

Nachdem die Mitgliedstaaten mit der Gründung der EU eine höhere Ebene geschaffen und ihr die Rechtsetzungsbefugnis verliehen haben, stellt sich die Frage, wie in Fällen zu verfahren ist, in denen sich das Recht eines Mitgliedstaats und das der Europäischen Union widersprechen.
Bei einer **Kollision** zwischen **unmittelbar geltendem EU-Recht** und **einfachem nationalen Recht** ist in der Bundesrepublik Deutschland **Art. 23 Abs. 1 i. V. m. Art. 59 Abs. 2 GG** heranzuziehen. Hiernach ist das nationale Recht nicht nichtig, kann aber nicht angewendet werden.

Problematisch ist jedoch das Verhältnis zwischen EU-Recht und deutschem **Verfassungsrecht**. Dies wurde in verschiedenen Phasen der Geschichte der Europäischen Union unterschiedlich beantwortet.
Nach der Entscheidung des **Europäischen Gerichtshofs** im **Fall Costa/ENEL im Jahre 1964**, bei der es um die Frage der Geltung des EG-Rechts in den Mitgliedstaaten ging wurde ein **genereller Vorrang des EG-Rechts** gegenüber dem nationalen Recht, insbesondere dem nationalen Verfassungsrecht, festgestellt. Dies wurde mit der Notwendigkeit der einheitlichen Geltung des Europarechts in allen Mitgliedstaaten begründet. Ohne eine einheitliche Geltung des EU-Rechts würde es seinen Charakter als Unionsrecht verlieren. Außerdem wäre die Funktionsfähigkeit der EU grundlegend in Frage gestellt.

Aus der Sicht des Europäischen Gerichtshofs ist somit **das nationale Recht**, auch das nationale Verfassungsrecht, **nicht als Maßstab für die Wirksamkeit des EU-Rechts** anzusehen.

Nach dieser Auffassung kann sich also ein Bürger der Bundesrepublik Deutschland gegen einen Rechtsakt der EU nicht mit der Behauptung wenden, dieser verstoße gegen das Grundgesetz. Allerdings kann ein von diesem Bürger angerufenes deutsches Gericht den Europäischen Gerichtshof im Wege eines Vorabentscheidungsverfahrens gemäß Art. 267 AEUV über die Wirksamkeit des Rechtsaktes entscheiden lassen.

Übung 76

Legen Sie dar, welches die Wirkungen eines Vorrangs des Unionsrechts gegenüber nationalem Recht sind.

Lösung:

Gegenüber dieser Sichtweise des Europäischen Gerichtshofs war die **Haltung des Bundesverfassungsgerichts** nicht immer einheitlich.

Das **Bundesverfassungsgericht** hatte **im Jahr 1974** sekundäres Gemeinschaftsrecht am Maßstab der deutschen Grundrechte zu überprüfen. In der unter der Bezeichnung **„Solange-I"** bekannt gewordenen Entscheidung stellte das Gericht fest:

> *Solange der Integrationsprozess der Gemeinschaft nicht so weit fortgeschritten ist, dass das Gemeinschaftsrecht auch einen von einem Parlament beschlossenen und in Geltung stehenden formulierten Katalog von Grundrechten enthält, der dem Grundrechtskatalog des Grundgesetzes adäquat ist, ist nach Einholung der in* Art. 177 *des Vertrags [heute:* Art. 267 AEUV] *geforderten Entscheidung des Europäischen Gerichtshofs die Vorlage eines Gerichts der Bundesrepublik Deutschland an das Bundesverfassungsgericht im Normenkontrollverfahren zulässig und geboten, wenn das Gericht die für es entscheidungserhebliche Vorschrift des Gemeinschaftsrechts in der vom Europäischen Gerichtshof gegebenen Auslegung für unanwendbar hält, weil und soweit sie mit einem der Grund-rechte des Grundgesetzes kollidiert.*
>
> [*Auszug aus* BVerfGE 37, 271 – *Solange* I]

Übung 77

Beschreiben Sie, was die „Solange I-Entscheidung" des Bundesverfassungsgerichts bezüglich des Verhältnisses zwischen dem EG-Recht und dem nationalen Verfassungsrecht der Bundesrepublik Deutschland aussagt.

Lösung:

Im Jahr 1986 entschied das **Bundesverfassungsgericht** erneut über das Verhältnis des EG-Rechts zum nationalen Verfassungsrecht (sog. **„Solange II-Entscheidung")** und äußerte sich wie folgt:

Solange die Europäischen Gemeinschaften, insbesondere die Rechtsprechung des Gerichtshofs der Gemeinschaften einen wirksamen Schutz der Grundrechte gegenüber der Hoheitsgewalt der Gemeinschaften generell gewährleisten, der dem vom Grundgesetz unabdingbar gebotenen Grundrechtsschutz im wesentlichen gleich zu achten ist, zumal den Wesensgehalt der Grundrechte generell verbürgt, wird das Bundesverfassungsgericht seine Gerichtsbarkeit über die Anwendbarkeit von abgeleitetem Gemeinschaftsrecht, das als Rechtsgrundlage für ein Verhalten deutscher Gerichte oder Behörden im Hoheitsbereich der Bundesrepublik Deutschland in Anspruch genommen wird, nicht mehr ausüben und dieses Recht mithin nicht mehr am Maßstab der Grundrechte des Grundgesetzes überprüfen; entsprechende Vorlagen *nach* Art. 100 *Abs.* 1 GG *sind somit unzulässig.*

[*Auszug aus* BVerfGE 73, 339 – *Solange* II]

ÜBUNG 78

Kreuzen Sie die richtige(n) Antwort(en) an.

1. Nach der „Solange II-Entscheidung" des Bundesverfassungsgerichts wird dieses
   a) nicht mehr über eine mögliche Verletzung von Grundrechten des Grundgesetzes durch EU-Recht entscheiden. ☐
   b) nur noch so lange über die Vereinbarkeit von EU-Recht mit Grundrechten des Grundgesetzes entscheiden, bis die Europäische Union einen ausreichenden Grundrechtsschutz gewährleistet. ☐
   c) nur solange nicht über eine mögliche Verletzung von Grundrechten des Grundgesetzes durch EU-Recht entscheiden, wie die Europäische Union den Grundrechtsschutz gewährleistet. ☐

Lösung:

2. Die „Solange II-Entscheidung" des Bundesverfassungsgerichts
   a) ist eine Bestätigung der „Solange I-Entscheidung". ☐
   b) ist gegenüber der „Solange I-Entscheidung" EU-freundlicher. ☐
   c) ist gegenüber der „Solange I-Entscheidung" EU-unfreundlicher. ☐

Lösung:

Angst um den Äppelwoi **FALL 31**

Die Europäische Union erlässt eine Verordnung, in der präzise bestimmt wird, unter welchen Voraussetzungen Getränke die Bezeichnung „Wein" führen dürfen. Die in dieser Verordnung genannten Voraussetzungen erfüllt der Apfelwein, welcher in Hessen als traditionelles Getränk angesehen und als „Äppelwoi" bezeichnet wird, nicht. Daher befürchten insbesondere Hersteller dieses Traditionsprodukts, dass der „Äppelwoi" in Zukunft seinen Namen einbüßen wird. Diese Hersteller wenden sich an das Bundesverfassungsgericht mit der Begründung, durch die Verordnung seien sie in ihren Grundrechten, insbesondere Art. 12 Abs. 1 GG, verletzt.

Aufgabe: Prüfen Sie, ob das Bundesverfassungsgericht unter Zugrundelegung der „Solange II-Entscheidung" in dieser Angelegenheit entscheiden darf.

Notieren Sie die Lösung auf einem besonderen Blatt.

In einer weiteren Entscheidung, der so genannten **„Maastricht-Entscheidung"** aus dem Jahre **1993**, stellte das **Bundesverfassungsgericht** Folgendes fest:

Das Bundesverfassungsgericht gewährleistet durch seine Zuständigkeit, dass ein wirksamer Schutz der Grundrechte für die Einwohner Deutschlands auch gegenüber der Hoheitsgewalt der Gemeinschaften generell sichergestellt [...] ist. [...] Allerdings übt das Bundesverfassungsgericht seine Gerichtsbarkeit über die Anwendbarkeit von abgeleitetem Gemeinschaftsrecht in Deutschland in einem „Kooperationsverhältnis" zum Europäischen Gerichtshof aus, in dem der Europäische Gerichtshof den Grundrechtsschutz in jedem Einzelfall für das gesamte Gebiet der Europäischen Gemeinschaften garantiert, das Bundesverfassungsgericht sich deshalb auf eine generelle Gewährleistung der unabdingbaren Grundrechtsstandards beschränken kann.

[Auszug aus BVerfGE 89, 155 – Maastricht]

ÜBUNG 79

Kreuzen Sie die richtige(n) Antwort(en) an und begründen Sie Ihre Lösung.
Von den vorgegebenen Antworten können keine, eine, mehrere oder alle richtig sein.

1. Das Bundesverfassungsgericht hat in dem oben dargestellten Auszug aus seinem „Maastricht-Urteil" im Vergleich zu seinen Entscheidungen in „Solange I" und „Solange II" die folgende Position bezogen:
   a) Eine komplette Ablehnung der „Solange I-Entscheidung". ☐
   b) Eine komplette Ablehnung der „Solange II-Entscheidung". ☐
   c) Eine teilweise Übereinstimmung mit der „Solange I-Entscheidung" und der „Solange II-Entscheidung". ☐

Lösung:

2. Das Bundesverfassungsgericht sah sich in seiner „Maastricht-Entscheidung" für Entscheidungen über eine Verletzung deutscher Grundrechte durch Rechtsakte der Europäischen Union
   a) in jedem Fall als zu einer inhaltlichen Entscheidung befugt an. ☐
   b) in keinem Fall als zu einer inhaltlichen Entscheidung befugt an. ☐
   c) nur nach Einberufung einer Arbeitsgruppe, vergleichbar einem Vermittlungsausschuss, bestehend aus Richtern des Europäischen Gerichtshofs und des Bundesverfassungsgerichts, als zu einer inhaltlichen Entscheidung befugt an. ☐
   d) nur nach der Durchführung eines Vorabentscheidungsverfahrens als zu einer inhaltlichen Entscheidung befugt an. ☐

Lösung:

Übung 80

Informieren Sie sich über das Maastricht-Urteil und beantworten Sie dazu die folgenden Fragen:

1. Das Bundesverfassungsgericht hat in seiner „Maastricht-Entscheidung"
   a) die „Solange-Formel" der „Solange I-Entscheidung" verwendet. ☐
   b) die „Solange-Formel" der „Solange II-Entscheidung" verwendet. ☐
   c) weder die eine noch die andere Formel verwendet. ☐

Lösung:

2. In seiner „Maastricht-Entscheidung hat das Bundesverfassungsgericht die Verfassungsbeschwerde, soweit eine Verletzung deutscher Grund-rechte durch EU-Recht behauptet wurde
   a) als unzulässig verworfen. ☐
   b) für unbegründet gehalten. ☐
   c) für zulässig und begründet gehalten. ☐

Lösung:

3. Das Bundesverfassungsgericht bezeichnet in seiner „Maastricht-Entscheidung" die Europäische Union als
   a) „Staatenbund". ☐
   b) „Bundesstaat". ☐
   c) „Staatenverbund". ☐

Lösung:

BASISTEXT Einflüsse des EU-Rechts auf das nationale Recht

Das EU-Recht kann in verschiedener Weise Einfluss auf die nationale Rechtsordnung haben.
Zum einen ist **nationales Recht europarechtskonform auszulegen**. Dies gilt insbesondere für die richtlinienkonforme Auslegung einer nationalen Rechtsvorschrift, die eine Richtlinie umsetzt.
Zum anderen wirkt eine **unmittelbar geltende EU-Verordnung direkt in jedem Mitgliedstaat**.

Auch eine in einem Mitgliedstaat **ausnahmsweise unmittelbar geltende Richtlinie** wirkt auf das Recht dieses Mitgliedstaates ein.
Selbst eine Richtlinie, die – wie es der Normalfall ist – nicht unmittelbar gilt, sondern erst durch die Mitgliedstaaten umgesetzt werden muss, hat auf das nationale Recht unter Umständen erhebliche Auswirkungen, insbesondere dann, wenn die Umsetzung der Richtlinie gänzlich neue Rechtspositionen im nationalen Recht begründet.
Es gibt zahlreiche Beispiele für Gesetze, die aufgrund einer Richtlinie zustande gekommen sind und in Deutschland große Bedeutung erlangt haben.

Beispiele:
- Die Schaffung des Produkthaftungsgesetzes vom 15. Dezember 1989 diente der Umsetzung der Richtlinie 85/374/EWG.
- Die Einführung des Verbraucherkreditgesetzes vom 17. Dezember 1990 diente der Umsetzung der Richtlinie 87/102/EWG.
- Die Schaffung der in §§ 312 b ff. BGB befindlichen Regelungen über Fernabsatzverträge zum 1. Januar 2002 geht auf die Richtlinie 97/7/EG zurück.

FALL 32 Schreiben tut weh

Janina Jünger (J) kauft im Jahr 2008 beim Computerhändler Hans Hässler (H) ein neues Notebook des Herstellers „Worm" (W). Mit dem Gerät kann sie zunächst gut arbeiten. Dann jedoch erleidet sie trotz sachgerechter Bedienung des Notebooks aufgrund eines Gerätefehlers einen massiven Stromstoß mit Verbrennungen in beiden Händen. J. verlangt Schadensersatz, insbesondere Schmerzensgeld, von wem, ist ihr egal.

Aufgabe: Prüfen Sie, welche Ansprüche Janina Jünger ohne Einführung des Produkthaftungsgesetzes hätte und welche Ansprüche sie unter Zugrundelegung dieses Gesetzes hat.

Notieren Sie die Lösung auf einem besonderen Blatt.

Auswirkungen des EU-Rechts auf die Verwaltungspraxis

BASISTEXT

Auswirkungen des EU-Rechts auf die Verwaltungspraxis sind in vielerlei Hinsicht gegeben. Zunächst hat auch die Verwaltung bei ihrem Handeln die unmittelbar geltenden Verordnungen **zu beachten**.

Auch ist bei der Anwendung nationalen Rechts zu berücksichtigen, dass die Verwaltung nicht gegen nationales Recht verstößt, das aufgrund einer Richtlinie eingeführt wird und gemäß dem „effet utile" richtlinienkonform auszulegen ist.

Die Verwaltungspraxis ist aber nicht nur gehalten, nicht gegen EU-Recht zu verstoßen. In einigen Fällen ist die Verwaltung der Mitgliedstaaten auch verpflichtet, das EU-Recht **zu vollziehen**. Dabei wird unterschieden zwischen unmittelbarem und mittelbarem mitgliedstaatlichen Vollzug.

ÜBUNG 81

Informieren Sie sich zum Thema „Vollzug des EU-Rechts".
Kreuzen Sie die richtige(n) Antwort(en) an und begründen Sie Ihre Lösung.
Von den vorgegebenen Antworten können keine, eine, mehrere oder alle richtig sein.

1. Der Vollzug des EU-Rechts durch die Mitgliedstaaten
   a) ist die Ausnahme. ☐
   b) ist der Regelfall. ☐
   c) ist als ausdrücklich geregelte Verpflichtung im AEUV enthalten. ☐
   d) ergibt sich lediglich indirekt aus dem EUV. ☐

Lösung:

2. Wenn ein mitgliedstaatlicher Rechtsakt durch eine nationale Behörde eines Mitgliedstaates beim Vollzug des EU-Rechts ergeht, so
   a) richtet sich der Rechtsschutz nach dem EU-Recht. ☐
   b) richtet sich der Rechtsschutz nach dem nationalen Recht. ☐
   c) kommt es darauf an, ob es sich um unmittelbaren oder mittelbaren mitgliedstaatlichen Vollzug handelt. ☐

Lösung:

FALL 33 Volle Kanne

Der in Deutschland ansässige Landwirt Ludwig Lummer (L) hat aufgrund einer EU-Verordnung durch die zuständige deutsche Behörde Subventionen aus Mitteln der EU zur Produktion von Milch und Milchprodukten erhalten. In dieser Verordnung ist auch geregelt, dass die Mitgliedstaaten die erforderlichen Maßnahmen treffen, um zu Unrecht ausgezahlte Subventionen wieder einzuziehen. Im Nachhinein stellt sich heraus, dass L den ihm ausgezahlten Betrag zu Unrecht erhalten hat. L dagegen beruft sich darauf, dass er sich auf die ihm ausgezahlten Beträge verlassen hat.

Aufgabe: Prüfen Sie, auf welchen Rechtsgrundlagen die Behörde Maßnahmen ergreifen, insbesondere die Subventionen zurückverlangen könnte.

Notieren Sie die Lösung auf einem besonderen Blatt.

08 Staatsrechtliche Aufgabenstellungen

Kapitel 1

- Welche Elemente gehören zu einem Staat?
- Grenzen Sie den Bundesstaat vom Zentralstaat ab.
- Wie wird die deutsche Staatsangehörigkeit verloren?
- Prüfen Sie, ob Mueller unter den persönlichen Schutzbereich des Art. 12 Abs. 1 GG fällt.
- Überlegen Sie, welchen Gefahren die freiheitlich demokratische Grundordnung der Bundesrepublik Deutschland ausgesetzt ist – halten Sie diese für bedrohlich? Sehen Sie Möglichkeiten, diesen entgegen zu wirken? Wie?

Kapitel 2

- Überlegen Sie, welche Vor- und Nachteile Formen der unmittelbaren Demokratie mit sich bringen.
- Aufgrund immer stärker werdender Unstimmigkeiten im Rahmen des Finanzausgleichs zwischen Bund und Ländern werden im Bundestag Stimmen laut, die eine Verringerung der Zahl der Länder fordern. Prüfen Sie, ob eine derartige Absicht mit der Verfassung vereinbar wäre. Prüfen Sie, ob ein entsprechender Beschluss des Bundestages allein ausschlaggebend sein würde.
- Prüfen Sie, ob die Satzung über die Erhebung der Zuzugsabgabe rechtmäßig zustande gekommen ist.
- Prüfen Sie, ob die Rechtsverordnung der Verfassung entspricht.
- Prüfen Sie unter dem Gesichtspunkt der Grundentscheidungen des GG, ob die o. g. Verfügung rechtmäßig ist. Eine Anwendung von baurechtlichen Vorschriften oder solchen des Ordnungswidrigkeitenrechts ist hier nicht erforderlich.
- Fassen Sie die Verfügung unter Verwendung des folgenden Briefkopfes neu unter Beachtung der grundgesetzlichen Vorgaben.

Kapitel 3

- Prüfen Sie, ob sich die GmbH erfolgreich auf Art. 14 GG berufen kann.
- Prüfen Sie, ob mit der Rezension des Schriftstellers Eckard Henscheid zu dem Böll-Roman „Und sagte kein einziges Wort" Schmähkritik oder (geschützte) Meinungsäußerung vorliegt.
- Prüfen Sie, ob die Verweigerung der Einsichtnahme verfassungskonform ist.
- Prüfen Sie, ob der Verweis den M in seinem Grundrecht aus Art. 5 Abs. 1 GG verletzt.
- Prüfen Sie, ob eine Untersagung verfassungskonform wäre.
- Prüfen Sie, ob sich J auf Art. 8 GG berufen kann.
- Überprüfen Sie die Verfassungsmäßigkeit des Bußgeldbescheides.
- Prüfen Sie, ob Frau Moser mit ihrer Verfassungsbeschwerde Erfolg haben wird.

- Diskutieren Sie, ob Quotenregelungen für den öffentlichen Dienst mit Art. 3 Abs. 2 S. 1 GG vereinbar sind. Beziehen Sie in Ihre Argumentation ein, was Sinn und Zweck einer Quotierung ist.

Kapitel 4

- Prüfen Sie, wann die Wahlperiode des alten Bundestages endet.
- Prüfen Sie, ob die jeweils erforderliche Mehrheit der Stimmen erreicht ist.
- Prüfen Sie die formelle Rechtmäßigkeit des Gesetzes.
- Prüfen Sie, welche der nachstehend genannten Aufgaben dem Bundestagspräsidenten obliegen:
  a) Vertretung des Bundestages nach außen.
  b) Leitung der Verhandlungen des Bundestages.
  c) Bestellung der Schriftführer.
  d) Festlegung der Dauer der Wahlperiode.
  e) Einstellung von Bediensteten des Bundestages.
- Prüfen Sie, für welchen Zeitraum Ausschüsse des Bundestages bestellt werden.
  a) Auf unbestimmte Zeit.
  b) Für eine Legislaturperiode.
  c) Auf vier Jahre.
- Legen Sie dar, welche Rechte Fraktionen im Bundestag haben.
- Kreuzen Sie die richtige(n) Aussage(n) an.
  Der Abgeordnete Müller hat nach den Ermittlungen der Polizei vor einigen Tagen einen Verkehrsunfall mit fahrlässiger Tötung verursacht und Unfallflucht begangen. Darf die Polizei ihn festnehmen?
  a) Ja, denn jeder „Straftäter" ist zur Verantwortung heranzuziehen.
  b) Nein, denn ein Abgeordneter darf nicht strafrechtlich verfolgt werden.
  c) Ja, wenn der Bundestag die Genehmigung erteilt.
- Nehmen Sie für die folgenden Zahlenangaben die Sitzverteilung nach Sainte-Laguë/Schepers vor.
- Nehmen Sie die Sitzverteilung für Partei A nach § 6 BWG vor.
- Recherchieren Sie im Internet, ob ein Bundesland im Bundesrat schon einmal uneinheitlich abgestimmt hat.
- Recherchieren Sie im Internet über das Gnadengesuch des ehemaligen RAF-Mitglieds Christian Klar.
- Gehen Sie der Frage nach, ob der Bundespräsident Müller zum Bundeskanzler ernennen muss.
- Recherchieren Sie, wann es in Deutschland ein konstruktives Misstrauensvotum gab. Vervollständigen Sie dazu die folgende Tabelle.
- Erläutern Sie, warum der Gesetzgeber die in Art. 67 Abs. 2 GG vorgesehene Frist gesetzt hat.

Kapitel 5

- Listen Sie mindestens jeweils drei Gesetze auf, die Art. 73 und 74 GG zuzuordnen sind.
- Prüfen Sie, welches Gesetz für den Zeitraum vom 01.01.2009 bis zum 01.02.2010 gilt.
- Welche der nachfolgenden Gesetze sind Einspruchs- bzw. Zustimmungsgesetze. Begründen Sie Ihre Entscheidung.
- Prüfen Sie, ob die Einbringung des Gesetzes ordnungsgemäß erfolgt ist.
- Prüfen und begründen Sie, ob die Zurückweisung des Einspruches mit den erforderlichen Mehrheiten nach dem Grundgesetz zustande gekommen ist.
- Wie verhält es sich, wenn 500 Abgeordnete anwesend sind, 305 Abgeordnete für die Zurückweisung des Einspruches und 195 Abgeordnete dagegen gestimmt haben.
- Wie verhält es sich, wenn 400 Abgeordnete anwesend sind, 320 Abgeordnete für die Zurückweisung des Einspruches und 80 Abgeordnete dagegen gestimmt haben.
- Prüfen Sie, ob die Einbringung des Gesetzes ordnungsgemäß erfolgt ist.
- Prüfen Sie, ob der Entwurf bis zu diesem Zeitpunkt formell verfassungsgemäß zustande gekommen ist und ob der Entwurf zur Änderung des BGB noch eine Chance hat, zustande zu kommen. Listen Sie auf, welche weiteren Schritte dazu erforderlich sind.
- Prüfen Sie, wie sich der Bundespräsident zu verhalten hat.

Kapitel 6

- Ermitteln Sie, welche Steuer gem. Art. 106 GG welchem Rechtsträger zusteht.

Kapitel 7

- Welches sind die Gründerstaaten der Europäischen Gemeinschaft?
- Welche Staaten sind Mitglied der Europäischen Union?
- Was bewirkte der Vertrag von Maastricht?
- Informieren Sie sich über das Schengener Abkommen, insbesondere über seine Chancen und Risiken, und legen Sie die Vor- und Nachteile dieses Abkommens für Deutschland dar.
- Ordnen Sie den Sekundärquellen die jeweiligen Artikel des AEUV zu.
- Welche Rechtsquelle/n des Europarechts hat/ haben unmittelbare Wirkung?
- Was setzt eine Direktwirkung einer Richtlinie in einem Mitgliedstaat voraus?
- Prüfen Sie, ob ein Verstoß gegen das Europarecht gegeben ist.
- Braunstedt möchte sich dagegen wehren, da er insbesondere der Meinung ist, das Verbot verstoße gegen die Warenverkehrsfreiheit. Aufgabe: Prüfen Sie, auf welche Weise Braunstedt den Europäischen Gerichtshof veranlassen kann, sich mit dieser Angelegenheit zu befassen.

- Legen Sie vor dem Hintergrund Ihrer Kenntnisse über die Organe der Europäischen Union dar, inwieweit bei der EU Kriterien einer demokratischen Organisation erfüllt sind und welche Defizite demokratischer Legitimation zu beklagen sind. Zeigen Sie auf, welche Maßnahmen erforderlich wären, um die Europäische Union demokratischer auszugestalten.
- Beantworten Sie, was man unter dem „Prinzip der begrenzten Einzelermächtigung" versteht.
- Welche Aufgaben gehören zur ausschließlichen Gesetzgebung?
- Was besagt das Subsidiaritätsprinzip?
- Legen Sie dar, welches die Wirkungen eines Vorrangs des Unionsrechts gegenüber nationalem Recht sind.
- Was besagt die „Solange II-Entscheidung" des Bundesverfassungsgerichts?
- Was besagt die „Maastricht-Entscheidung" des Bundesverfassungsgerichts?
- Aufgabe: Prüfen Sie, auf welchen Rechtsgrundlagen die Behörde Maßnahmen ergreifen, insbesondere die Subventionen zurückverlangen könnte.

Glossar

Allgemeines Staatsrecht
Das allgemeine Staatsrecht befasst sich dabei mit den Rechtsbeziehungen der Staaten, d. h. mit dem Begriff, dem Entstehen und dem Untergang eines Staates, seinem Handeln und den grundsätzlichen Beziehungen zwischen dem Staat und den seiner Macht unterworfenen Personen.

Anordnungen und Verfügungen
sind alle rechtsverbindlichen Präsidialakte. Dazu gehören nicht nur schriftliche Entscheidungen, sondern nach dem Zweck der Norm fällt darunter jede politisch bedeutsame Amtshandlung (Art. 58 S. 1 GG).

Ausländer
ist jeder, der nicht Deutscher ist (Art. 116 Abs. 1 GG).

Beruf
ist jede auf Dauer angelegte, der Schaffung und Erhaltung einer Lebensgrundlage dienende Tätigkeit, die nicht gesellschaftlich unwertig ist.

Berufsausübung
sind alle Betätigungen und Verhaltensweisen des Einzelnen, die die Art und Weise, wie der Beruf wahrgenommen wird, betreffen.

Berufswahl
umfasst die Entscheidung, einen bestimmten Beruf zu ergreifen, die dazu notwendige Berufsausbildung und die freiwillige oder zwangsweise Aufgabe der bis dahin ausgeübten beruflichen Tätigkeit.

Berufung
ist ein Rechtsmittel gegen ein Urteil, das sowohl rechtliche als auch tatsachengestützte Streitigkeiten verfolgt und neue Tatsachen und Beweise anführen kann.

Beschlüsse
sind Rechtsquellen, die sich mit verbindlicher Wirkung an einen Adressaten wenden, wobei als Adressat einzelne oder mehrere Personen sowie einzelne oder mehrere Mitgliedstaaten in Betracht kommen.

Besonderes Staatsrecht
Das besondere Staatsrecht betrachtet demgegenüber die sich auf einen bestimmten Staat beziehenden Rechtsnormen und ist daher praktisch mit dem Verfassungsrecht identisch.

Bestimmtheitsgebot
Nach dem Bestimmtheitsgebot müssen Normen so gefasst sein, dass der Bürger (als primärer Normadressat) sein Verhalten darauf einrichten kann und Gerichte (als sekundäre Normadressaten) Rechtsbegriffe auslegen können.

Bundesmittelbehörden
stehen zwischen den Ministerien und den Unterbehörden. Sie haben einen räumlich begrenzten Zuständigkeitsbereich und sind einem Ministerium nachgeordnet.

Bundesoberbehörden
sind selbstständige und zentralisierte Behörden, die für das gesamte Bundesgebiet zuständig sind und dem zuständigen Ministerium unterstellt sind.

Bundesstaat
ist ein Gesamtstaat, bei dem die Ausübung der Staatsgewalt auf einen Zentralstaat und mehrere Gliedstaaten aufgeteilt ist.

Bundestreue
bedeutet „Bundesstaatstreue". Sie besagt, dass Bund und Länder gegenseitig, aber auch die Länder untereinander, verpflichtet sind, im Gesamtinteresse des Staates die gebotene und zumutbare Rücksicht aufeinander zu nehmen und sich gegenseitig bei der Erfüllung ihrer Aufgaben zu unterstützen.

Bundesunmittelbare Körperschaften und Anstalten
sind soziale Versicherungsträger, deren Zuständigkeitsbereich sich über das Gebiet eines Landes hinaus erstrecken muss.

Bundesunterbehörden
sind die unterste Verwaltungsstufe eines räumlich begrenzten Bundesgeschäftsbereichs, die der zuständigen Mittelbehörde unterstellt ist.

Demokratie
bedeutet, dass alle Staatsgewalt vom Volke ausgeht (Souveränität des Volkes), die entweder vom Volk selbst (unmittelbare Demokratie) oder durch vom Volk gewählte Organe (mittelbare Demokratie) ausgeübt wird.

Demokratie, mittelbare
bedeutet, dass das Volk nur über die Zusammensetzung der Repräsentationsorgane (insbesondere Parlament) entscheidet, die dann ihrerseits die Staatsgewalt ausüben.

Demokratie, unmittelbare (plebiszitäre)
bedeutet, dass das gesamte Staatsvolk durch Abstimmung über anstehende politische Entscheidungen, insbesondere über Gesetze, entscheidet.

Derivativer Untergang eines Staates
liegt vor, wenn der Staat sein gesamtes Gebiet oder Volk verliert und dieses an einen anderen Staat gelangt.

Derivatives Entstehen eines Staates
liegt vor, wenn der Staat sein Staatsgebiet und/oder sein Staatsvolk von einem anderen Staat erlangt.

Deutscher
i. S. d. Grundgesetzes ist, wer die deutsche Staatsangehörigkeit besitzt oder als Flüchtling oder Vertriebener deutscher Volkszugehörigkeit im Gebiet des Deutschen Reiches nach dem Stand vom 31. Dezember 1937 Aufnahme gefunden hat.

Diskontinuität, Grundsatz
Grundsatz der Diskontinuität bedeutet, dass während der Wahlperiode nicht zu Ende beratene Vorlagen – mit Ausnahme von Petitionen – mit Ablauf der Wahlperiode als erledigt gelten.

Diskriminierungsverbote
Abstammung ist die biologische Herkunft. Heimat ist der räumliche Bereich, aus dem jemand stammt. Der Glaube stellt eine persönliche Beziehung zwischen einem Menschen und Gott dar. Mit der Weltanschauung ist eine besonders ausgeprägte persönliche Grundeinstellung in religiösen und politischen Fragen gemeint. Das religiöse Bekenntnis ist der nach außen gezeigte Glaube.
Unter einer Behinderung ist ein körperlicher, geistiger oder seelischer Zustand des Menschen zu verstehen, der im Verhältnis zum Durchschnitt als gemindert erscheint und seine Lebensbewältigung erschwert (Art. 3 Abs. 3 GG).

Effet utile-Prinzip
Das Prinzip des „Effet utile" beinhaltet den völkerrechtlichen Grundsatz, einen Vertrag in der Weise auszulegen, dass sein Ziel am besten und effizientesten erreicht werden kann.

Eigentum
ist die Summe dessen, was die einschlägigen Gesetze im Rahmen der verfassungsmäßigen Bindungen als Eigentum gewähren (Art. 14 Abs. 1 GG).

Einheitsstaat
ist ein Gebilde, bei welchem nur dieses Staatsqualität hat, nicht dagegen die einzelnen Untergliederungen, selbst wenn sie über weitgehende Zuständigkeiten verfügen.

Empfehlungen
dienen dazu, dem Adressaten ein bestimmtes Verhalten ohne Bindungswirkung nahe zu legen.

Enklave
ist ein vom eigenen Staatsgebiet vollständig eingeschlossener kompletter fremder Staat bzw. Staatsteil.

Enteignung
ist der (vollständige oder teilweise) Entzug einer Rechtsposition.

Erststimme
bezeichnet die Stimme, mit der der Wahlkreiskandidat gewählt wird.

Europäischer Rat
Der Europäische Rat setzt sich zusammen aus den Staats- und Regierungschefs der Mitgliedstaaten sowie dem Präsidenten des Europäischen Rates und dem Präsidenten der Europäischen Kommission (Art. 15 Abs. 2 S. 1 EUV).

Europarat
Der Europarat ist eine Staatenkonferenz zum Schutz der Menschenrechte nach der Europäischen Menschenrechtskonvention (EMRK).

Exklave
ist der Teil eines Staatsgebietes, der vom Hauptterritorium abgetrennt ist und auf dem Landweg nur über das Territorium eines oder mehrerer anderer Staaten zu erreichen ist.

Formelles Prüfungsrecht
bedeutet, dass der Bundespräsident befugt ist zu prüfen, ob ein Gesetz auf dem formell vorgeschriebenen Weg, d. h. nach den Vorschriften des Grundgesetzes und unter Beachtung seiner Zuständigkeitsnormen und damit ordnungsgemäß zustande gekommen ist.

Fraktionsdisziplin
bedeutet, dass bei wichtigen Entscheidungen, bei denen aus politischen Gründen eine Geschlossenheit der Fraktion notwendig ist, der Mehrheit der Fraktion das Recht eingeräumt werden muss, eine loyale Entscheidung ihrer übrigen Mitglieder erwarten zu dürfen.

Fraktionszwang
bedeutet, dass auf die Fraktionsmitglieder von der Fraktionsführung und anderen Fraktionsmitgliedern als Mittel des Machterhalts der eigenen Partei Druck ausgeübt wird, um ein einheitliches Abstimmungsverhalten aller Fraktionsmitglieder zu erzielen.

Freie Entfaltung der Persönlichkeit
bedeutet, dass jeder tun und lassen kann, was er will.

Freies Mandat
bedeutet, dass die Abgeordneten an Aufträge und Weisungen nicht gebunden und nur ihrem Gewissen unterworfen sind (Art. 38 Abs. 1 S. 2 GG).

Fünf-Prozent-Klausel
bedeutet, dass eine Partei bei der Sitzverteilung nur dann berücksichtigt wird, wenn sie mindestens 5 % der im Wahlgebiet abgegebenen gültigen Zweitstimmen erhalten hat (§ 6 Abs. 6 BWG).

Gebundenes (imperatives) Mandat
bedeutet, dass nach Weisung abgestimmt wird.

Gegenzeichnung
ist die vorherige (formlose/ konkludente) Abstimmung zwischen dem zuständigen Regierungsmitglied und dem Bundespräsidenten über den beabsichtigten Präsidialakt.

Gesetze
sind in einem förmlichen Gesetzgebungsverfahren getroffene abstrakt-generelle Regelungen (formelle Gesetze s. LB AVR/RA)/ Rechtsnormen.

Gesetze, allgemeine
sind Gesetze, die sich nicht speziell gegen die Meinungsäußerung als solche richten, sondern dem Schutz eines schlechthin ohne Rücksicht auf eine bestimmte Meinung zu schützenden Rechtsguts dienen.

Gesetzgebung
ist die Entscheidung der dazu demokratisch legitimierten Staatsorgane über alle grundsätzlichen Fragen in einem förmlichen parlamentarischen Verfahren, das durch freie Willensbildung, umfassende Öffentlichkeit und Transparenz, durch optimale Berücksichtigung und Ausgleich der unterschiedlichen Interessen geprägt ist.

Grundmandatsklausel
bedeutet, dass eine Partei mindestens drei Wahlkreise (Direktmandate) gewonnen haben muss (§ 6 Abs. 6 BWG).

Grundrechte
sind subjektive Rechte des Einzelnen mit Verfassungsrang, die die Ausübung von Staatsgewalt begrenzen.

Grundrechte, Drittwirkung
Drittwirkung der Grundrechte bedeutet, dass Grundrechte nicht nur im Verhältnis zwischen Bürger und Staat gelten, sondern auch die Rechtsbeziehungen zwischen einem Bürger und seinen Mitbürgern beeinflussen.

Grundrechtsfähigkeit
ist die Fähigkeit einer natürlichen oder juristischen Person, Träger von Grundrechten zu sein.

Grundrechtsmündigkeit
ist die Fähigkeit einer natürlichen Person, ihre Grundrechte selbstständig geltend zu machen und insbesondere eine Verfassungsbeschwerde zu erheben.

Grundrechtsverletzung
Eine Grundrechtsverletzung liegt dann vor, wenn der Eingriff in den Schutzbereich verfassungsrechtlich nicht gerechtfertigt ist.

Immunität
bedeutet, dass ein Abgeordneter wegen einer strafbaren Handlung für die Zeit seines Mandats nur mit Genehmigung des Bundestages verfolgt werden kann.

Indemnität
bedeutet, dass ein Abgeordneter zu keiner Zeit wegen einer Äußerung – mit Ausnahme verleumderischer Beleidigung – oder Abstimmung im Bundestag oder in einem seiner Ausschüsse gerichtlich oder dienstlich verfolgt oder sonst außerhalb des Bundestages zur Verantwortung gezogen werden darf (Art. 46, Abs. 1 GG).

Informationsquelle, allgemein zugänglich
Informationsquellen sind alle Träger von Informationen. Allgemein zugänglich sind alle Informationsquellen, die technisch geeignet und bestimmt sind, der Allgemeinheit, d. h. einem individuell nicht bestimmbaren Personenkreis, Informationen zu beschaffen.

Inhalts- und Schrankenbestimmung
ist jede Festlegung von Rechten und Pflichten.

Kanzlerprinzip
bedeutet, dass der Bundeskanzler die grundsätzlichen Ziele der Regierungspolitik vorgibt.

Kollegialprinzip
bedeutet, dass die Bundesregierung über Meinungsverschiedenheiten zwischen den Bundesministern und über wichtige Angelegenheiten gemeinsam entscheidet.

Konstruktives Misstrauensvotum
bedeutet, dass der Bundestag dem Bundeskanzler das Misstrauen (nur) dadurch ausspricht, dass er mit der Mehrheit seiner Mitglieder einen Nachfolger wählt und den Bundespräsidenten ersucht, den Bundeskanzler zu entlassen (Art. 67 Abs. 1 S. 1 GG).

Kunst
ist, was sich einem bestimmten Werktyp zuordnen lässt.

Landesliste
bezeichnet die Liste der Kandidaten einer Partei für die Wahl zum Bundestag und einigen Landtagen bei einer so genannten personalisierten Verhältniswahl.

Materielles Prüfungsrecht
bedeutet, dass der Bundespräsident befugt ist zu prüfen, ob ein Gesetz mit der Verfassung inhaltlich vereinbar ist.

Mehrheitswahlsystem
bedeutet, dass eine Person in einem Wahlkreis unter mehreren Kandidaten gewählt wird.

Meinung
wird geprägt durch das Element der Stellungnahme, des Dafürhaltens im Rahmen einer geistigen Auseinandersetzung.

Meinung äußern
heißt, eine bestimmte Meinung auszusprechen/kundzutun.

Menschenwürde
ist der dem Menschen qua seiner Existenz zukommende unantastbare Eigenwert, der sich in seiner Eigenständigkeit dokumentiert.

Originäres Entstehen eines Staates
liegt vor, wenn in einem bisher staatsfreien Gebiet ein neuer Staat gegründet wird. Es entsteht dann ein Staat ohne Vorgänger.

Originärer Untergang eines Staates
liegt vor, wenn ein Staat wegfällt, ohne dass ein anderer Staat Nachfolger wird.

Presse
sind alle zur Verbreitung an die Allgemeinheit bestimmten Vervielfältigungen.

Primärrecht, geschriebenes
umfasst die Verträge zur Gründung der EGKS und der EAG und den EG-Vertrag.

Primärrecht, ungeschriebenes
umfasst das Gewohnheitsrecht, allgemeine Rechtsgrundsätze und Unionsgrundrechte.

Rat der Europäischen Union
Der Rat der Europäischen Unionist ein Organ der Europäischen Union, das aus je einem Vertreter eines jeden Mitgliedstaats auf Ministerebene besteht (Art. 16 Abs. 2 EUV). Seine Aufgabe ist – gemeinsam mit dem Europäischen Parlament – die Gesetzgebung und die Ausübung der Haushaltsbefugnisse sowie die Festlegung der Politik und die Koordinierung nach Maßgabe der Verträge (Art. 16 Abs. 1 EUV).

Recht auf Freiheit der Person
Das Grundrecht auf Freiheit der Person schützt die körperliche Fortbewegungsfreiheit (Art. 2 Abs. 2 S. 2 GG).

Recht auf körperliche Unversehrtheit
Das Grundrecht auf körperliche Unversehrtheit schützt die menschliche Gesundheit im biologisch-physischen Sinne und das psychische Wohlbefinden gegen Beeinträchtigungen, die zu körperlichen Schmerzen vergleichbaren Wirkungen führen (Art. 2 Abs. 2 S. 1 GG).

Recht auf Leben
Das Grundrecht auf Leben schützt die biologisch-physische Existenz des Menschen (Art. 2 Abs. 2 S. 1 GG).

Rechte anderer
sind alle Grundrechte und Individual-rechte, die in der Rechtsordnung Ausdruck gefunden haben (Art. 2 Abs. 1 GG).

Rechtsstaat
ist ein Staat, dessen Ziel die Gewährleistung von Freiheit und Gerechtigkeit im staatlichen und staatlich beeinflussten Bereich ist und dessen Machtausübung durch Recht und Gesetz geregelt und begrenzt wird.

Ressortprinzip
bedeutet, dass jeder Bundesminister seinen eigenen Bereich selbstständig und unter eigener Verantwortung leitet.

Revision
ist ein Rechtsmittel gegen Urteile, bei dem nur festgestellt wird, ob das vorinstanzliche Gericht gegen eine gesetzliche Bestimmung (formelle und materielle Fehler) verstoßen hat.

Richtlinie
Eine Richtlinie ist für jeden Mitgliedstaat, an den sie gerichtet ist, hinsichtlich des zu erreichenden Ziels verbindlich, überlässt jedoch den innerstaatlichen Stellen die Wahl der Form und der Mittel.

Rückwirkung, echte
liegt vor bei gesetzlicher Regelung in der Vergangenheit bereits vollständig abgeschlossener Sachverhalte.

Rückwirkung, unechte
liegt vor bei tatbestandlicher Rückanknüpfung, d. h. das Gesetz regelt Sachverhalte, die zwar in der Vergangenheit begonnen haben, aber noch andauern.

Sekundärrecht
ist das von den Organen der EU nach Maßgabe des EUV und des AEUV.

Sittengesetz
Das Sittengesetz erfasst die allgemein anerkannten Moral- und Wertvorstellungen (Art. 2 Abs. 1 GG).

Sozialstaat
bedeutet, dass der Staat verpflichtet ist, für sozialen Ausgleich, für soziale Sicherheit und soziale Gerechtigkeit zu sorgen

Staatenbund
ist ein völkerrechtlicher Zusammenschluss von Staaten, bei dem zwar auch gemeinsame Organe gebildet werden, die aber Staatsgewalt lediglich nach außen hin ausüben.

Staatenbündnis
ist ein auf einem völkerrechtlichen Vertrag beruhender Zusammenschluss, der selbst bei intensiven Beziehungen nicht zu gemeinsamen Organen führt oder wenn, dann nur für die Erfüllung einzelner, spezieller Aufgaben.

Staatsangehörigkeit
ist die Zugehörigkeit einer natürlichen Person zu einem bestimmten Staat, aus der gegenseitige Rechte und Pflichten folgen.

Staatsgebiet
ist ein räumlich abgegrenzter Teil der Erdoberfläche, der beherrschbar und zum dauernden Aufenthalt von Menschen geeignet ist.

Staatsgewalt
ist die ursprüngliche höchste und ausschließliche Herrschaftsgewalt, kraft derer der Staat die Macht hat, zu herrschen.

Staatsvolk
ist die im Staatsgebiet lebende menschliche Gemeinschaft, die durch dieselbe Staatsangehörigkeit verbunden und zur Willensbildung im Staate mit berufen ist.

Stellungnahmen
sind Rechtsquellen, die es dem erklärenden Organ ermöglichen, ohne Bindungswirkung seine Meinung zu einer bestimmten Initiative zu erklären.

Subsidiaritätsprinzip
Das Subsidiaritätsprinzip besagt ganz allgemein, dass eine höhere allgemeine Ebene nur dann tätig werden darf, wenn eine niedrigere spezielle Ebene nicht tätig wird oder werden kann. Dieses Prinzip stellt also den Vorrang einer niedrigeren Ebene vor einer höheren Ebene fest.

Überhangmandate
entstehen, wenn eine Partei auf einer Landesliste durch die Erststimmen mehr Wahlkreise gewonnen hat als ihr Gesamtsitze nach den Zweitstimmen zustehen.

Ungleichbehandlung, sachlicher Grund
Einen sachlichen Grund für eine Ungleichbehandlung stellen (nur) Differenzierungsgründe von solcher Art und solchem Gewicht dar, die die ungleichen Rechtsfolgen rechtfertigen können.

Verfassungsmäßige Ordnung
ist die Gesamtheit aller Rechtsnormen, die formell und materiell verfassungsmäßig sind (Art. 2 Abs. 1 GG).

Verhältniswahlsystem
bedeutet, dass kandidierende Parteien ihre Kandidaten anhand einer Liste aufstellen und der Wähler nur zwischen den existierenden Listen wählen kann.

Vermittlungsausschuss
Der Vermittlungsausschuss ist ein Gremium des Bundestages und Bundesrates mit der Aufgabe, bei Uneinigkeiten im Gesetzgebungsverfahren zwischen Bundestag und Bundesrat zu vermitteln und eine Einigung, evtl. in Form eines Kompromisses, herbeizuführen.

Verordnung
Eine Verordnung hat allgemeine Geltung, ist in allen Teilen verbindlich und gilt unmittelbar in jedem Mitgliedstaat.

Versammlung
ist das Zusammenkommen mehrerer Menschen, die einen gemeinsamen Zweck verfolgen.

Versammlung, unfriedlich
ist eine Versammlung, wenn sie einen gewalttätigen und aufrührerischen Verlauf nimmt.

Vertrauensfrage
ist ein an den Bundestag gerichteter Antrag des Bundeskanzlers, ihm das Vertrauen auszusprechen (Art. 68 Abs. 1 S. 1 GG).

Verwaltung
ist die vollziehende Gewalt (Exekutive) und damit all das, was nicht Rechtsprechung oder Gesetzgebung ist.

Vorabsitz
bedeutet, dass eine Partei, die mehr als 50 % der gültigen Zweitstimmen erreicht hat, einen Vorabsitz bei der Stimmenverteilung erhält, wenn sie nach der Berechnung nach Sainte-Laguë/Schepers nicht auch mehr als die Hälfte aller Sitze erhalten würde (vgl. § 6 Abs. 3 BWG).

Vorbehalt des Gesetzes
bedeutet, dass die Verwaltung für ihr Handeln eine gesetzliche Grundlage benötigt (kein Handeln ohne Gesetz).

Vorrang des Gesetzes
bedeutet, dass das Handeln der Verwaltung nicht gegen ein Parlamentsgesetz verstoßen darf (kein Handeln gegen das Gesetz).

Waffe
Eine Waffe ist jeder Gegenstand, der zur Verletzung von Personen und Beschädigung von Sachen geeignet ist und der zu diesem Zweck mitgeführt wird (Art. 8 GG).

Wahl, allgemein
Allgemein ist eine Wahl, wenn grundsätzlich das ganze Volk wahlberechtigt ist und die Wahlbedingungen vom Bürger erfüllt werden können.

Wahl, frei
Frei ist eine Wahl, wenn der Wähler sein Wahlrecht ohne Zwang oder unzulässige Beeinflussung ausüben kann.

Wahl, geheim
Geheim ist eine Wahl, wenn durch geeignete Maßnahmen (gegen Sicht geschützte Wahlzelle, versiegelte Wahlurne etc.) sichergestellt ist, dass nicht festgestellt werden kann, wie der Einzelne gewählt hat.

Wahl, gleich
Gleich ist eine Wahl, wenn jede Stimme gleich zählt.

Wahl, unmittelbar
Unmittelbar ist eine Wahl, wenn der Wähler die Kandidaten direkt wählen und damit direkt auf das Wahlergebnis einwirken kann.

Wahlkreis
ist jener geografisch zusammenhängende Teilraum eines Wahlgebietes, in dem die Wahlberechtigten über die konkrete Besetzung eines Sitzes für das zu wählende Organ entscheiden.

Zustimmungsgesetz
Ein Zustimmungsgesetz ist ein Bundesgesetz, bei dem das Grundgesetz ausdrücklich die Zustimmung des Bundesrates verlangt. Es kommt nur mit Zustimmung des Bundesrates zustande.

Zweitstimme
bezeichnet die Stimme, mit der die Partei gewählt, deren Kandidaten von den Parteien auf einer Landesliste zusammengestellt werden.

Stichwortverzeichnis

Abschlussverfahren 162
Abstammungsprinzip 18
Abstimmungen und Wahlen 90
Abwehrrechte 46
Allgemeines Staatsrecht **2**
Anordnung **126**
Arbeitnehmerfreizügigkeit 191
Auflösung des Bundestages
→ Bundestag
Ausländer **18**
Ausschuss der Regionen 195

Begnadigung 125
Behördenaufbau 165, 167
Beruf **68**
Berufsausübung **69**
Berufsfreiheit 68
Berufswahl **69**
Berufung **169**, 171
Beschluss **189**
Besonderes Staatsrecht **2**
Besonderes Gesetzgebungsverfahren
→ Gesetzgebungsverfahren
Bestimmtheitsgebot **36**
Bürgerrechte 48
Bundesarbeitsgericht 170
Bundeseigene Verwaltung
Bundesfinanzhof 169
Bundesgerichtshof 168
Bundesmittelbehörden **165**
Bundesoberbehörden **165**
Bundespräsident 122 ff.
- Aufgaben 124
- formelles Prüfungsrecht 128
- materielles Prüfungsrecht 128
Bundesrat 116
- Aufgaben 118
Bundesregierung 131, 139
Bundessozialgericht 170
Bundesstaat **12**, 23, 32
Bundestag 85
- Aufgaben 92
- Auflösung des 86
- Organisation des 91
- Sitzverteilung 108
Bundestreue **32**
Bundesunmittelbare Körperschaften und Anstalten 164, **166**
Bundesunterbehörden **166**
Bundesverfassungsgericht 144, 212 ff., 215
Bundesversammlung 130
Bundesverwaltungsgericht 169

Cassis-Formel 192

D´Hondt 130
Demokratie 23, **24** f., 27
- mittelbare **25**
- unmittelbare (plebiszitäre) **24**
Demokratiedefizit 195
Derivativer Untergang eines Staates **11**
Derivatives Entstehen eines Staates **11**
Deutscher **17**
Diäten 98
Dienstleistungsfreiheit 191
Diskontinuität, Grundsatz der **86**
Diskriminierungsverbot **81**
Drei-Elementen-Lehre 5
Drei-Stufen-Lehre 70
Drittwirkung der Grundrechte 46

Effet utile **184**
Eigentum **74**
Eigentumsgarantie 74
Eilversammlung 67
Einheitliche Europäische Akte (EEA) 176, 208
Einheitsstaat **12**
Einigungsvertrag 4
Einleitungsverfahren 155
Einspruchsgesetz 153, 155, 158, 161
Empfehlung **189**, 211
Enklave **6**
Enteignung 74, **75**
Erbrecht 74

Ergänzende Maßnahmen der EU 205
Erststimme 87, **109** f., 115
Europäische Atomgemeinschaft (EAG) 175
Europäische Gemeinschaft für Kohle und Stahl (EGKS) 175
Europäische Kommission 194, 198
Europäische Menschenrechtskonvention 197
Europäische Union 175
- Grundfreiheiten 191
- Organe 194
- Staaten der 178
Europäische Zentralbank 194, 206
Europäischer Rat 194, **196**, 206
Europäisches Parlament 194 f., 206
Europarat 196, **197**
Ewigkeitsgarantie 23
Exekutive 42, 163
Exklave **6**

Filmfreiheit 57
Finanzordnung 172
Föderalismusreform 148
Formelles Prüfungsrecht **128**
Formelles Verfassungsrecht 2
Fraktionsdisziplin **99**
Fraktionszwang **100**
Freie Entfaltung der Persönlichkeit **53**
Freie Meinungsäußerung 57
Freies Mandat 94, **95**
Freiheit der Kunst 63
Freiheitsrechte 48, 52
Fünf-Prozent-Klausel **111**

Gebundenes (Imperatives) Mandat
→ Imperatives Mandat
Gegenzeichnung **126** f.
Gemeinsame Außen- und Sicherheitspolitik 176 f.
Gemeinsamer Ausschuss 146 f.
Gerichtsbarkeit der Länder 171
Gerichtshof der EU 194
Gerichtshöfe
→ Oberste Gerichtshöfe (des Bundes)
Gesetz **148** ff.
- allgemeine 62
Gesetzesvorbehalt 50
Gesetzgebung **148** ff.
- ausschließliche 150
- konkurrierende 150
Gesetzgebungskompetenzen150
Gesetzgebungsverfahren 126, 153, 209
- besonderes 208 ff.
- ordentliches 208 ff.
Geteilte Zuständigkeit 201, 203
Gewaltenteilung 34, 41
Gleichheitsrechte 48, 76
Grundfreiheiten der Europäischen Union 191
Grundmandatsklausel **111**
Grundrechte **46**
- Drittwirkung **46**
Grundrechts-
-einschränkungen 51
-fähigkeit **48**
-immanente Schranken 50, 51
-mündigkeit **50**
-verletzung **50**
Grundsatz der Verhältnismäßigkeit 35, 75

Hammelsprung 90
Hauptverfahren 157, 161
Herrenchiemseer Verfassungskonvent 1948 3
Herrschaftsmacht 7
Homogenitätsklausel 45

Immunität 95, **96**
Imperatives Mandat **120**
Indemnität **95** f.
Informationsfreiheit 57, 60
Informationsquelle **60**
Inhalts- und Schrankenbestimmung **75**
Inkompatibilitäten
→ Unvereinbarkeiten
Institutsgarantie 74

Judikative 42
Juristische Personen des öffentlichen Rechts 49
Juristische Personen des Privatrechts
Justizgrundrechte 48

Kanzlerprinzip **134**
Kapital- und Zahlungsverkehrsfreiheit 191
Kollegialprinzip **135**
Konstruktives Misstrauensvotum 132, **139**, 147
Koordinationszuständigkeit 201, 205
Kunst **63**

Länderverwaltung im Bundsauftrag 166
Landesdelegierter 130
Landesliste 87, **109**, 115
Landesverfassungen 45
Legislative 42

Maastricht-Entscheidung 215 ff.
Materielles Prüfungsrecht **128**
Materielles Verfassungsrecht 2
Mehrheit
- absolute 88
- einfache 88
- qualifizierte (Zweidrittel-) 88
Mehrheitsprinzip 26, 177
Mehrheitswahlsystem **103**, 104, 108
Meinung **58**
Meinung äußern **60**
Meinungsäußerungsfreiheit 57 ff.
Menschenwürde **52**
Ministerrat
→ Rat der Europäischen Union
Misstrauensvotum 139
Monarchie 23
Montanunion 175
Mutterschutz 81

Nichtumsetzung von Richtlinien 187
Niederlassungsfreiheit 191, 194

Oberste Gerichtshöfe (des Bundes) 168
Ordentliches Gesetzgebungsverfahren
→ Gesetzgebungsverfahren
Organkompetenz 205
Organstreitverfahren 145
Originäres Entstehen eines Staates **11**
Originärer Untergang eines Staates **11**

Parlamentarischer Rat 3
Parteien 26
Personenverkehrsfreiheit 176, 191
Presse **61**
Pressefreiheit 57, 61
Primärrecht
- geschriebenes **182**
- ungeschriebenes **182**
Prinzip der begrenzten Einzelermächtigung 201
Prozentklausel 111
Prüfungsrecht
- formelles 128
- materielles 128

Rat der Europäischen Union 194, **196** f., 206
Rechnungshof 194, 206
Recht auf Freiheit der Person 55, **56**
Recht auf körperliche Unversehrtheit **55**
Recht auf Leben **55**
Rechte anderer **54**
Rechtsstaat 23, **33**
Regelungsvorbehalt 50, 51
Reichsverfassung 1871 3
Republik 23
Ressortprinzip 127, **134**
Revision **168** f.
Richtlinie **184** ff.
Richtlinienkonforme Auslegung 187
Römische Verträge 175
Rückwirkung
- echte **39**
- unechte **39**
Rückwirkungsverbot 39
Rundfunkfreiheit 57

Sachlicher Grund für Ungleichbehandlung **77**
Sainte-Laguë/Schepers 104 ff.
Schengener Abkommen 176
Schrankentrias 54
Sekundärrecht **182**
Sittengesetz **54**
Sitzverteilung im Deutschen Bundestag 108
Solange I (-Entscheidung) 213 ff.
Solange II (-Entscheidung) 213 ff.
Sozialstaat 23, **42**
Spontanversammlung 67
Staatenbündnis **13**
Staatenbund **13**, 217
Staatenveränderung 10
Staatenverbund 176, 217
Staatsangehörigkeit **17**
Staatsformen 12
Staatsgebiet **5**
Staatsgewalt 5, **7**
Staatsrecht
- allgemeines 2
- besonderes 2
Staatsvolk 5, **6**
Stellungnahme 155, **189**
Steuereinnahmen 173
Subsidiaritätsprinzip **200**, 204

Territorialitätsprinzip 18

Überhangmandat 86, **87**, 115
Unionsvertrag von Maastricht 176, 209
Unvereinbarkeiten (Inkompatibilitäten) 138

Verfahren
- der Anhörung 207
- der Mitentscheidung 207, 209
- der Zusammenarbeit 207
- der Zustimmung 207
Verfassung für Europa 177
Verfassungsbeschwerde 146
Verfassungsmäßige Ordnung **54**
Verfügung **126**
Verhältnismäßigkeitsgrundsatz
→ Grundsatz der Verhältnismäßigkeit
Verhältniswahlsystem 103, **104**, 108
Vermittlungssausschuss **157** f., 161
Verordnung **183**
Versammlung **65**
- unfriedlich **66**
Versammlungsfreiheit 65
Vertrag von Amsterdam 176
Vertrag von Lissabon 177, 195, 209
Vertrag von Nizza 177
Vertrauensfrage 140, **141**
Verwaltung **163** ff.
Volkssouveränität 24
Vorabsitz 111 ff., 115
Vorbehalt des Gesetzes 34
Vorrang des Gesetzes 34

Waffe **67**
Wahl
- allgemein **101**
- frei **102**
- geheim **103**
- gleich **102**
- unmittelbar **102**
Wahlkreis 87, 103, **104**, 108
Wahlrechtsgrundsätze 101 ff.
Wahlsysteme 103
Warenverkehrsfreiheit 191 ff. 199
Weimarer Reichsverfassung 3
Wirtschafts- und Sozialausschuss 195
Würde des Menschen
→ Menschenwürde

Zuständigkeit 201
- ausschließliche 201 f.
- ergänzende 201
- geteilte 201, 203
- konkurrierende 200
- parallele 200
Zustimmungsgesetz 149, **153** ff. 157 ff., 161
Zweitstimme 87, 104 ff., **109** ff.

Gesellschaft für angewandte Personalwissenschaften e. V.

G^a^P

Beratung
Training
Wissenstransfer

G^a^P-Vertrieb Birkholz
Hühnerberg 18
29229 Celle

Telefon: 05086 955636
Telefax: 05086 955638
E-Mail: birkholz@gap-verlag.de
Infos: www.gap-verlag.de

Bestellung: Lehrgangsstärke (Studiengruppe) – mind. 15 Exemplare

Ich bestelle gegen Rechnung folgende Titel:

Anzahl	Buch	Einzelpreis [1]
	Arbeitsrecht, Birkholz/Pinski/Ropeter 4. Auflage 2008	**16,80 EUR**
	Verwaltungsrecht, Barthel/Ropeter/Weidemann 2. Auflage 2004	**16,80 EUR**
	Rechtsanwendung, Niederlag/Ropeter 2. Auflage 2006	**18,80 EUR**
	Privatrecht, Pinski 4. Auflage 2010	**18,80 EUR**
	Sozialrecht, von Ostrowski/Prieß 1. Auflage 2009	**18,80 EUR**
	Staats- und Europarecht, Pinski/Malbrich/Seybold 1. Auflage 2010	**18,80 EUR**
	Wissenschaftliches Arbeiten, Niederlag/Ropeter 3. Auflage 2007 (auch Einzelbestellung möglich)	**14,80 EUR**
	Gesamtpreis	

Alle Preise incl. Porto und Verpackung
Für Besteller ein Lernbuch und ein Materialband kostenfrei.

Vorname, Name ....

Straße, Haus-Nr. ....

PLZ, Ort ....

Telefon/ Telefax ....

E-Mail ....

Datum/ Unterschrift ....

Bankverbindung: Konto 711 54 300, Volksbank Solling eG (BLZ 262 616 93)

[1] Mengenpreise ab 40 Ex, siehe www.gap-verlag.de

Gesellschaft für angewandte Personalwissenschaften e. V.

GaP

Am Herrenberg 11
37181 Hardegsen
Telefon: 05505 99 99 65
Infos: www.gap-verlag.de

Die praktische Prüfung der Verwaltungsfachangestellten